2012 - 2013

Atletismo

Regras oficiais de competição

Instituto Phorte Educação
Phorte Editora

Diretor-Presidente
Fabio Mazzonetto

Diretora-Executiva
Vânia M.V. Mazzonetto

Editor-Executivo
Tulio Loyelo

2012 - 2013

Atletismo

Regras oficiais de competição

IAAF

Versão Oficial Brasileira

CBAt - Confederação Brasileira de Atletismo

Tradução: Alda Martins Pires
Harley Maciel da Silva
Lia Brasil

Revisão: Martinho Nobre dos Santos
Harley Maciel da Silva

Phorte
editora
São Paulo, 2012

Atletismo: regras oficiais de competição / 2012-2013
Copyright © 2012 by Phorte Editora

Rua Treze de Maio, 596
Bela Vista – São Paulo – SP
CEP: 01327-000
Tel/fax: (11) 3141-1033
Site: www.phorte.com.br
E-mail: phorte@phorte.com

Nenhuma parte deste livro pode ser reproduzida ou transmitida de qualquer forma ou por quaisquer meios, sem autorização prévia por escrito da Phorte Editora Ltda.

CIP-BRASIL. CATALOGAÇÃO-NA-FONTE
SINDICATO NACIONAL DOS EDITORES DE LIVROS, RJ

C758a

Confederação Brasileira de Atletismo
    Atletismo : regras oficiais de competição, 2012-2013 : versão oficial brasileira / CBAt, Confederação Brasileira de Atletismo, IAAF ; tradução Alda Martins Pires, Harley Maciel da Silva, Lia Brasil ; revisão Martinho Nobre dos Santos, Harley Maciel da Silva. - São Paulo : Phorte, 2012.
    304p.

    ISBN 978-85-7655-360-1

    1. Atletismo - Regras. I. International Association of Athletics Federations. II. Título.

12-1934.   CDD: 796.02022
                           CDU: 796.42.063

28.03.12 30.03.12   034121

Impresso no Brasil
Printed in Brazil

Este livro foi avaliado e aprovado pelo Conselho Editorial da Phorte Editora.
(www.phorte.com.br/conselho_editorial.php)

Diretoria

Período 2009 / 2012

Presidente	Roberto Gesta de Melo
Vice-presidente	Nelson Prudêncio

Conselho Fiscal
Membros efetivos
    Benedicto Cruz lyra
    Sérgio Augusto Cruz de Oliveira
    Luiz Carlos Araujo Brandão

Membros suplentes
    César Teixeira Lindoso
    Raimundo Limongi Cabral
    Carlos Fausto Ventura Gonçalves

Secretária-geral   Alda Martins Pires

Superintendente-técnico   Martinho Nobre dos Santos

Diretoria
Diretor-financeiro   Miguel Brandão Câmara
Diretor-técnico   José Haroldo Loureiro Gomes
Diretor de Relações Exteriores   Agberto Conceição Guimarães
Diretor de Relações Públicas   Manoel do Carmo Chaves Neto
Diretor de Desenvolvimento   Sérgio Luís Coutinho Nogueira
Diretora-social   Maria da Conceição Aparecida Sales

Oficial Anti-Doping   Dr. Thomaz Sousa Lima Mattos de Paiva

Assessores
Assessor-jurídico   Dr. Élson Rodrigues de Andrade
Assessor-médico   Dr. Cristiano Frota de Souza Laurino
Assessor de Veteranos   Osvaldo Valdemir Pizani

Assessor de Corridas de Rua — José Rodolfo Eichler
Assessor de Ultramaratona — Valmir Nunes
Assessoria de imprensa — Benedito Turco

Conselho Técnico Consultivo
Presidente — João Paulo Alves da Cunha
Membros — Nélio Alfano Moura
Ricardo Antônio D'Angelo
Katsuhiko Nakaya
Adauto Domingues
Elson Miranda de Souza
Antonio Henrique Dias Vianna
Claudio Roberto de Castilho
Luiz Alberto de Oliveira

Comissão de atletas
Presidente — Nelson Prudêncio
Membros — Vanderlei Cordeiro de Lima
Maurren Higa Maggi

Comitê Feminino
Presidente — Maria Magnólia de Souza Figueiredo
Membros — Carmem de Oliveira Furtado
Esmeralda de Jesus Freitas Garcia

Agência Nacional de Combate ao Doping
Presidente — Thomaz Mattos de Paiva
Membros — Saulo Henrique de Souza Oliveira
Martinho Nobre dos Santos

Superior Tribunal de Justiça Desportiva
Presidente — Alberto dos Santos Puga Barbosa
Vice-presidente — Caupolican Padilha Junior
Membros — Laurênio Maia Viga
Ruy Gama e Silva

	José Luiz Ribeiro
	Mauro de Siqueira Queiroz
	Maria Benigno
	Maria Thereza Ventura Carvalho
	Wagner Serpa Vidal
Procurador	Antonio Marcos Martins Rodrigues

Comissão Disciplinar

Presidente	Affimar Cabo Verde Filho
Membros	Pedro Augusto Oliveira da Silva
	Mario Augusto Marques da Costa
	André Farias de Oliveira
	Sebastião Gonçalves Guimarães Filho
Procurador	Edson Rosas Junior

Membros Eméritos

Título concedido pela Assembleia Geral da CBAt:
- de 1997 a 2003: para os atletas brasileiros que obtiveram grande destaque a nível mundial;
- A partir de 8.12.2003, com aprovação do novo Estatuto da CBAt, passou a ser concedido para aqueles que se destacarem por serviços relevantes prestados ao Atletismo brasileiro.

Nome	**Data**
Adhemar Ferreira da Silva	26.2.1988
João Carlos de Oliveira	26.2.1988
Joaquim Carvalho Cruz	26.2.1988
Nelson Prudêncio	26.2.1988
José Telles da Conceição (*in memorian*)	26.2.1988
José Luiz Barbosa	26.2.1988
Robson Caetano da Silva	26.2.1988
Odete Valentino Domingos	26.2.1988

Altevir Silva de Araújo Filho	26.2.1988
Nelson Rocha dos Santos	26.2.1988
Luiz Antonio dos Santos	08.2.1996
Ronaldo da Costa	08.2.1996
Delmir Alves dos Santos	08.2.1996
Artur de Freitas Castro	08.2.1996
André Domingos da Silva	19.1.1998
Arnaldo de Oliveira Silva	19.1.1998
Edson Luciano Ribeiro	19.1.1998
Clodoaldo Gomes da Silva	19.1.1998
Edgar Martins de Oliveira	19.1.1998
Wander do Prado Moura	19.1.1998
Tomix Alves da Costa	19.1.1998
Vanderlei Cordeiro de Lima	19.1.1998
Eder Moreno Fialho	19.1.1998
Osmiro de Souza Silva	19.01.1998
Valdenor Pereira dos Santos	19.01.1998
Claudinei Quirino da Silva	19.1.1998
Sanderlei Claro Parrela	8.1.2001
Claudio Roberto Souza	8.1.2001
Vicente Lenilson de Lima	8.1.2001
Eronilde Nunes de Araujo	8.1.2001
Ana Jun Yamamoto (*in memorian*)	17.2.2004
Victor Malzoni Júnior	17.2.2004
Amaro Klautau	28.3.2005
José Angelo Miranda	28.3.2005
Roosevelt Pereira de Melo (*in memoriam*)	28.3.2005
Osvaldo Valdemir Pizani	05.2.2006
Yolanda Vidal Queiroz	27.4.2006
Aluízio Humberto Ayres da Cruz	12.2.2007
Bernardo Cabral	12.2.2007
Manoel Trajano Dantas Neto	12.2.2007
Warlindo Carneiro da Silva Filho	12.2.2007
Maria da Conceição Silva	12.2.2007
Lamine Diack	25.5.2007

José Haroldo Loureiro Gomes	15.2.2008
José Tadeu dos Santos	15.2.2008
Og Robson de Menezes Chagas	15.2.2008
Ervê Demétrio Calhao Silva	15.2.2008
José Ribeiro da Silva	15.2.2008
Marcelo Machado Ramos	15.2.2008
Walter Alves Brasil Filho	15.2.2008
Ivanilton Lisn Modesto	15.2.2008
Raimundo Nonato Irineu Mesquita	15.2.2008
José Antonio Martins Fernandes	15.2.2008
Sérgio Luis Coutinho Nogueira	06.3.2010
Hélvio Vieira Maia	06.3.2010
José Carlos de Lara Pinto	06.3.2010
Valda Nascimento de Oliveira de Barros	06.3.2010
Carmono Cunha da Silva	06.3.2010
Ubiratan Martins Junior	06.3.2010
Benedito Turco	06.3.2010
Robson Braga de Andrade	06.3.2010
Airton José Vidal Queiroz	16.11.2010
José Lacerda do Nascimnento	16.11.2010
Nilton Moreira Salgado	16.11.2010
Fernando Cesar da Silva Motta	16.11.2010
Alvaro Augusto Dias Monteiro	16.11.2010
Walter Feldman	16.11.2010
Mário Ribeiro Cantarino	23.2.2011
José Adolfo Carniato	23.2.2011
Marcos Paulo Garcia de Andrade	23.2.2011

Membros Beneméritos

Título concedido pela Assembleia Geral da CBAt:
- de 1997 a 2003: para os Grandes Benfeitores do Atletismo Brasileiro;
- a partir de 08.12.2003, com aprovação do novo Estatuto da CBAt, passou a ser concedido para aqueles que, já possuindo

o título de Emérito, tenham prestado ao Atletismo brasileiro serviços relevantes dignos de realce.

Nome	Data
João Havelange	1.9.1978
Sylvio de Magalhães Padilha	1.9.1978
Heleno de Barros Nunes	1.9.1978
João Lyra Filho	1.9.1978
Jerônymo Baptista Bastos	1.9.1978
Péricles de Souza Cavalcanti	30.1.1981
Hélio Babo	30.1.1981
Amazonino Armando Mendes	26.2.1988
Evald Gomes da Silva (*in memorian*)	26.2.1988
João Corrêa da Costa	26.2.1988
José Oswaldo Passarelli	26.2.1988
Waldemar Areno	26.2.1988
Alfredo Alberto Leal Nunes	14.1.1989
Hugo Napoleão	14.1.1989
Roberto Gesta de Melo	23.1.1990
Vivaldo Barros Frota	25.1.1991
Arthur Virgílio do Carmo Ribeiro Neto	25.1.1991
Paulo Constantino	25.1.1991
Ricardo Barros	25.1.1991
José Alves Pacífico	25.1.1991
Arthur Antunes Coimbra	25.1.1991
Ézio Ferreira de Souza	25.1.1991
Gilberto Mestrinho de Medeiros Raposo	29.2.1992
Bernard Rajzan	29.2.1992
Artur da Távola	31.3.1995
Alda Martins Pires	8.2.1996
Sérgio Roberto Vieira da Mota	19.1.1998
Antônio Brito Filho	19.1.1998
Martinho Nobre dos Santos	21.3.1999
Carlos Carmo Andrades Melles	08.1.2001
Manoel Félix Cintra Neto	30.10.2001

Almir José de Oliveira Gabriel	30.10.2001
Lars Grael	10.2.2003
Francisco Manoel de Carvalho	10.2.2003

Membros Grande Beneméritos

Título criado pela Assembleia Geral, a partir de 08.12.2003, com aprovação do novo Estatuto da CBAt, é concedido para aqueles que, já sendo Beneméritos, continuam prestando relevantes e assinalados serviços ao Atletismo brasileiro.

Roberto Gesta de Melo   28.03.2005

Medalha de mérito

Concedida pela Assembleia Geral da CBAt:
- de 1997 a 2003: para aqueles que demonstraram abnegação pública ao Atletismo brasileiro;
- a partir de 08.12.2003, com aprovação do novo Estatuto da CBAt, passou a ser concedida para os atletas brasileiros que obtiverem grande destaque em nível mundial.

Nome	Data
Ditriech Verner	26.2.1988
Clóvis do Nascimento	26.2.1988
Luiz Alberto de Oliveira	26.2.1988
Ivo Sallowicz	26.2.1988
José Júlio de Morais Queiroz	26.2.1988
Hélio Coutinho da Silva	14.1.1989
Wilson Gomes Carneiro	14.1.1989
Adilson Almeida	14.1.1989
Sinibaldo Gerbasi	14.1.1989
Nadia Severo Marreis	14.1.1989

Ary Façanha de Sá	14.1.1989
Sebastião Mendes	14.1.1989
Mário Antunes Gomes	14.1.1989
Walter Gaertner de Almeida	14.1.1989
Roberto Chapchap	14.1.1989
José Romão da Silva	14.1.1989
Delmo da Silva	14.1.1989
Antonio Euzébio Dias Ferreira	14.1.1989
Agberto Conceição Guimarães	14.1.1989
Milton Costa de Castro	14.1.1989
Rui da Silva	14.1.1989
Evaldo Rosa da Silva	14.1.1989
Gerson de Andrade Souza	14.1.1989
João Batista Eugênio da Silva	14.1.1989
Tomas Valdemar Hintnaus	14.1.1989
Ivo Machado Rodrigues	14.1.1989
Adauto Domingues	14.1.1989
Elizabeth Clara Müller	14.1.1989
Wanda dos Santos	14.1.1989
Deise Jurdelina de Castro	14.1.1989
Iris Gonçalves dos Santos	14.1.1989
Leontina dos Santos	14.1.1989
Érica Lopes da Silva	14.1.1989
Edir Braga Ribeiro	14.1.1989
Ignes Queiroz Pimenta	14.1.1989
Aida dos Santos	14.1.1989
Silvina das Graças Pereira da Silva	14.1.1989
Esmeralda de Jesus Freitas Garcia	14.1.1989
Conceição Aparecida Geremias	14.1.1989
Soraya Vieira Telles	14.1.1989
Ines Antonia Santos Ribeiro	14.1.1989
Cleide Amaral	14.1.1989
Claudilea Matos Santos	14.1.1989
Sheila de Oliveira	14.1.1989
Vera Trezoitko	14.1.1989

Carlos Alberto de Azevedo Cavalheiro	25.1.1991
Henrique Dias Viana	8.2.1996
Jayme Netto Junior	8.1.2001
Nelson Rocha dos Santos	12.2.2007
Altevir Silva de Araujo Filho	12.2.2007
Carlos Alberto Lanceta	12.2.2007

Membros Honorários

Título concedido pela Assembleia Geral da CBAt, às pessoas jurídicas que, sem vinculação direta às atividades da CBAt, tenham prestado serviços relevantes ao Atletismo brasileiro.

Nome	Data
Jornal do Atletismo	26.2.1988
Serviço Social da Indústria – SESI	25.1.1991
Companhia União Refinadores . Açúcar e Café	25.1.1991
TELEBRÁS . Telecomunicações Brasileiras S/A	8.2.1996
Revista Contra Relógio	8.2.1996
Rede Globo de Televisão	8.1.2001
Xerox do Brasil S/A	8.1.2001
Calçados Azaléia S/A	8.1.2001
Caixa Econômica Federal	12.2.2007

Definições

Área
A área geográfica que abrange todos os países e territórios filiados a uma das seis Associações de área.

Associação de Área:
Uma associação de área da IAAF responsável por fomentar o Atletismo em uma das seis áreas dentre as quais as Federações filiadas estão divididas no Estatuto.

Representante de Atletas
Uma pessoa que seja devidamente autorizada e registrada como um Representante de Atletas, de acordo com os Regulamentos de Representantes de Atletas da IAAF.

Regulamentos de Representante de Atletas
Os Regulamentos de Representante de Atletas da IAAF podem ser revistos pelo Conselho de tempos em tempos.

Equipe de Apoio a Atleta
Qualquer técnico, treinador, gerente, representante de atleta autorizado, agente, staff de equipe, oficial, equipe médica ou paramédica, pais ou qualquer outra Pessoa trabalhando, cuidando ou auxiliando o Atleta em sua participação ou preparação para competição no Atletismo.

Atletismo
Provas atléticas de pista e de campo, corridas de rua, marcha atlética, corrida através do campo ("cross-country") e corridas em montanha.

CAS
Corte de Arbitragem para o Esporte em Lausanne.

Cidadão
Uma pessoa que tenha cidadania legal de um País ou, no caso de Território, cidadania legal do País de origem do Território e status legal apropriado no Território sob as leis aplicáveis.

Cidadania
Cidadania legal de um País ou, no caso de Território, cidadania legal do País de origem do Território e status legal apropriado no Território sob as leis aplicáveis.

Clube
Um clube ou uma sociedade de atletas, diretamente ou através de um órgão, filiados a uma Federação de acordo com as Regras da Federação.

Comissão
Uma Comissão da IAAF que tenha sido nomeada pelo Conselho segundo os termos do Estatuto.

Estatuto
O Estatuto da IAAF.

Conselho
O Conselho da IAAF.

País
Uma área geográfica do mundo com governo próprio, reconhecido como um estado independente pelo direito internacional e pelos organismos governamentais internacionais.

IAAF
Associação Internacional das Federações de Atletismo.

Competição Internacional
Qualquer uma das Competições Internacionais relacionadas na Regra 1.1 destas Regras.

Torneio Internacional a Convite
Competição de Atletismo com participação de atletas filiados a dois ou mais países, convidados pelo organizador do Torneio.

Atleta de Nível Internacional
Um atleta que faça parte do Grupo Registrado para Testes (como definido no Capítulo 3) ou que esteja competindo em uma Competição Internacional segundo a Regra 35.7.

COI
Comitê Olímpico Internacional.

Filiada
Uma entidade nacional de Atletismo filiada à IAAF.

Membro
Filiada na IAAF.

Federação Nacional
A Federação filiada à IAAF para a qual um atleta, equipe de apoio ao atleta ou outra pessoa segundo estas Regras é filiado diretamente ou através de clube ou outro órgão filiado a uma Filiada da IAAF.

Regulamentos
Os Regulamentos da IAAF que devem ser aprovados pelo Conselho de tempos em tempos.

Residência
Residência é o lugar ou local no qual o atleta é registrado na respectiva autoridade onde ele tem sua residência principal e permanente.

Regras
As regras para competição da IAAF conforme especificado neste Manual de Regras de Competição.

Regras Técnicas
As Regras contidas no Capítulo 5 do manual de Regras de Competição da IAAF.

Território
Um território ou região geográfica que não é um País, mas que possui certos aspectos de governo próprio, pelo menos até o ponto de ser autônomo no controle de seu desporto e de ser, portanto, reconhecido pela IAAF como tal.

Séries Mundiais de Atletismo
As Competições Internacionais mais importantes no programa quadrienal oficial de competições da IAAF.

Nota (i): As definições acima se aplicam a todas as Regras exceto onde os mesmos termos são também definidos no Capítulo 3 (Antidoping), exemplo: Competição Internacional, em cujo caso as definições acima se aplicam a todas s Regras, exceto no Capítulo 3. As definições no Capítulo 3 se aplicam somente às Regras Antidoping. Há maiores definições no Capítulo 3 que se aplicam às Regras Antidoping somente.

Nota (ii): Todas as referências nestas Regras ao gênero masculino devem também incluir referências ao gênero feminino e todas as referências no singular devem ser também incluídas no plural.

Nota (iii): As publicações da IAAF "The Referee" e "Le juge Arbitre", em inglês e francês, respectivamente, fornecem interpretação para as Regras de Competição e são um guia prático para a sua implementação.

Nota (iv): Emendas (além daquelas emendas editoriais) às Regras correspondentes às Regras de Competições 2010-2011 da IAAF, aprovadas pelo Congresso em 2011, estão marcadas com linhas duplas na margem e são aplicáveis a partir de 1º de novembro de 2011, a menos que seja estabelecido de outro modo.

Sumário

CAPÍTULO 1 | Competições Internacionais — 27

REGRA 1: Competições Internacionais — 27
REGRA 2: Autorização para Sediar Competições — 28
REGRA 3: Regulamentos que Dirigem Condução de Competições Internacionais — 30
REGRA 4: Requisitos para Participar de Competições Internacionais — 31
REGRA 5: Elegibilidade para Representar Uma Filiada — 32
REGRA 6: Pagamentos a Atletas — 35
REGRA 7: Representantes de Atletas — 35
REGRA 8: Propaganda e Publicidade Durante Competições Internacionais — 36
REGRA 9: Apostas — 37

CAPÍTULO 2 | Elegibilidade — 39

REGRA 20: Definição de Atleta elegível — 39
REGRA 21: Restrições de competições para Atletas elegíveis — 39
REGRA 22: Inelegibilidade para competições domésticas e internacionais — 40

CAPÍTULO 3 | Antidoping: Definições — 43

REGRA 30: Abrangência das Regras Antidoping — 52

REGRA 31: Organização Antidoping da IAAF	54
REGRA 32: Infrações à Regra Antidoping	58
REGRA 33: Prova do Doping	61
REGRA 34: A Lista Proibida	63
REGRA 35: Testes	66
REGRA 36: Análise das amostras	72
REGRA 37: Gerenciamento de Resultados	74
REGRA 38: Procedimentos Disciplinares	80
REGRA 39: Desqualificação Automática de Resultados Individuais	88
REGRA 40: Sanções sobre Indivíduos	89
REGRA 41: Sanções em Equipes	103
REGRA 42: Apelação	104
REGRA 43: Obrigações das Filiadas	112
REGRA 44: Sanções Contra Filiadas	113
REGRA 45: Reconhecimento	115
REGRA 46: Estatuto de Limitações	116
REGRA 47: Interpretação	116
REGRA 48: Organização Médica da IAFF	118
REGRA 49: Atletas	121
REGRA 50: Federações Filiadas	121
REGRA 51: Serviços Médicos/Proteção em Competições Internacionais	122

CAPÍTULO 4 | Disputas 125

REGRA 60: Disputas	125

CAPÍTULO 5 | Regras técnicas 137

REGRA 100: Geral 137

Seção I – Oficiais 137
REGRA 110: Oficiais Internacionais 137
REGRA 111: Delegados de organização 139
REGRA 112: Delegados técnicos 139
REGRA 113: Delegado médico 140
REGRA 114: Delegado de controle de doping 140
REGRA 115: Oficiais técnicos internacionais (itos) e oficiais internacionais de cross country, corrida de rua e corrida em montanha (icros) 140
REGRA 116: Árbitros internacionais de marcha atlética 142
REGRA 117: Medidor internacional de corridas de rua 142
REGRA 118: Árbitro internacional de partida e árbitro internacional de foto finish 143
REGRA 119: Júri de apelação 143
REGRA 120: Oficiais de competição 144
REGRA 121: Diretor da competição 146
REGRA 122: Coordenador da competição 146
REGRA 123: Coordenador técnico 147
REGRA 124: Coordenador de apresentação da competição 147
REGRA 125: Árbitros gerais 148
REGRA 126: Árbitros 150
REGRA 127: Inspetores (provas de corrida e marcha atlética) 150
REGRA 128: Cronometristas, Árbitros de Foto Finish e de Transponders (CHIPS) 151
REGRA 129: Coordenador de Partida, Árbitro de Partida e Confirmadores 152

REGRA 130: Assistentes do árbitro de partida	154
REGRA 131: Registradores de voltas	154
REGRA 132: Secretário da Competição	155
REGRA 133: Comissário	156
REGRA 134: Anunciador	156
REGRA 135: Agrimensor Oficial	156
REGRA 136: Anemometrista	157
REGRA 137: Árbitro de Medições (Perito)	157
REGRA 138: Árbitros da Câmara de Chamada	158
REGRA 139: Comissário de propaganda	158

Seção II – Regras gerais de competição — 158

REGRA 140: Instalações de Atletismo	158
REGRA 141: Categorias por faixas etárias e sexo	159
REGRA 142: Inscrições	161
REGRA 143: Uniformes, sapatos e números de atletas	162
REGRA 144: Assistência a atletas	165
REGRA 145: Desqualificação	167
REGRA 146: Protestos e apelações	168
REGRA 147: Competições mistas	171
REGRA 148: Medições	172
REGRA 149: Validade dos resultados	172
REGRA 150: Gravações em vídeo	173
REGRA 151: Pontuação	173

Seção III – Provas de Pista — 173

REGRA 160: Medidas da pista	173
REGRA 161: Blocos de partida	175
REGRA 162: Partida	177

REGRA 163: Corridas 181
REGRA 164: Chegada 185
REGRA 165: Cronometragem e Foto Finish 186
REGRA 166: Seriação, sorteios e qualificação em provas de pista 192
REGRA 167: Empates 197
REGRA 168: Corridas com barreiras 198
REGRA 169: Corridas com obstáculos 201
REGRA 170: Corridas de revezamentos 204

Seção IV – Provas de Campo 208
REGRA 180: Condições Gerais 208
REGRA 181: Condições gerais 214
REGRA 182: Salto Em Altura 219
REGRA 183: Salto com vara 222
REGRA 184: Condições gerais 227
REGRA 185: Salto em Distância 230
REGRA 186: Salto Triplo 231
REGRA 187: Condições gerais 232
REGRA 188: Arremesso do peso 241
REGRA 189: Lançamento do disco 242
REGRA 190: Gaiola do disco 244
REGRA 191: Lançamento do martelo 247
REGRA 192: Gaiola do martelo 250
REGRA 193: Lançamento do dardo 256

Seção V – Provas Combinadas 260
REGRA 200: Competições de provas combinadas 260

Seção VI – Competições Indoor 263

REGRA 210: Aplicabilidade das regras de competições abertas
 para competições indoor. 263
REGRA 211: O estádio coberto 264
REGRA 212: A pista reta 265
REGRA 213: A pista oval e as raias 266
REGRA 214: Saída e chegada na pista oval 267
REGRA 215: Uniformes, sapatos e números 272
REGRA 216: Corridas com barreiras 272
REGRA 217: Revezamentos 273
REGRA 218: Salto em altura 274
REGRA 219: Salto com vara 274
REGRA 220: Saltos horizontais 275
REGRA 221: Arremesso do peso 275
REGRA 222: Competições de provas combinadas 277

Seção VII – Provas de marcha atlética 277
REGRA 230: Marcha Atlética 277

Seção VIII – Corridas de rua 283
REGRA 240: Corridas de rua 283

Seção IX – Cross Country 287
REGRA 250: Cross-country (corrida através do campo) 287

Seção X – Recordes Mundiais 291
REGRA 260: Recordes mundiais 291
REGRA 261: Provas para as quais são reconhecidos
 recordes mundiais 298

REGRA 262: Provas para as quais são reconhecidos recordes mundiais juvenis	300
REGRA 263: Provas para as quais são reconhecidos recordes mundiais indoor	301
REGRA 264: Provas para as quais são reconhecidos recordes mundiais juvenis indoor	302

CAPÍTULO I

Competições Internacionais

REGRA 1
Competições Internacionais

1. São consideradas Competições Internacionais:
   (a) (i) Competições constantes das Séries Mundiais de Atletismo.
       (ii) O programa do Atletismo nos Jogos Olímpicos.
   (b) O programa do Atletismo em Jogos de Área, Regionais ou de Grupos não limitados a participantes de uma única Área, onde a IAAF não tem controle exclusivo.
   (c) Competições de Atletismo Regionais ou de Grupos não limitados a participantes de uma única área.
   (d) Torneios entre equipes de diferentes áreas representando federações-membros ou de área ou combinação destas.
   (e) Meetings Internacionais a Convite que são categorizados pela IAAF como parte da estrutura global e aprovados pelo Conselho.
   (f) Campeonatos de Área ou outras competições intra-área organizadas por uma Associação de Área.
   (g) Programa de Atletismo de Área, Regional ou Jogos de Grupos e Campeonatos de Atletismo Regionais ou de Grupo limitadas à participação de uma única área.
   (h) Torneios entre equipes representando duas ou mais federações-membros ou combinação destas, dentro de uma mesma área, com exceção das competições das categorias de Menores e Juvenis.
   (i) Competições e Meetings Internacionais a Convite, além daquelas citadas na Regra 1.1 (e), onde "cachets", prêmios em dinheiro e/ou

em espécie excedam uma quantia total ou uma quantia individual para qualquer prova, conforme determinado pelo Conselho
(j) Programas de Área similares para aqueles citados na Regra 1.1 (e).

2. As regras devem ser aplicadas como se seguem:
   (a) Regras de Elegibilidade (Capítulo 2), as regras envolvendo Disputas (Capítulo 4) e as Regras Técnicas (Capítulo 5) devem ser aplicadas em todas as competições internacionais. Outras organizações internacionais reconhecidas pela IAAF podem ter e aplicar exigências mais restritivas de elegibilidade para competições conduzidas sob sua Jurisdição.
   (b) Regras Antidoping (Capítulo 3) devem ser aplicadas em todas as Competições Internacionais, exceto aquelas onde o COI ou outra organização internacional reconhecida pela IAAF para tal fim realiza controle antidoping em uma competição segundo suas regras, como os Jogos Olímpicos, aquelas regras governarão o âmbito aplicável.
   (c) As Regras de Propaganda (Regra 8) devem ser aplicadas em todas as competições internacionais listadas na Regra 1.1 (a)(i), (c), (d), e (e) acima. Associações de Área devem estabelecer suas próprias regras de propaganda para aplicar em Competições Internacionais listadas na Regra 1.1 (f), (g), (h), (i) e (j), quando não se aplicam as Regras da IAAF.
   (d) As Regras 2 a 7 e 9 serão aplicadas em todas as competições internacionais, exceto quando o âmbito de uma Regra específica limita sua aplicação.

REGRA 2
Autorização para Sediar Competições

1. A IAAF é responsável por supervisionar um sistema global de competições em cooperação com as Associações de Área. A IAAF coordenará seu Calendário de competições e os das respectivas Associações de Área com a finalidade de evitar ou minimizar con-

flitos. Todas as competições internacionais devem ser autorizadas pela IAAF ou por uma Associação de Área de acordo com esta Regra 2. Qualquer combinação ou integração de Meetings Internacionais em uma Série/Torneio ou Liga requer um Permit da IAAF ou da Associação de Área concernente, incluindo o regulamento necessário ou condições contratuais para tal atividade. A operação pode ser delegada a uma terceira parte. No caso de uma Associação de Área falhar propriamente com o gerenciamento e o controle da competição internacional de acordo com estas Regras, a IAAF terá o direito de intervir e tomar as medidas que julgar necessárias.

2. Somente a IAAF possui o direito de organizar a Competição de Atletismo dos Jogos Olímpicos e as competições que integram as Séries Mundiais de Atletismo.
3. A IAAF organizará os Campeonatos Mundiais em anos ímpares.
4. As Associações de Área terão o direito de organizar Campeonatos de Área e elas podem organizar outras competições intra-área, como elas julgarem apropriado.

Competições que necessitam Permit da IAAF
5. (a) Um Permit da IAAF é exigido para todas as competições internacionais listadas na Regra 1.1 (b), (c), (d) e (e).
   (b) Uma solicitação de um Permit deve ser feita para a IAAF pelo Membro em cujo país ou território a competição internacional irá ser realizada, não menos que 12 meses antes da competição, ou dentro de outra data-limite estabelecida pela IAAF.

Competições que necessitam Permit da Associação de Área
6. (a) Um Permit de uma Associação de Área é exigido para todas as competições internacionais listadas na Regra 1.1 (g), (h), (i) e (j). Permits para Meetings Internacionais a Convite ou Competições onde cachets, prêmios em dinheiro e/ou prêmios que não sejam em espécie excedam uma quantia total ou uma quantia individual para qualquer prova, conforme determinado pelo Conselho, não serão emitidos antes da Associação de Área consultar a IAAF sobre a data.

(b) Uma solicitação do Permit deve ser feita para a Associação de Área respectiva pelo membro do país ou território onde a competição internacional será realizada, não mais de 12 meses antes da competição, ou dentro de outra data-limite estabelecida pela Associação de Área.

Competições autorizadas por um Membro
7. Membros podem autorizar competições nacionais, e atletas estrangeiros podem participar naquelas competições, segundo as Regras 4.2 e 4.3. Se atletas estrangeiros realmente participarem, cachets, prêmios em dinheiro e/ou valores que não sejam em espécie para todos os atletas em tais competições nacionais não excederão uma quantia total ou uma quantia individual para qualquer prova, conforme determinado pelo Conselho. Nenhum atleta poderá participar em qualquer competição se ele estiver inelegível para participar de competições do Atletismo segundo as Regras da IAAF, o Membro anfitrião, ou a federação nacional em que ele é filiado.

REGRA 3
Regulamentos que Dirigem Condução de Competições Internacionais

1. O Conselho pode produzir os Regulamentos para condução de competições internacionais realizadas sob as Regras e regular o relacionamento de atletas, representantes de atletas, organizadores de Meetings e Membros. Esses regulamentos podem ser alterados ou complementados pelo Conselho quando couber.
2. A IAAF e as Associações de Área podem designar um ou mais representantes para atender todas as Competições Internacionais que requereram à IAAF ou a Associação de Área o Permit respectivo, para assegurar que as Regras e Regulamentos aplicáveis sejam cumpridos. A pedido da IAAF ou Associação de Área respectivamente, o(s) representante(s) devem apresentar um relatório completo dentro de 30 dias após o final da Competição Internacional em questão.

REGRA 4
Requisitos para Participar de Competições Internacionais

1. Nenhum atleta pode participar de competições internacionais, a menos que:
   (a) seja um Membro de um clube filiado a uma Federação; ou
   (b) seja ele próprio filiado a uma Federação; ou
   (c) tenha de algum modo concordado em acatar as Regras da Federação; e
   (d) para Competições Internacionais em que a IAAF é responsável pelo controle de doping (ver Regra 35.7), tenha assinado um acordo em um formulário preparado pela IAAF em que ele concorde em seguir as Regras Oficiais, Regulamentos e Manual de Procedimentos da IAAF (conforme emendado de tempo em tempo) e submeter-se a todas as disputas que possa ter com a IAAF ou um Membro para julgar de acordo com estas Regras, aceitando não recorrer sobre qualquer de tais disputas a qualquer outra Corte ou Autoridade que não esteja inclusa nestas Regras.
2. Os Membros podem solicitar que nenhum atleta ou clube filiado a um Membro possa participar de uma competição de Atletismo em um país ou território estrangeiro sem autorização, por escrito, da Federação filiada a que o atleta ou clube pertença. Em tal caso, nenhuma Federação anfitriã de uma competição permitirá a um atleta ou clube estrangeiro participar de qualquer competição de Atletismo sem a evidência de tal permissão certificando que o atleta ou Clube está elegível e autorizado a competir no país ou território em questão. As Federações notificarão à IAAF todos esses pedidos de autorização. Para facilitar o cumprimento desta Regra, a IAAF manterá em seu website uma lista das Federações com tais solicitações.
3. Nenhum atleta filiado a uma Federação Nacional pode se filiar a outra Filiada sem autorização prévia de sua Federação Nacional de origem, se as Regras daquela Federação exigirem tal autorização. Mesmo assim, a Federação Nacional do país ou território em que

o atleta esteja residindo não pode inscrever o nome do atleta em competições em outro país ou Território sem autorização prévia da Federação Nacional de origem. Em todos os casos segundo esta Regra, a Federação Nacional do país ou Território no qual o atleta esteja residindo enviará uma solicitação escrita à Federação Nacional de origem do atleta, e a Federação Nacional de origem do atleta enviará uma resposta escrita àquele pedido dentro de trinta (30) dias. Ambas as comunicações deverão ser feitas de um modo que gere a confirmação do recebimento. E-mail que inclua uma função de recebimento é aceitável para este fim. Se a resposta da Federação nacional de origem do atleta não for recebida dentro do período de 30 dias, será julgado que a autorização tenha sido dada.

No caso de uma resposta negativa ao pedido de autorização segundo esta Regra, cuja resposta deve ter suas razões fundamentadas, o atleta ou a Federação Nacional do País ou Território em que o atleta esteja residindo pode apelar contra tal decisão à IAAF. A IAAF publicará as normas para o preenchimento de uma apelação segundo esta Regra e estas normas estarão disponíveis no website da IAAF. Para facilitar o cumprimento a esta Regra, a IAAF manterá em seu website uma lista das Federações Nacionais com tais requerimentos de autorização.

Nota: A Regra 4.3 se refere a atletas com 18 anos ou mais em 31 de dezembro do ano em questão. A Regra não se aplica a atletas que não são cidadãos de um país ou território ou a refugiados políticos.

REGRA 5
Elegibilidade para Representar Uma Filiada

1. Em Competições Internacionais realizadas segundo as Regras 1.1(a), (b), (c), (f) ou (g), As filiadas deverão ser representadas somente por atletas que sejam Cidadãos do País (ou Território) cuja Federação Filiada represente e que atenda os requerimentos de elegibilidade desta Regra 5.

2. Um atleta que nunca tenha competido em uma Competição Internacional segundo as Regras 1.1.(a), (b) (c), (f) ou (g) será elegível para representar uma Filiada em uma Competição Internacional segundo as Regras 1.1(a), (b), (c), (f) ou (g) se ele:
   (a) é um Cidadão do País e tenha sido um Cidadão pelo período de dois anos imediatamente anterior à Competição Internacional em questão; ou
   (b) é um Cidadão do Território e tenha completado um período de dois anos contínuos de Residência no Território imediatamente anterior à Competição em questão.

   O período de dois anos em ambos os casos pode ser excepcionalmente reduzido ou cancelado pelo Conselho. Um pedido para uma redução ou cancelamento do período de dois anos deve ser submetido por escrito ao escritório da IAAF pela Federação relevante, pelo menos 30 dias antes da Competição Internacional em questão.

3. Sujeito à Regra 5.4 abaixo, um atleta que tenha representado uma Filiada em uma Competição Internacional realizada segundo as Regras 1.1(a), (b), (c), (f) ou (g) não será elegível para representar outra Filiada em uma Competição Internacional realizada segundo as Regras 1.1.(a), (b) (c), (f) ou (g).

4. Um atleta que tenha representado uma Federação Filiada em uma Competição Internacional segundo as Regras 1.1.(a), (b) (c), (f) ou (g) será elegível para representar outra Federação Filiada em uma Competição Internacional segundo as Regras 1.1.(a), (b) (c), (f) ou (g) (com efeito imediato a menos que estabelecido de outro modo) nas seguintes circunstâncias somente:
   (a) se o País (ou Território) de uma Filiada é subsequentemente incorporado a outro País que é ou subsequentemente se torne um Filiado;
   (b) se o País (ou Território) de uma Filiada deixe de existir e o atleta se torne um Cidadão como de direito de um recém-formado País ratificado por Tratado ou de outro modo reconhecido em nível internacional que subsequentemente se torne um Membro;
   (c) se o território da Filiada não possuir um Comitê Olímpico Nacional e um atleta se qualificar para competir nos Jogos Olímpicos

pelo Território do País de origem. Em tal caso, a representação do atleta do País de origem nos Jogos Olímpicos não afetará sua elegibilidade para continuar a competir pela relevante Filiada do Território em outras Competições Internacionais segundo as Regras 1.1(a), (b), (c), (f) ou (g);

(d) Aquisição de nova Cidadania: se o atleta adquire uma nova Cidadania, ele pode representar sua nova Federação em uma Competição Internacional segundo as Regras 1.1(a), (b), (c), (f) ou (g), mas não antes de três anos após a data de aquisição da nova Cidadania mediante o pedido do atleta. Este período de três anos pode ser reduzido ou cancelado conforme estabelecido abaixo:

   (i) o período pode ser reduzido para 12 meses com a concordância das duas Filiadas envolvidas. A redução será efetivada mediante recibo pelo Escritório da IAAF de uma notificação escrita do acordo entre as Filiadas;

   (ii) o período pode ser reduzido ou cancelado em casos excepcionais pelo Conselho. Um pedido por escrito para uma redução ou cancelamento deve ser submetido pela Filiada relevante ao Escritório da IAAF pelo menos 30 dias antes da Competição Internacional em questão; ou

(e) Dupla Cidadania: se um atleta detém Cidadania de dois (ou mais) Países (ou Territórios), ele pode representar a filiada tanto (ou qualquer) uma delas, conforme ele possa eleger. Entretanto, uma vez que ele tenha representado sua Federação escolhida em uma Competição Internacional, segundo as Regras 1.1(a), (b), (c), (f) ou (g), ele não poderá representar outra Filiada da qual ele é um Cidadão, por um período de três anos, a partir da data em que ele representou sua última federação eleita. Este período pode ser reduzido ou cancelado de acordo com o estabelecido abaixo:

   (i) o período pode ser reduzido para 12 meses com a concordância das duas Filiadas envolvidas. A redução será efetivada mediante recibo pelo Escritório da IAAF de uma notificação escrita do acordo entre as Filiadas;

(ii) o período pode ser reduzido ou cancelado em casos excepcionais pelo Conselho. Um pedido por escrito para uma redução ou cancelamento deve ser submetido pela Filiada relevante ao Escritório da IAAF pelo menos 30 dias antes da Competição Internacional em questão.

O pedido desta Regra 5.4(e) é limitado a atletas que nasceram com dupla cidadania. Um atleta que detém Cidadania de dois ou Países (ou Territórios) pelo fato de ter adquirido uma nova Cidadania (por exemplo, através de casamento) sem renunciar à sua Cidadania de nascimento está sujeito às provisões da Regra 5.4(d) acima.

REGRA 6
Pagamentos a Atletas

O Atletismo é um esporte aberto, sujeito a Regras e Regulamentos, os atletas podem ser pagos em dinheiro ou de uma maneira apropriada para presença, participação ou performance em qualquer competição atlética ou engajado em qualquer atividade comercial relacionada a suas participações no Atletismo.

REGRA 7
Representantes de Atletas

1. Os atletas podem usar os serviços de um Representante de Atletas para ajudá-los na negociação de seu programa Atlético e em outras matérias tais conforme eles assim concordarem. Alternativamente, os atletas podem negociar diretamente seus programas Atléticos.
2. Os atletas constantes da Lista Top 30 da IAAF em um evento padrão até o final do calendário anual não poderão, durante o ano seguinte, firmar ou prorrogar um contrato com qualquer pessoa que não seja um Representante de Atletas, para os serviços acima.
3. As Filiadas agindo razoavelmente serão responsáveis pela autorização e reconhecimento de Representantes de Atletas. Cada Filiada

terá jurisdição sobre os Representantes de Atletas que estejam agindo em nome de seus atletas e sobre os Representantes de Atletas que estejam agindo dentro de seu País ou Território ou Representantes de Atletas que sejam cidadãos de seu País.

4. Para auxiliar as Filiadas nesta tarefa, o Conselho publicará Regulamentos que governem os Representantes de Atletas. Os Regulamentos para Representantes de Atletas deverão prever os requisitos obrigatórios a serem inclusos nos regulamentos de cada Filiada que governam a atuação de Representantes de Atletas.

5. É uma condição de filiação que cada Filiada inclua uma provisão em seu estatuto de que todos os contratos entre um atleta e um Representante de Atleta cumprem as Regras e Regulamentos de Representantes de Atletas.

6. Um Representante de Atletas deverá ter integridade e boa reputação. Se for solicitado, ele deverá demonstrar educação e conhecimento suficiente da atividade de Representante de Atletas através da aprovação em um exame estabelecido e organizado de acordo com os Regulamentos de Representante de Atletas.

7. Cada Filiada deverá fornecer à IAAF, anualmente, uma lista de todos os Representantes de Atletas que ela tenha autorizado ou reconhecido. A IAAF publicará, anualmente, uma lista oficial de todos os Representantes de Atletas.

8. Qualquer atleta ou Representante de Atleta que não cumpra com as Regras e Regulamentos pode estar sujeito a sanções de acordo com as Regras e Regulamentos.

REGRA 8
Propaganda e Publicidade Durante Competições Internacionais

1. Propaganda e publicidade de natureza promocional serão permitidas em todas as competições Internacionais realizadas conforme especificado na Regra 1.2(c), desde que tal propaganda e publicidade

estejam de acordo com os termos desta Regra e qualquer dos Regulamentos que sejam aprovados segundo ela.
2. O Conselho pode aprovar regulamentos de tempos em tempos dando orientação detalhada sobre a forma da propaganda e a maneira em que se poderá exibir material de promoção ou de outro tipo durante as competições segundo estas Regras. Esses Regulamentos devem aderir no mínimo aos seguintes princípios:
   a) Somente propaganda de natureza comercial ou beneficente será permitida nas competições realizadas segundo estas Regras. Nenhuma propaganda que tenha por objetivo a promoção de qualquer causa política ou o interesse de grupo de pressão, seja doméstica ou internacional, será permitida.
   b) Nenhuma propaganda pode ser exibida, que na opinião da IAAF, seja de mau gosto, distraia, ofenda, difame ou seja inadequada para ter em conta a natureza do evento. Nenhuma propaganda pode aparecer de forma que impeça, parcialmente ou de outra maneira, a visão das câmeras de televisão de uma competição. Toda propaganda tem de cumprir com as regulamentações de segurança pertinentes.
   c) A propaganda de produtos de tabaco é proibida. A propaganda de produtos alcoólicos é proibida, a menos que seja expressamente permitida pelo Conselho.
3. Os Regulamentos segundo esta Regra podem ser emendados pelo Conselho em qualquer tempo.

REGRA 9
Apostas

Nenhuma pessoa dentro da IAAF pode participar, ou tentar participar, de qualquer modo, tanto direta como indiretamente, em qualquer aposta, jogo ou evento similar de transação relacionada com competições de Atletismo realizadas de acordo com as regras da IAAF, suas Áreas ou Filiadas.

CAPÍTULO 2

Elegibilidade

REGRA 20
Definição de Atleta elegível

Um atleta é elegível para competir se ele concordar em obedecer as Regras e não foi declarado inelegível.

REGRA 21
Restrições de competições para Atletas elegíveis

1. A Competição segundo estas Regras é restrita a atletas que estejam sob a Jurisdição de uma Filiada e que estejam elegíveis para competir segundo as Regras.
2. Em qualquer competição segundo as Regras, a elegibilidade de um atleta que esteja competindo deverá ser garantida pela Federação Filiada a que o atleta pertença.
3. As regras de elegibilidade de uma Federação Filiada deverão estar estritamente de conformidade com aquelas da IAAF e nenhuma Federação Filiada poderá ultrapassar, promulgar ou reter em sua constituição ou regulamentações qualquer regra ou regulamentação de elegibilidade que conflite diretamente com a Regras ou Regulamentos. Quando houver um conflito entre as regras de elegibilidade da IAAF e as da Federação Filiada, as regras de elegibilidade da IAAF serão aplicadas.

REGRA 22
Inelegibilidade para Competições Domésticas e Internacionais

1. As seguintes pessoas serão inelegíveis para competições, se realizadas segundo estas Regras ou as Regras de uma Área ou uma Filiada. Qualquer atleta, equipe de apoio a atleta ou outra pessoa:
   (a) cuja Federação Nacional esteja atualmente suspensa pela IAAF. Isto não se aplica a competições nacionais organizadas pela Federação Nacional suspensa para os cidadãos daquele país ou território;
   (b) aquele que tenha sido suspenso provisoriamente ou declarado inelegível segundo as regras de sua Federação Nacional para competir em competições sob a Jurisdição daquela Federação Nacional, na medida em que tal suspensão ou inelegibilidade é consistente com estas Regras;
   (c) que esteja atualmente cumprindo um período provisório de suspensão de competição segundo estas Regras;
   (d) que não atenda os requisitos de elegibilidade estabelecidos na Regra 141 ou Regulamentos segundo a mesma;
   (e) que tenha sido declarado inelegível como um resultado de violação às Regras Antidoping [Capítulo 3];
   (f) que tenha sido declarado inelegível como um resultado de violação a qualquer outra Regra ou Regulamento segundo a Regra 60.4.

2. Se um atleta compete em uma competição quando não estiver elegível para tal segundo a Regra 141 ou os Regulamentos segundo a mesma, sem prejuízo de qualquer outra ação disciplinar que pode ser tomada segundo as Regras, o atleta e qualquer equipe na qual ele tenha competido será desqualificado da competição, com todas as consequências para o atleta e a equipe, incluindo a perda de todos os títulos, prêmios, medalhas, pontos e prêmio em dinheiro e participação.

3. Se um atleta competir (ou uma equipe de apoio a atleta ou outra pessoa participar) em uma competição, se realizadas segundo estas Regras ou as regras de uma Área ou Filiada, enquanto inelegível para participar segundo qualquer outra Regra, o período de sua inelegibilidade recomeçará a partir da data em que ele competiu pela última vez e será considerado que nenhuma parte de um período de inelegibilidade tenha sido cumprido.

CAPÍTULO 3

Antidoping: Definições

Painel de Especialistas ABP

Um painel de três especialistas escolhidos pela IAAF que são responsáveis em promover uma avaliação dos módulos hematológicos e endócrinos do Passaporte Biológico do Atleta, de acordo com os Regulamentos Antidoping. Os especialistas terão conhecimento na área da hematologia clínica, medicina de Laboratório/hematologia e medicina do esporte ou exercer fisiologia especializada em hematologia.

ADAMS

O Sistema de Administração e Gerenciamento Antidoping é uma ferramenta de gerenciamento de dados hospedados na web para inserção, guarda, compartilhamento e relatórios designados a ajudar os atores e a WADA em suas operações antidoping em conexão com a legislação de proteção de dados.

Achado Analítico Adverso

Um relatório de um laboratório ou outra entidade credenciada que, consistente com o Padrão para Laboratórios e Documentos Técnicos relacionados, identifique em uma amostra a presença de uma substância proibida ou seus metabólitos ou marcadores (incluindo elevada quantidade de substâncias endógenas) ou evidência do uso de método proibido.

Organização Antidoping

Uma Agência que é responsável pela adoção de regras para iniciar, implementando ou conduzindo qualquer parte do processo de Controle de Doping. Isto inclui, por exemplo, o Comitê Olímpico Internacional, outros Organizadores dos Principais Eventos, que realizem testes em suas competições, WADA e organizações nacionais antidoping.

Regras Antidoping
As Regras Antidoping da IAAF aprovadas pelo Congresso da IAAF ou pelo Conselho da IAAF de tempos em tempos.

Regulamentos Antidoping
Os Regulamentos Antidoping da IAAF aprovados pelo Congresso da IAAF ou pelo Conselho da IAAF de tempos em tempos.

Atleta
Qualquer Pessoa que participe na IAAF, em suas filiadas e Associações de área através de contrato, filiação, registro, autorização, credenciamento ou participação em suas atividades ou competições e qualquer competidor no Atletismo que esteja de outro modo sujeito à Jurisdição de qualquer Entidade ou outra organização esportiva que aceite o Código.

Equipe de Apoio ao Atleta
Qualquer treinador, instrutor, gerente, representante de atleta autorizado, agente, staff de equipe, dirigente, equipe médica ou paramédica, pais ou qualquer outra pessoa que trabalhe com, tratando de atletas participantes em, ou preparando para, competições no Atletismo.

Tentativa
Propositalmente engajado em conduta que constitua um passo substancial no curso de uma conduta planejada para culminar no cometimento de uma infração de uma regra antidoping. Desde que, entretanto, não haja qualquer infração à regra antidoping com base somente em uma Tentativa de cometer uma infração se a Pessoa renunciar à Tentativa antes dela ser descoberta por uma terceira pessoa não envolvida na Tentativa.

Achado Atípico

Um relatório do laboratório ou outra entidade credenciada que requeira investigação adicional como previsto pelo Padrão Internacional para Laboratórios ou Documentos Técnicos relacionados antes da determinação de um Achado Analítico Adverso.

Código

O Código Mundial Antidoping

Competição

Um evento ou séries de eventos realizados em um ou mais dias.

Consequências de Violações à Regra Antidoping

A infração de uma regra antidoping por um atleta ou outra pessoa, pode resultar em pelo menos um ou mais dos seguintes: (a) Desqualificação que significa que os resultados do atleta em um Evento ou Competição em particular são invalidados, com todos os resultados consequentes incluindo a perda de quaisquer títulos, prêmios, medalhas, pontos e dinheiro de prêmio e participação; e (b) Inelegibilidade, que significa que o Atleta ou outra Pessoa é impedida, por um período especifico de tempo, de participar em qualquer competição ou outras atividades ou fundos, como previsto na Regra 40.

Desqualificação

Veja Consequências de Violações à Regra Antidoping acima.

Controle de Doping

Todos os passos e processos desde o planejamento da distribuição dos testes até o resultado final de uma apelação incluindo todos os passos e processos que incluem o fornecimento de informação de localização, coleta e manuseio das amostras, análise do laboratório, isenção para uso terapêutico, gerenciamento dos resultados e julgamentos.

Prova

Uma única corrida ou uma disputa em uma competição (ex.: os 100m rasos ou o Lançamento do Dardo).

Falha no Preenchimento de Informações

Uma falha do atleta, de forma acurada e completa, ao realizar o preenchimento do formulário de localização, de acordo com os Regulamentos Antidoping ou as regras ou regulamentos de uma Filiada ou Organização Antidoping com Jurisdição sobre o Atleta em consonância com o Padrão Internacional para Testes.

Em Competição

Em competição significa o período que se inicia doze (12) horas antes de um Evento em que o Atleta está previsto participar até o final de tal Evento e o processo de coleta de Amostra relacionado a tal Evento.

Inelegibilidade

Veja Consequências de Violações à Regra Antidoping anterior.

Competição Internacional

Para os fins destas Regras Antidoping, as competições internacionais segundo a Regra 35.7 a seguir, conforme publicado anualmente no website da IAAF.

Padrão Internacional

Um padrão adotado pela WADA para apoiar o Código. De acordo com um Padrão Internacional (em oposição a outro padrão alternativo, prática ou procedimento) será suficiente para concluir que os procedimentos seguidos pelo Padrão Internacional foram realizados de maneira apropriada. Os Padrões Internacionais incluirão quaisquer Documentos Técnicos emitidos de acordo com o Padrão Internacional.

Organização dos Principais Eventos

As associações continentais dos Comitês Olímpicos Nacionais e outras organizações internacionais multiesportivas que funcionem como o organizador de qualquer competição continental, regional ou outras competições internacionais.

Marcador
Um composto, uma combinação ou parâmetros biológicos que indicam o uso de substância ou método proibido.

Metabólito
Qualquer substância produzida por um processo de biotransformação.

Menor
Uma pessoa natural que não tenha atingido a idade de maioridade como estabelecido pelas leis aplicáveis de seus país de residência.

Testes Perdidos
A falha de um atleta em estar disponível para teste no local e hora especificado no espaço de tempo de 60 minutos identificado em seu Formulário de Localização para o dia em questão tanto de acordo com os Regulamentos ou com as regras e regulamentos de uma Filiada ou Organização de Antidoping com Jurisdição sobre o Atleta que cumpre Padrão Internacional para Testes.

Organização Nacional Antidoping
A(s) entidade(s) designada(s) por cada País ou Território como detentora da autoridade principal e responsável por adotar e implementar as regras antidoping, dirigir as coletas das amostras, o gerenciamento do resultado dos testes, e realização das audiências, todas em nível nacional. Isto inclui uma entidade que possa ser designada por vários países para servir como uma Organização Regional Antidoping para tais Países ou Territórios. Se esta designação não tiver sido feita pelas autoridades públicas competentes, a entidade será o Comitê Olímpico Nacional do País ou Território ou a quem este designar.

Comitê Olímpico Nacional
A organização reconhecida pelo Comitê Olímpico Internacional. O termo Comitê Olímpico Nacional também inclui a Confederação de Esporte Nacional naqueles Países ou Territórios onde a Confederação de Esporte Nacional assume as responsabilidades típicas do Comitê Olímpico Nacional na área antidoping.

Sem Aviso Prévio
Um Controle de Doping que seja realizado sem qualquer aviso prévio ao Atleta e onde o Atleta é acompanhado continuamente a partir do momento da notificação até o fornecimento da Amostra.

Sem Culpa ou Negligência
O atleta demonstrar que, segundo a Regra 38, ele não sabia ou suspeitava, e não poderia razoavelmente ter conhecimento ou suspeitado mesmo com o exercício do máximo cuidado, que ele tinha usado ou administrado uma substância proibida ou método proibido.

Sem Culpa ou Negligência Significantes
O atleta demonstrar em um caso, segundo a Regra 38, que a sua culpa ou negligência, quando vista na totalidade das circunstâncias e levando em conta o critério para "Sem culpa ou Negligência", não foi significante em relação à infração da regra antidoping.

Fora de Competição
Qualquer período que não seja em Competição.

Participante
Qualquer atleta ou equipe de apoio ao atleta.

Pessoa
Qualquer pessoa natural (incluindo qualquer Atleta ou Equipe de Apoio ao Atleta) ou uma organização ou outra entidade.

Posse
É a posse real, física ou continuada de uma substância/método proibido (que será constatada somente se a pessoa tiver controle exclusivo da substância/método proibido ou na premissa de que exista substância/método proibido); desde que, entretanto, se a pessoa que não tenha controle exclusivo da substância/método proibido ou na premissa de que exista substância/método proibido, posse continuada será somente constatada se esta pessoa tiver conhecimento acerca da presença da substância/método proibido e planejava exercer o controle sobre ele. Desde que, entretanto, não haja qualquer infração à regra com base somente na posse, se, antes de receber a notificação de qualquer espécie de que a Pessoa cometeu uma infração à regra antidoping, a Pessoa tenha tomado ação concreta demonstrando que a Pessoa nunca intencionou ter a posse e renunciou à posse por declaração explícita sobre isso à IAAF, à Filiada ou a uma Organização Antidoping. Entretanto, qualquer coisa em contrário nesta definição, a compra (inclusive por qualquer meio, eletrônico ou outro) de uma substância proibida ou método proibido constitui posse pela Pessoa que efetuar a compra.

Lista Proibida
A Lista Proibida publicada pela WADA identificando as substâncias e métodos proibidos.

Método Proibido
Qualquer método assim descrito na Lista Proibida.

Substância Proibida
Qualquer substância assim descrita na Lista Proibida.

Suspensão Provisória
O Atleta ou outra Pessoa está impedido, temporariamente, de participar em qualquer competição antes da decisão final de uma audiência conduzida de acordo com estas Regras.

Grupo Registrado para Testes

O grupo dos atletas estabelecido pela IAAF, que estão sujeitos tanto a testes em competição quanto fora de competição, como parte do Programa de Testes da IAAF. A IAAF publicará uma lista que identifique os Atletas incluídos no Grupo Registrado para Testes.

Amostra/Espécime

Qualquer material biológico coletado para os propósitos de controle de doping.

Signatário

Aquelas entidades que assinem o Código e concordem em acatá-lo incluindo o Comitê Olímpico Internacional, Federações Internacionais, Comitês Olímpicos Nacionais, Organizadores dos Principais Eventos, Organizacões Nacionais Antidoping e a WADA.

Assistência substancial

Para os fins da Regra 40.5(c), uma Pessoa que forneça Assistência Substancial deve (i) totalmente revelar, em uma declaração escrita e assinada de que todas as informações que ele/ela possua em relação à violações da regra antidoping e (ii) cooperar totalmente com a investigação e julgamento de qualquer caso relacionado a aquela informação, incluindo, por exemplo, apresentação de testemunho em uma audiência se solicitado a fazê-lo pela autoridade legal ou corpo de jurados. Além disso, a informação fornecida deve ser de credibilidade e deve compreender uma parte importante de qualquer caso que seja iniciado ou, se nenhum caso é iniciado, deve ter fornecido uma base suficiente nas quais o caso possa vir a ser esclarecido.

Adulteração

Alterar para um fim impróprio ou em uma maneira imprópria; influência imprópria para tolerar; interferindo impropriamente; obstruindo, confundindo ou engajando em qualquer conduta fraudulenta para alterar os resultados ou impedir que os procedimentos normais sejam realizados; ou fornecendo informação fraudulenta.

Teste-alvo
A seleção de atletas para testes quando atletas específicos ou grupos de atletas são selecionados em bases não aleatórias para testes em tempo específico.

Teste
As partes do processo de Controle de Doping envolvendo planejamento da distribuição de testes. Coleta de amostra, manuseio de Amostra e transporte da Amostra para o laboratório.

IUT
Isenção para Uso Terapêutico

Tráfico
A venda, doação, transporte, envio, entrega ou distribuição de uma substância proibida ou método proibido (tanto fisicamente ou por meio eletrônico ou outros meios) por um atleta, equipe de apoio ao atleta ou qualquer outra pessoa a qualquer terceira parte; desde que, entretanto, esta definição não inclua as ações corretas de pessoal médico envolvendo uma substância ou método proibido usado para genuínos e legais objetivos terapêuticos ou outra justificativa aceitável e não inclua ações envolvendo Substâncias Proibidas que não são proibidas em testes fora de competição, a menos que as circunstâncias como um todo demonstrem que tais Substâncias Proibidas não têm objetivos terapêuticos genuínos e legais.

Uso
A utilização, aplicação, ingestão, injeção ou consumo por qualquer significado de qualquer substância ou métodos proibidos.

WADA
A Agência Mundial Antidoping.

Falha na Localização (Whereabouts)
Uma falha no preenchimento do formulário ou um Teste Perdido.

Informações para Localização (Whereabouts)

Informação fornecida por ou em nome de um Atleta no Grupo de Atletas Registrados para Teste que define a lista dos atletas para teste durante o trimestre seguinte.

REGRA 30
Abrangência das Regras Antidoping

1. As Regras Antidoping serão aplicadas à IAAF, suas Federações Filiadas e Associações de Área e aos atletas, equipe de apoio ao atleta e outras pessoas que participem da IAAF, suas Federações Filiadas e Associações de Área em virtude de seus acordos, filiação, registro, autorização, credenciamento ou participação em suas atividades ou competições.
2. Todas as Federações e Associações de Área devem cumprir com estas Regras Antidoping e Regulamentos. Estas Regras Antidoping e Regulamentos deverão incorporar, quer diretamente, quer por referência, nas regras de cada Filiada e Associação de Área e cada Filiada e Associação de Área incluirão em suas regras os regulamentos processuais necessários para implementar efetivamente as Regras e Regulamentos Antidoping (e quaisquer mudanças que possam ser feitas neles). As regras de cada Filiada e Associação de Área devem especificamente determinar que a todos os atletas, equipe de apoio ao atleta e outras pessoas sob Jurisdição da Filiada ou Associação de Área serão limitadas a estas Regras e Regulamentos Antidoping.
3. A fim de estar elegível para competir ou participar em, ou de outro modo ser credenciado em uma Competição Internacional, Atletas (e onde aplicável) Pessoal de Apoio ao Atleta e outras Pessoas devem assinar um acordo às Regras e Regulamentos Antidoping, na forma a ser decidida pelo Conselho. Ao garantir a elegibilidade de seus atletas para uma Competição Internacional (ver Regra 21.2), as filiadas garantem que os atletas tenham assinado um acordo na forma requerida e que uma cópia do acordo assinado tenha sido enviada ao escritório da IAAF.

4. Estas Regras e Regulamentos Antidoping serão aplicadas a todos os controles de doping sob os quais a IAAF e respectivamente suas Filiadas e Associações de Área têm Jurisdição.
5. É de responsabilidade de cada Filiada assegurar que todos os testes realizados em seus atletas, em nível nacional, tanto em competição como fora de competição e o gerenciamento dos resultados de tais testes esteja de conformidade com as Regras e Regulamentos Antidoping. É reconhecido que, em alguns Países ou Territórios, a Filiada conduzirá os Testes e o processo de gerenciamento será feito por ela, em outros, algumas ou todas as responsabilidades serão delegadas ou transferidas (tanto pela própria Filiada ou segundo a legislação nacional ou regulamento) para uma Organização Nacional Antidoping ou outra terceira parte. Em relação a esses países ou territórios, a referência nessas Regras Antidoping à Filiada ou Federação Nacional (ou seus dirigentes relevantes) deverá, onde aplicável, ser uma referência à Organização Nacional Antidoping ou outra terceira parte (ou seus dirigentes relevantes).
6. A IAAF monitorará as atividades antidoping de suas Filiadas segundo estas Regras Antidoping, incluindo mas não limitando a Testes Dentro e Fora de Competição conduzidos em nível nacional por cada Filiada (e/ou por sua respectiva Organização Nacional Antidoping ou terceira parte de acordo com a Regra 30.5). Se a IAAF considerar que os Testes Dentro e/ou Fora de Competição ou outra atividade antidoping conduzida em nível nacional por uma Filiada for insuficiente ou inadequada, quer seja levando em consideração o sucesso dos Atletas da Filiada em Competições Internacionais ou por qualquer outra razão, o Conselho pode requerer à Filiada tomar ações que considerar necessárias, a fim de assegurar um nível satisfatório de atividade antidoping no País ou Território em questão. Uma falha por uma Filiada em cumprir com a Decisão do Conselho pode resultar na imposição de sanções segundo a Regra 44.
7. Notificar, segundo estas Regras Antidoping, o atleta ou outra pessoa que esteja sob Jurisdição de uma Filiada, pode ser feito pela entrega de notificação para a Filiada em questão. A Filiada será responsável por fazer contato imediato com a pessoa em que a notificação seja aplicável.

REGRA 31
Organização Antidoping da IAAF

1. IAAF deverá agir principalmente sob estas Regras Antidoping através das seguinte(s) pessoa(s) ou organizações:
   (a) o Conselho;
   (b) a Comissão Médica e Antidoping;
   (c) o Painel de Revisão de Doping; e
   (d) o Administrador Antidoping da IAAF.

O Conselho

2. O Conselho tem o dever para com o Congresso da IAAF de examinar e supervisionar as atividades da IAAF, de conformidade com seus objetivos [ver Artigo 6.12 (a) do Estatuto]. Um destes Objetivos é promover jogo limpo no esporte, em particular, desempenhar um papel de liderança na luta contra o doping, tanto dentro do Atletismo como externamente, no mais amplo alcance da comunidade esportiva, e desenvolver e manter programas de detecção, desencorajamento e educação que são propostos para erradicação da praga do doping dentro do esporte (ver Artigo 3.8 do Estatuto).

3. O Conselho tem os seguintes poderes segundo o Estatuto no exame e supervisão das atividades da IAAF:
   (a) estabelecer qualquer Comissão ou Subcomissão, em bases "ad hoc" ou permanente, que ele julgue ser necessário para o funcionamento apropriado da IAAF [ver Artigo 6.11 (j) do Estatuto].
   (b) Fazer quaisquer emendas provisórias nas Regras que ele considere ser necessárias entre os Congressos e fixar uma data em que tais emendas devam entrar em efeito. As emendas provisórias serão relatadas no próximo Congresso, que decidirá se elas serão permanentes [ver Artigo 6.11 (c) do estatuto].
   (c) aprovar, rejeitar ou emendar os Regulamentos Antidoping [ver Artigo 6.11 (i) do Estatuto]; e
   (d) suspender ou tomar outras sanções contra uma Filiada por uma infração das Regras de conformidade com as provisões do Artigo 14.7 [ver Artigo 6.11 (b) do Estatuto].

A Comissão Médica e Antidoping

4. A Comissão Médica e Antidoping é indicada como uma Comissão do Conselho segundo o Artigo 6.11 (j) do Estatuto para prover a IAAF com orientação geral em todas as questões antidoping e relacionadas, incluindo com relação às Regras e Regulamentos Antidoping;

5. A Comissão Médica e Antidoping consistirá de até 15 membros que se reunirão pelo menos uma vez por ano, normalmente no final de cada ano calendário, a fim de revisar as atividades antidoping da IAAF nos 12 meses anteriores e estabelecer, para aprovação do Conselho, o programa antidoping da IAAF para o ano seguinte. A Comissão Médica e Antidoping deverá também consultar em uma base regular durante todo o curso do ano, conforme surgirem necessidades.

6. A Comissão Médica e Antidoping terá responsabilidade também sobre as seguintes tarefas específicas segundo estas Regras Antidoping:
   (a) publicação dos Regulamentos Antidoping, e emendas aos Regulamentos Antidoping, sempre que for requerido.. Os Regulamentos Antidoping deverão conter, quer diretamente ou por referência, os seguintes documentos emitidos pela WADA:
       (i) a Lista Proibida;
       (ii) o Padrão Internacional para Testes;
       (iii) o Padrão Internacional para Laboratórios;
       (iv) o Padrão Internacional para Isenção para Uso Terapêutico; e
       (v) o Padrão Internacional para Proteção de Privacidade e Informação Pessoal juntamente com quaisquer adições ou modificações a tais documentos, ou Padrões Internacionais, ou outros procedimentos ou normas, que possam ser considerados necessários para aceder com estas Regras Antidoping ou de outra maneira atenda o programa antidoping da IAAF.

Os Regulamentos Antidoping e qualquer emenda proposta a eles devem ser aprovados pelo Conselho, a menos que de outra maneira especificada nestas Regras Antidoping, Mediante sua aprovação, o Conselho fixará uma data em que os Regulamentos, ou qualquer emenda proposta a eles entrará em vigor. A Secretaria Geral da IAAF notificará as Filiadas desta data e publicará os Regulamentos Antidoping, e qualquer emenda proposta a eles, no site da IAAF.

(b) recomendar ao Conselho sobre emendas a estas Regras Antidoping conforme for necessário, de tempos em tempos. Qualquer proposta de emenda a ser feita às Regras Antidoping no intervalo entre os Congressos deve ser aprovada pelo Conselho e notificada às Filiadas de conformidade com o Artigo 6.11 (c) do Estatuto.

(c) Planejar, implementar e monitorar informação antidoping e programas educacionais antidoping. Estes programas devem fornecer informação atualizada e exata no mínimo nos seguintes aspectos:
   (i) substâncias proibidas e métodos proibidos na Lista Proibida;
   (ii) consequências do doping na saúde;
   (iii) procedimentos para controle de doping; e
   (iv) direitos e responsabilidades dos atletas.

(d) Concessão de Isenção para Uso Terapêutico de acordo com a Regra 34.9 (a).

(e) Estabelecer normas gerais para a seleção de atletas no Grupo Registrado para Testes da IAAF.

A Comissão Médica e Antidoping pode, no decorrer do exercício de qualquer das tarefas acima, chamar especialistas para fornecer orientação médica especializada adicional ou científica conforme seja requerido.

7. A Comissão Médica e Antidoping reportará ao Conselho suas atividades antes de cada reunião do Conselho. Ela deve se comunicar com o escritório da IAAF em todas as questões de doping e questões relacionadas através do Departamento Médico e Antidoping da IAAF.

O Painel de Revisão de Doping

8. O Painel de Revisão de Doping é indicado como uma Subcomissão do Conselho segundo o Artigo 6.11 (j) do Estatuto, com, pelo menos, as seguintes tarefas específicas:

(a) decidir se casos deverão ser encaminhados a julgamento perante o CAS segundo a Regra 38.9 em circunstancias em que a Filiada em questão falhe em realizar uma audiência para o Atleta ou outra Pessoa dentro do período estipulado de 3 meses;

(b) Determinar, em nome do Conselho, se existem circunstâncias especiais/excepcionais (segundo a Regra 40.4 e 40.5, respectivamente) nos casos em que são encaminhados conforme a Regra 38.16;

(c) decidir se casos deverão ser encaminhados à arbitragem perante o CAS segundo a Regra 42.15 e se, em tais casos, impor uma nova suspensão ao Atleta Dependendo, da decisão do CAS;

(d) Decidir se a IAAF deveria participar em casos perante o CAS para os quais não seja uma parte original de acordo com a Regra 42.19 e se, em tais casos, impor uma nova suspensão ao Atleta, dependendo da decisão do CAS.

(e) determinar em qualquer caso uma ampliação do tempo para a IAAF arquivar uma declaração de apelação com o CAS de acordo com a Regra 42.13; e

(f) decidir nos casos em que são encaminhados a ele segundo a Regra 45.4 onde os Testes conduzidos por um órgão que não seja uma Pessoa do Código, segundo as regras e procedimentos que são diferentes daqueles nestas Regras Antidoping, devem ser reconhecidos pela IAAF.

O Painel de Revisão de Doping pode, no decorrer do exercício de quaisquer das tarefas acima, consultar a Comissão Médica e Antidoping ou o Conselho sobre sua opinião ou orientação em relação a um caso em particular ou ao Conselho em qualquer questão política geral que possa ser levantada.

9. O Painel de Revisão de Doping consistirá de três pessoas, uma delas deverá ser qualificada legalmente. O Presidente terá autoridade em qualquer tempo de indicar uma pessoa ou pessoas adicional(is) para o Painel de Revisão de Doping, conforme seja requerido, em caráter temporário.

10. O Painel de Revisão de Doping se reportará ao Conselho sobre suas atividades antes de cada reunião do Conselho.

O Administrador Antidoping da IAAF

11. O Administrador Antidoping da IAAF é o chefe do Departamento Médico e Antidoping. Ele terá responsabilidade de implementar o programa antidoping, o qual será estabelecido pela Comissão Médica e Antidoping segundo a Regra 31.5 acima. Ele se reportará à Comissão Médica e Antidoping da IAAF neste sentido no mínimo uma vez ao ano e, mais regularmente se para isso for chamado.
12. O Administrador Antidoping da IAAF terá responsabilidade pela administração diária dos casos de doping levantados segundo estas Regras Antidoping. Em particular, o Administrador Antidoping da IAAF será a pessoa responsável, onde aplicável, por conduzir o processo de gerenciamento do resultado no caso de atletas de nível internacional, de acordo com a Regra 37, para decidir sobre a suspensão provisória de atletas de nível internacional, de acordo com a Regra 38 e para conduzir a revisão administrativa de Falhas de Informação de Localização/Testes Perdidos cometidos por Atletas de Nível Internacional, de acordo com os procedimentos estabelecidos nos Regulamentos Antidoping.
13. O Administrador Antidoping da IAAF pode em qualquer tempo no decorrer de seu trabalho buscar parecer do Presidente da Comissão Médica e Antidoping, do Painel de Revisão de Doping ou de outra pessoa que ele considerar apropriado.

REGRA 32
Infrações à Regra Antidoping

1. O Doping é definido como a ocorrência de uma ou mais das infrações da regra antidoping estabelecidas na Regra 32.2 destas Regras Antidoping.
2. Atletas ou outras Pessoas serão responsáveis por conhecer o que constitui uma infração à regra antidoping e as substâncias e méto-

dos que fazem parte da Lista Proibida. O seguinte constitui violações à regra antidoping:

(a) presença de uma substância proibida ou seus metabólitos ou marcadores na amostra de um Atleta.

  (i) é dever pessoal de cada atleta assegurar que nenhuma substância proibida entre em seu corpo. Os atletas são responsáveis por qualquer Substância Proibida ou Método Proibido ou Marcadores encontrados presentes em suas amostras. Consequentemente, não é necessário que a intenção, culpa, negligência ou uso conhecido por parte do atleta seja demonstrada de maneira a estabelecer uma infração da regra antidoping sob a Regra 32.2(a).

  (ii) prova suficiente de uma infração à regra antidoping segundo a Regra 32.2(a) é estabelecida também pelo seguinte: presença de uma substância proibida ou seus metabólitos ou marcadores na Amostra A do atleta onde o Atleta abre mão da amostra B e a amostra B não é analisada; ou, onde a amostra B do atleta é analisada e a análise da amostra B confirma a presença da substância proibida ou seus metabólitos ou marcadores encontrados na amostra A do atleta.

  (iii) exceto aquelas substâncias proibidas para as quais uma quantidade mínima é especificamente identificada na Lista Proibida, a presença de qualquer quantidade de uma substância proibida ou seus metabólitos ou marcadores na amostra de um atleta constituirá uma infração da Regra antidoping.

  (iv) como uma exceção para a aplicação geral da Regra 32.2 (a), a Lista Proibida ou o Padrão Internacional pode estabelecer critério especial para avaliação de substâncias proibidas que podem também ser produzidas endogenamente.

(b) o uso ou a tentativa de uso de uma substância proibida ou método proibido.

  (i) é dever pessoal de cada atleta assegurar que nenhuma substância proibida entre em seu corpo. Consequentemente, não é necessário que intenção, falta, negligência ou o conhecimento do uso, por parte do atleta, seja demonstrado, a fim de estabelecer uma infração à Regra Antidoping por uso de uma substância proibida ou um método proibido.

(ii) o sucesso ou falha do uso ou a tentativa de uso de uma substância proibida ou método proibido é imaterial. É suficiente que a substância proibida ou método proibido foi usado, ou tentou ser usado, para que uma infração da Regra Antidoping seja cometida.

(c) a recusa ou falha, sem uma justificativa plausível em submeter-se à coleta da amostra após notificação conforme autorizado nas regras antidoping aplicáveis ou de outra forma esquivar-se do controle de doping.

(d) Infração dos requerimentos aplicáveis referentes à disponibilidade do Atleta para Testes Fora de Competição, incluindo a falha no preenchimento do Registro de Informação de Localização (Whereabouts) e Testes Perdidos, que são declarados com base nas regras que estão em consonância com o Padrão Internacional de Testes. Qualquer combinação de três Testes Perdidos e/ou Falha no Preenchimento dentro do período de dezoito meses como determinado pela IAAF e/ou outras Organizações Antidoping, com Jurisdição sobre o Atleta será uma infração à Regra Antidoping.

(e) alteração, ou tentativa de alteração, em qualquer parte do processo do controle de doping.

(f) Posse de uma Substância Proibida ou Método Proibido.

(i) posse por parte de um atleta Em Competição, de qualquer método proibido ou Substância proibida ou Posse por uma atleta Fora de Competição, de qualquer Método Proibido ou Substância Proibida que seja proibida fora de competição, a menos que o atleta estabeleça que sua posse é mediante uma IUT concedida de conformidade com a Regra 34.9 (Uso Terapêutico) ou outra justificativa aceitável.

(ii) posse por parte da equipe de apoio ao atleta significa Em Competição ou qualquer Método Proibido ou Substância

Proibida ou Posse por uma Equipe de Apoio ao Atleta, fora de competição, de qualquer Método Proibido ou Substância Proibida que é proibida fora de competição, em conexão com um Atleta, Competição ou treinamento, a posse de uma substância que seja proibida fora de competição ou um método proibido, a menos que a Equipe de Apoio ao Atleta estabeleça que a Posse é mediante a concessão de uma IUT ao atleta de acordo com a Regra 34.9 (Uso Terapêutico), ou outra justificativa aceitável.

(g) tráfico ou tentativa de tráfico de uma substância proibida ou método proibido.

(h) administração, ou tentativa de administração em um atleta Em Competição, de qualquer método ou substância proibidos, ou administração ou tentativa de administração a qualquer atleta fora de competição de uma substância proibida que é proibida Fora de competição ou o auxilie, encoraje, ajude, favoreça, encubra ou engaje qualquer outro tipo de cumplicidade envolvendo uma infração à Regra Antidoping ou tentativa de infração à Regra Antidoping.

REGRA 33
Prova do Doping

Ônus e Padrões de Prova

1. A IAAF, a Filiada ou outra autoridade responsável terão o ônus de estabelecer que ocorreu uma infração a uma regra antidoping. O padrão da prova deverá ser, quer a IAAF, a Filiada, ou outra autoridade competente tenha estabelecido uma infração à Regra antidoping para satisfação confortável de uma audiência no órgão pertinente, tendo em mente a seriedade da alegação que foi feita. O padrão da prova em todos os casos é mais que um mero balanço da probabilidade, mas menor que a prova além de uma dúvida razoável.

2. Onde estas Regras Antidoping posicionarem o ônus da prova o atleta ou outra pessoa alegou ter cometido uma infração antidoping

para rebater uma presunção ou estabelecer fatos específicos ou circunstâncias, o padrão da prova será por um balanço de probabilidade, exceto como previsto nas Regras 40.4 (substâncias específicas) e 40.6 (circunstâncias agravantes) onde o atleta deve satisfazer um ônus maior da prova.

Métodos para o Estabelecimento de Fatos e Presunções
3. Fatos relacionados a violações da Regra Antidoping devem ser estabelecidos por quaisquer meios confiáveis, incluindo, mas não limitado a admissão de evidência de terceiros, conclusões tiradas de provas longitudinais e outras informações analíticas. As seguintes regras de prova serão aplicadas em casos de doping:
   (a) laboratórios credenciados pela WADA são presumíveis de terem conduzido análises de amostras e procedimentos custodiais de conformidade com o Padrão Internacional para Laboratórios. O atleta ou outra pessoa pode rebater esta presunção estabelecendo que ocorreu uma divergência no Padrão Internacional para Laboratórios que poderia, de forma razoável, ter causado o achado analítico adverso.

Se o atleta ou outra pessoa rebate a presunção anterior através da apresentação de que ocorreu uma divergência do Padrão Internacional para Laboratório que poderia de forma razoável ter causado o Achado Analítico Adverso, então, a IAAF, a Filiada ou outra autoridade legal que tenha o ônus de determinar que tal divergência não causou o Achado Analítico Adverso.

   (b) Desvios de qualquer outro Padrão Internacional ou outra regra Antidoping ou política que não tenha causado um Achado Analítico Adverso ou outra infração à Regra Antidoping, não invalidará tais resultados. Se o atleta ou outra pessoa estabelecer que uma divergência de outro Padrão Internacional ou outra regra antidoping ou política tenha ocorrido que não pudesse de forma razoável ter causado o Achado Analítico Adverso ou outra infração a outra regra antidoping, então a IAAF, a Filiada ou outra autoridade competente terá o ônus de estabelecer que tal divergência não causou o Achado Analítico Adverso ou a base factual para a infração da Regra Antidoping.

(c) Os fatos estabelecidos por uma decisão de uma corte ou tribunal disciplinar profissional da Jurisdição competente que não o objeto de uma apelação pendente será irrefutável evidência contra o atleta ou outra pessoa a quem a decisão pertinente àqueles fatos, a menos que o atleta ou outra pessoa estabeleça que a decisão violou os princípios da justiça natural.

(d) O tribunal do júri em uma audiência sobre uma infração à Regra Antidoping deve fazer uma inferência adversa para o atleta ou outra pessoa que declara ter cometido uma infração à Regra antidoping, com base na recusa do atleta ou outra pessoa, após um pedido feito em um tempo razoável antes da audiência, comparecer na audiência (tanto pessoalmente ou por telefone como dirigido pelo tribunal) e para responder questões do tribunal do júri ou da IAAF, Filiada, ou outra autoridade legal, confirmando a infração à Regra Antidoping.

REGRA 34
A Lista Proibida

1. Estas Regras Antidoping incorporam a Lista Proibida que será publicada pela WADA de tempos em tempos.

Publicação e Revisão da Lista Proibida

2. A Lista Proibida será disponibilizada pela IAAF e será publicada no site da IAAF. Cada Filiada deverá assegurar que a Lista Proibida atualizada seja disponibilizada (quer em seu site ou de outra forma) para todos os atletas e outras pessoas sob sua Jurisdição.

3. A menos que indicado de outra forma na Lista Proibida e/ou qualquer revisão da Lista Proibida, a Lista Proibida e revisões entrarão em vigor, segundo estas Regras Antidoping, três (3) meses após publicação da Lista Proibida pela WADA sem solicitar qualquer ação adicional pela IAAF.

Substâncias Proibidas e Métodos Proibidos identificados na Lista Proibida

4. Substâncias Proibidas e Métodos Proibidos: a Lista Proibida identificará aquelas substâncias e métodos que são proibidos como doping em todos os tempos (tanto Em Competição como Fora de Competição) em virtude de seu potencial de aumentar a performance em futuras competições ou seu potencial de mascarar aquelas substâncias ou métodos que são proibidos somente em competição. Substâncias Proibidas e Métodos Proibidos podem ser incluídos na Lista Proibida por categoria geral (ex. agentes anabólicos) ou por referência específica a uma substância ou método em particular.

5. Substâncias Específicas: Para os fins de aplicação da Regra 40 (Sanções em Indivíduos), todas as Substâncias Proibidas serão Substâncias Específicas, exceto substâncias da classe de agentes anabólicos e hormônios e aqueles estimulantes e hormônios antagonistas e modulares também identificados na Lista Proibida. Métodos Proibidos não serão Substâncias Proibidas.

6. Nova Classe de Substâncias Proibidas: no caso da WADA expandir sua Lista Proibida através da inclusão de uma nova classe de Substâncias Proibidas, o Comitê Executivo da WADA determinará se qualquer ou todas serão consideradas Substâncias Específicas segundo a Regra 34.5.

7. A determinação da WADA de substâncias proibidas e métodos proibidos que serão incluídos na Lista Proibida e a classificação das substâncias em categorias na Lista Proibida é final e não estará sujeita a contestação por um Atleta ou outra pessoa, com base em um argumento de que a substância ou método não era um agente mascarante ou não tinha o potencial para aumentar a performance, represente um risco à saúde ou viola o espírito esportivo.

Uso Terapêutico

8. A WADA adotou um Padrão Internacional para o processo de isenção para uso terapêutico ("IUT").

9. Atletas com condição médica documentada solicitando o uso de uma substância proibida ou método proibido devem requerer uma IUT.

As IUTs serão concedidas somente em casos de clara e extrema necessidade clínica onde nenhuma vantagem competitiva possa ser obtida pelo atleta.

(a) atletas de Nível Internacional devem solicitar uma IUT da IAAF antes de participarem de uma competição internacional (independente do atleta ter obtido previamente uma IUT em nível nacional). A IAAF publicará uma lista de Competições Internacionais para as quais uma IUT da IAAF é requerida. Atletas de nível internacional que busquem por uma IUT devem fazer uma solicitação à Comissão Médica e Antidoping. Detalhes do procedimento para solicitação serão encontrados nos Regulamentos antidoping. IUTs concedidas pela IAAF sob esta Regra serão relatadas à Federação Nacional do atleta e à WADA (através do ADAMS ou por outro órgão).

(b) Atletas que não são de nível internacional devem requerer uma IUT de sua Federação Nacional, ou de outro órgão conforme seja designado por suas Federações Nacionais para conceder IUTs, ou que de outra forma tenha autoridade competente para conceder IUTs no país ou território da Federação Nacional. As Federações Nacionais devem, em todos os casos, ser responsáveis por relatar prontamente a concessão de quaisquer IUTs sob esta Regra à IAAF e à WADA (através do ADAMS ou outro órgão).

(c) A WADA, por iniciativa própria, pode rever, a qualquer tempo, a concessão de uma IUT a um atleta de nível internacional ou a um atleta que não é de nível internacional mas seja incluído em seu grupo nacional registrado para testes. Além disso, a pedido de qualquer atleta a quem tenha sido negado uma IUT a WADA irá rever tal negativa. Se a WADA determinar que tal concessão ou negação de uma IUT não está de acordo com o Padrão Internacional para Isenção de Uso Terapêutico, a WADA reverterá a decisão.

(d) A presença de uma Substância Proibida ou seus Metabólitos ou Marcadores [Regra 32.2(a)], Uso ou Tentativa de Uso de uma Substância Proibida ou Método Proibido [Regra 32.2 (b)], posse de uma substância proibida ou método proibido [Regra 32.2(f)] ou a administração de uma Substância Proibida ou Método Proibido [Regra 32.2 (h)] consistente com a provisão de uma aplicação de uma IUT expedida de acordo com o Padrão Internacional para Isenção para Uso Terapêutico não será considerado uma infração à Regra Antidoping.

REGRA 35
Testes

1. Todo atleta segundo estas Regras Antidoping está sujeito a testes em competição nas competições em que ele competir e a testes fora de competição em qualquer tempo ou lugar. Atletas submeter-se-ão a controle de doping sempre que forem solicitados para assim fazê-lo por uma pessoa com autorização para conduzir testes.
2. É uma condição de filiação na IAAF que cada Federação filiada (e Associação de Área respectivamente) inclua em seu estatuto:
   (a) um dispositivo dando à Filiada (e à Associação de Área respectivamente) autoridade para conduzir controles de doping em competição e fora de competição, e enviar um relatório sobre os mesmos, no caso da Federação Filiada, apresentado à IAAF em base anual (ver Regra 43.4);
   (b) um dispositivo dando à IAAF autoridade para conduzir controles de doping em campeonatos nacionais da Filiada (e nos campeonatos de área da Associação de Área respectivamente);
   (c) um dispositivo dando à IAAF autoridade para conduzir testes Sem Aviso Prévio Fora de Competição em atletas da Federação Filiada;
   (d) um dispositivo estabelecendo como condição para filiação em sua Federação Nacional, e uma condição de participação em competições que são sancionadas ou organizadas pela Filiada, de que seus atletas concordem em submeter-se a qualquer teste em competição ou fora de competição realizados pela Filiada, IAAF e qualquer outro órgão com autoridade competente para testar sob estas Regras Antidoping.

3. A IAAF e suas Filiadas podem delegar testes sob esta Regra para qualquer Filiada, outra Filiada, WADA, agência governamental, organização nacional antidoping ou terceiros que estejam devidamente qualificados para esse fim.

4. Além de testes pela IAAF e suas Filiadas (e por entidades a que a IAAF e suas Filiadas possam delegar sua responsabilidade de testar sob a Regra 35.3 acima), os atletas podem estar sujeitos a testes:

   (a) em competição por qualquer outra organização ou órgão que tenha autoridade competente para conduzir teste na competição em que estejam participando; e

   (b) fora de competição pela (i) WADA; (ii) organização nacional antidoping do País ou Território em que esteja presente; ou (iii) por, (ou em nome do) COI em conexão com os Jogos Olímpicos.
   Entretanto, somente uma única organização será responsável por iniciar e dirigir os testes durante uma competição. Em Competições Internacionais, a coleta das amostras será iniciada e dirigida pela IAAF (ver Regra 35.7) ou outra organização esportiva internacional no caso de uma Competição Internacional sobre a qual a IAAF não tem controle exclusivo (ex: o COI nos Jogos Olímpicos ou Federação dos Jogos da Comunidade nos Jogos da Comunidade). Se a IAAF ou a outra organização desportiva decidir não conduzir testes na Competição Internacional, a organização nacional antidoping no País ou Território onde a Competição Internacional é realizada pode, com a aprovação da IAAF e WADA, iniciar e conduzir tais testes.

5. A IAAF e suas Filiadas relatarão prontamente todos os testes em competição completos através da câmara de compensação da WADA (no caso do relatório por uma Filiada, com cópia de tal relatório sendo enviado para IAAF no mesmo tempo) para que evite qualquer duplicação desnecessária de testes.

6. Testes conduzidos pela IAAF e suas Filiadas sob esta Regras deverão estar em conformidade substancial com os Regulamentos Antidoping em vigor na data do Teste.

Testes em competição
7. A IAAF terá responsabilidade de iniciar e dirigir testes em competição nas seguintes Competições Internacionais:
   (a) Campeonatos Mundiais;
   (b) Competições Internacionais de Séries Atléticas;
   (c) Meetings Internacionais a Convite em conformidade com a Regra 1.1;
   (d) Meetings com Permissão da IAAF;
   (e) Corridas de Rua da IAAF (incluindo Maratonas da IAAF);
   (f) em quaisquer outras Competições Internacionais onde o Conselho possa determinar seguindo recomendação da Comissão Médica e Antidoping. A lista completa de Competições Internacionais segundo esta Regra será publicada anualmente no site da IAAF.
8. O Conselho determinará o número antecipado de atletas a serem testados nas Competições Internacionais acima sob recomendação da Comissão Médica e Antidoping.
   Atletas a serem testados serão selecionados conforme se segue:
   (a) com base na posição final e/ou base aleatória;
   (b) a critério da IAAF (agindo através de seu oficial pertinente ou organismo), por qualquer método que este escolha, incluindo teste alvo;
   (c) qualquer atleta que tenha quebrado ou igualado um Recorde Mundial (ver Regra 160.6 e 160.8).
9. Se a IAAF tiver delegado testes sob a Regra 35.3 acima, ela pode indicar um representante para atender na Competição Internacional em questão para assegurar que estas Regras Antidoping e Regulamentos Antidoping serão apropriadamente aplicados.
10. Em consulta com a Federação Filiada pertinente (e respectivamente com a Associação de Área pertinente), a IAAF pode conduzir, ou auxiliar na conduta dos controles de doping nos Campeonatos Nacionais de uma Filiada ou nos Campeonatos de área de uma Associação de Área.
11. Em todos os outros casos (exceto quando o controle de doping é realizado de acordo com as regras de outra organização desportiva internacional, por exemplo, pelo COI nos Jogos Olímpicos), a Filiada

que conduza o controle, ou em cujo País ou Território a competição seja realizada, será responsável por iniciar e dirigir os testes em competição. Se a Filiada delegou seus testes sob a Regra 35.3 acima, é responsabilidade da Filiada assegurar que tal teste realizado em seu País ou Território esteja de conformidade com estas Regras Antidoping e Regulamentos Antidoping.

Testes fora de competição

12. A IAAF enfocará seus testes fora de competição primeiramente nos atletas de Nível. Entretanto, ela pode, a seu critério, conduzir testes fora de competição em qualquer atleta a qualquer hora. Exceto em circunstâncias excepcionais, todos os testes fora de competição serão realizados como Sem Aviso Prévio ao atleta ou ao Pessoal de Apoio ao Atleta ou à Federação Nacional. Os atletas constantes da Lista de Atletas Registrados para Testes estarão sujeitos aos requerimentos de informação de localização (Whereabouts) estabelecidos de acordo com a regra 35.17.
13. É dever de toda Filiada, Secretaria Geral da Filiada e outra pessoa sob a Jurisdição de uma Filiada auxiliar a IAAF (e, se apropriado, outra Filiada, WADA ou outro órgão com autoridade competente para testar) na condução de testes fora de competição sob esta Regra. Qualquer Filiada, Secretaria-geral de uma Filiada ou outra pessoa sob a Jurisdição de uma Federação evitar, impedir, obstruir ou de outra maneira alterar a condução de tais testes pode estar sujeita a sanções sob estas Regras Antidoping.
14. Testes Fora de Competição serão conduzidos sob estas Regras Antidoping para detectar Substâncias Proibidas e Métodos Proibidos listados como sendo as substâncias e métodos proibidos em todas as vezes [Dentro e Fora de Competição] na Lista Proibida ou para os fins de coleta de dados do perfil do atleta dentro do quadro do Passaporte Biológico do Atleta ou para ambas as finalidades ao mesmo tempo.
15. Estatísticas de testes fora de competição serão publicados uma vez ao ano por atleta no Grupo de atletas registrados para teste e por Federação Filiada.

Informação para localização de Atleta

16. A IAAF estabelecerá um Grupo de Atletas Registrado para Testes que são solicitados a preencher os requisitos de informação de localização (whereabouts) estabelecidos nestas Regras e Regulamentos Antidoping. O Grupo Registrado para Testes será publicado pela IAAF no seu site e será revisto e atualizado quando necessário, de tempos em tempos.

17. Cada atleta no Grupo Registrado para Testes será solicitado a apresentar as informações de localização (Whereabouts Filings) de acordo com os Regulamentos Antidoping. A responsabilidade final por apresentar o formulário de localização preenchido recai sobre cada Atleta. As Filiadas deverão, entretanto, a pedido da IAAF ou de outra autoridade relevante de Testes, usar de seus melhores esforços para ajudá-los na coleta das informações de localização o mais acuradas e atuais possíveis de seus atletas e devem incluir dispositivos específicos em suas regras e regulamentos para tais fins. A informação de localização fornecida pelo atleta de acordo com esta Regra será compartilhada com a WADA e qualquer outro órgão que tenha autoridade competente para testar o atleta de acordo com os Regulamentos Antidoping na estrita condição de que será usado somente para fins de Controle de Doping.

18 Se um atleta registrado no Grupo de Atletas Registrados para Testes falha em informar sua localização à IAAF em seu formulário de localização requerido, ele será passível de falha no Preenchimento de Formulário para os fins da Regra 32.2(d) onde as condições relevantes dos Regulamentos Antidoping tenham sido encontradas. Se um atleta do Grupo de Atletas Registrados falha em estar disponível para o Teste conforme declarado no Formulário de Localização, isto será considerado um Teste Perdido para os fins da Regra 32.2(d) onde as condições relevantes dos Regulamentos Antidoping tenham sido encontradas. Um atleta será passível de ter cometido uma infração a uma regra antidoping segundo a Regra 32.2(d) se ele comete um total de três Faltas de Localização (que pode ser qualquer combinação de Falha no Preenchimento/Testes Perdidos

que somem um total de três) dentro de qualquer período de 18 (dezoito) meses. A IAAF pode considerar, para os fins da Regra 32.2(d) sobre Falha de Preenchimento e/ou Testes Perdidos que tenham sido declarados por outras Organizações Antidoping com Jurisdição sobre um atleta, desde que eles tenham declarado com base nas regras que estão em consonância com o Padrão Internacional de Testes.

19. Se um Atleta do Grupo Registrado para Testes ou um membro de sua Equipe de Apoio ao Atleta ou outra pessoa que, mesmo tendo conhecimento, fornece informação de localização incorreta ou confusa, ele será considerado ter se esquivado da coleta da amostra por quebra da Regra 32.2(c) e/ou Falsificado/ou Tentado Falsificar o Processo de Controle do Doping por quebra da Regra 32.2(c). Se uma Filiada que tenha sido solicitada a auxiliar a IAAF na coleta de informação de localização de acordo com a Regra 35.17, ou tenha, de outro modo, concordado em apresentar a informação de localização em nome de seus atletas, falha em checar que a informação enviada é atual e correta, será considerado uma quebra da Regra 44.2(e).

Retorno à Competição após aposentadoria ou outro período sem competir

20. Se um atleta do Grupo Registrado para Testes não deseje mais estar sujeito a testes fora de competição levando em consideração o fato de que se aposentou, ou tenha escolhido não competir por qualquer outra razão, será solicitado que ele notifique a IAAF por meio de um formulário prescrito. O mesmo atleta não pode voltar a competir a menos que ele tenha dado uma notificação de 12 meses à IAAF no formulário prescrito de sua intenção em voltar a competir e se disponha a testes fora de competição pela IAAF naquele período, fornecendo para à IAAF informação para localização de atleta de acordo com a Regra 35.17. Um atleta que se recuse ou falhe a submeter-se a coleta de amostra levando em consideração o fato de que se aposentou ou escolheu não competir por qualquer outra razão, mas que não tenha fornecido à IAAF a notificação segundo esta Regra, terá cometido uma infração à Regra Antidoping de conformidade com a Regra 32.2 (c).

REGRA 36
Análise das amostras

1. Todas as amostras coletadas sob estas Regras Antidoping deverão ser analisadas de conformidade com os seguintes princípios gerais:

Uso de Laboratórios Aprovados

(a) Para os fins da Regra 32.2(a) (Presença de uma Substância Proibida ou Método Proibido), as amostras serão analisadas somente em laboratórios credenciados pela WADA ou de outra forma aprovados pela WADA. No caso de amostras coletadas pela IAAF de acordo com a Regra 35.7, as amostras deverão ser enviadas somente a laboratórios credenciados pela WADA (ou, onde aplicável, para laboratórios hematológicos ou unidades móveis de teste) que sejam aprovadas pela IAAF.

Finalidades da Coleta e Análise de Amostras

(b) As amostras serão analisadas para detectar substâncias proibidas e métodos proibidos na Lista Proibida (e quaisquer outras substâncias conforme possa ser dirigido pela WADA de acordo com o seu programa de monitoramento) e/ou para auxiliar para traçar o perfil dos parâmetros relevantes na urina, sangue ou outra matriz do atleta, incluindo DNA ou genômico, para fins de antidoping. A informação do perfil pertinente pode ser usada para Testes-alvo ou para apoiar uma infração à Regra 32.2., ou ambos.

Pesquisa das Amostras

(c) Nenhuma amostra poderá ser utilizada para qualquer outro propósito diferente daquele descrito na Regra 36.1(b) sem o consentimento escrito do atleta. As amostras usadas (com o consentimento do atleta) para outros fins além daqueles previstos na Regra 36.1(b) terão qualquer meio de identificação removido de forma que eles não possam ser identificados para um atleta em particular.

Padrões de Análise de Amostra e Relatório
   (d) Os laboratórios deverão analisar as amostras e relatar os resultados de conformidade com o Padrão Internacional para Laboratórios. Em cumprimento ao Padrão Internacional para Laboratórios (em oposição a outro padrão alternativo, prática ou procedimento) será suficiente concluir que os procedimentos determinados pelo Padrão Internacional para Laboratórios tenham sido seguidos apropriadamente. O Padrão Internacional para Laboratórios incluirá Documentos Técnicos emitidos de acordo com o Padrão Internacional para Laboratórios.
2. Todas as amostras fornecidas pelos atletas em controles de doping conduzidos em Competições Internacionais tornar-se-ão imediatamente propriedade da IAAF.
3. Se, em qualquer estágio, qualquer fato ou questão surgir com relação à análise ou à interpretação dos resultados de uma amostra, a pessoa responsável pela análise no laboratório (ou laboratório hematológico ou unidade móvel de teste) pode consultar o Administrador Antidoping da IAAF para orientação.
4. Se, em qualquer estágio, qualquer fato ou questão for levantada em relação à Amostra, a IAAF pode requerer mais testes ou outros a serem conduzidos como necessários para esclarecer o fato ou questão levantada pela IAAF para decidir se uma Amostra deu origem a um Resultado Analítico Adverso ou outra violação à regra antidoping.
5. Uma amostra coletada de acordo com a Regra 36.2 pode ser reanalisada para os fins da Regra 36.1(b) a qualquer tempo exclusivamente sob a direção da IAAF ou WADA (com o consentimento da IAAF). Todas as demais amostras coletadas no Atletismo podem ser reanalisadas exclusivamente sob a direção da Autoridade de Testes da IAAF (com o consentimento da Autoridade de Teste) ou WADA. As circunstâncias e condições para reteste das Amostras serão de acordo com os requisitos do Padrão Internacional para Laboratórios.
6. Quando uma análise indicar a presença de uma substância proibida ou utilização de uma substância proibida ou método proibido, o

laboratório credenciado pela WADA deve confirmar imediatamente o achado analítico adverso ou achado atípico, através de códigos, em um relatório assinado por um representante autorizado do Laboratório, enviar, tanto para a IAAF, no caso de um teste da IAAF, ou para a Federação Nacional pertinente no caso de um teste nacional (com uma cópia para IAAF). No caso de um teste nacional, a Federação Filiada deverá informar a IAAF do achado analítico adverso ou Achado Atípico ou Uso e o nome do atleta imediatamente após o recebimento da informação do laboratório credenciado pela WADA e, e em todas as circunstâncias, dentro de duas semanas de tal recebimento.

REGRA 37
Gerenciamento de Resultados

1. Ao receber uma notificação do achado analítico adverso ou outra evidência de infração da Regra Antidoping sob estas Regras Antidoping, o assunto deve estar sujeito ao processo de gerenciamento de resultados estabelecido abaixo.
2. No caso de um atleta de Nível Internacional, o processo de gerenciamento de resultados deverá ser conduzido pelo administrador Antidoping da IAAF e, em todos os demais casos, deverá ser conduzido pela pessoa pertinente ou organismo do Atleta ou por outra pessoa da Federação Filiada. A pessoa pertinente ou órgão do atleta ou outra pessoa da Federação Filiada deverão manter o Administrador Antidoping da IAAF constantemente informado sobre o processo. Solicitações para assistência ou informação sobre a condução do processo de gerenciamento de resultados podem ser feitas ao Administrador Antidoping da IAAF em qualquer tempo.
Para os propósitos desta Regra e da Regra 38 abaixo, as consultas ao Administrador Antidoping da IAAF deverão, daqui por diante, onde aplicável, ser referenciadas a pessoa pertinente ou órgão da Federação Filiada e referências a um atleta deverão, onde aplicadas, ser referenciadas a qualquer equipe de apoio ao atleta ou outra pessoa.

3. Ao receber uma notificação do achado analítico adverso, o Administrador Antidoping da IAAF deverá conduzir uma revisão para determinar se:
   (a) O Achado Analítico Adverso é consistente com uma aplicação de IUT; ou
   (b) há uma quebra aparente (ou quebras) dos Regulamentos Antidoping ou do Padrão Internacional para Laboratórios que ocasionou o Achado Analítico Adverso.
4. Se uma revisão inicial de um Achado Analítico Adverso sob a Regra 37.3 acima não revelar a aplicação de uma IUT ou quebra dos Regulamentos Antidoping ou no Padrão internacional para Laboratórios que tenha ocasionado o Achado Analítico Adverso, o Administrador Antidoping da IAAF deverá imediatamente notificar o atleta:
   (a) do achado Analítico Adverso;
   (b) da Regra Antidoping que foi violada;
   (c) do prazo-limite dentro do qual o atleta deverá fornecer à IAAF, quer diretamente ou através de sua Federação Nacional, uma explicação para o achado analítico adverso;
   (d) do direito do atleta em solicitar imediatamente a análise da amostra "B" e, falhando tal solicitação, será considerado que renunciou a amostra "B". O atleta é avisado ao mesmo tempo que, se a análise da amostra "B" é solicitada, todos os custos relacionados ao laboratório serão de responsabilidade do atleta, a menos que a amostra "B" não confirme a amostra "A", em cujos casos os custos passarão para a organização responsável pela iniciação do teste;
   (e) o estabelecimento da data, hora e local para a análise da amostra "B", se solicitada pela IAAF ou pelo o atleta, será normalmente no mais tardar até 7 dias após a data da notificação do Achado Analítico Adverso do Atleta. Se o laboratório concernente não puder, subsequentemente, acomodar a análise da amostra "B" na data fixada, a análise será realizada na data mais próxima disponível para o laboratório. Nenhuma outra razão será aceita para a mudança da data da análise da amostra "B".

(f) da oportunidade do atleta e/ou seu representante assistir ao procedimento de abertura da amostra "B" e análise, na data, horário e local estabelecidos, se tal análise for solicitada; e

(g) do direito do atleta de solicitar cópias do pacote de documentação laboratorial das amostras "A" e "B", que deverão incluir a informação solicitada pelo Padrão Internacional para Laboratórios.

O Administrador Antidoping da IAAF deverá enviar à Filiada pertinente e WADA uma cópia da notificação ao atleta. Se o Administrador Antidoping da IAAF decidir não apresentar o Achado Analítico Adverso como uma infração à Regra Antidoping, isto será notificado também ao Atleta, à Filiada e à WADA.

5. Conforme preveem os Padrões Internacionais, em certas circunstâncias, os laboratórios são orientados a relatar a presença de Substâncias Proibidas que podem também ser produzidas de forma endógena, como Achado Atípico sujeito a investigação adicional. Ao receber o Achado Atípico da Amostra "A", o Administrador Antidoping da IAAF conduzirá uma revisão inicial para determinar se (a) o Achado Atípico é consistente com uma Aplicação de IUT que tenha sido concedida conforme previsto no Padrão Internacional para Isenção para Uso Terapêutico ou (b) se existe qualquer aparente desvio dos Regulamentos Antidoping ou Padrão Internacional para Laboratórios que tenha causado o Achado Atípico. Se a revisão inicial não revelar uma aplicação de IUT ou o desvio dos Regulamentos Antidoping ou Padrão Internacional para Laboratórios que tenham causado o Achado Atípico, o Administrador Antidoping da IAAF conduzira a investigação requerida pelo Padrão Internacional. Após a investigação ser concluída, a WADA será notificada se o Achado Atípico será considerado ou não um Achado Analítico Adverso. Se o Achado Atípico for considerado como um Achado Analítico Adverso, o atleta será notificado conforme a Regra 37.4. O Administrador Antidoping da IAAF não informará sobre o Achado Atípico até que ele tenha concluído sua investigação e decidido se

a IAAF alegará o Achado Atípico, a menos que existam as seguintes circunstâncias:

(a) se o Administrador Antidoping da IAAF determinar que a Amostra "B" deve ser analisada antes da conclusão de sua investigação segundo a Regra 37.5, a IAAF pode conduzir a análise da amostra "B" após notificar o atleta, com tal notificação incluir uma descrição do Achado Atípico e a informação onde aplicável descrita na Regra 37.4 (b)-(g) acima;

(b) se o Administrador Antidoping da IAAF receber um pedido, tanto do Organizador de um Grande Evento pouco antes de uma de suas competições internacionais ou um pedido de uma organização esportiva responsável por encontrar uma data próxima para selecionar os membros de sua equipe para uma competição internacional, para descartar que qualquer atleta identificado em um lista fornecida pelo organizador do Grande evento ou organização esportiva tenha uma pendência de Achado Atípico, o Administrador Antidoping da IAAF então identificará tal atleta após primeiro apresentar uma notificação ao atleta sobre o Achado Atípico.

6. Um atleta pode aceitar um Achado Analítico Adverso da amostra "A" ao recusar seu direito à análise da amostra "B". A IAAF pode, entretanto, solicitar a análise da amostra "B" a qualquer momento se ela acreditar que tal análise será relevante para a consideração do caso do atleta.

7. Deverá ser permitido que o atleta e/ou seu representante esteja presente na análise da amostra "B" e assistir a toda a análise sendo realizada. Um representante da Federação Nacional do atleta pode também estar presente e atender a toda análise, assim como um representante da IAAF. Um atleta continuará provisoriamente suspenso (ver Regra 38.2) independentemente do fato de ele ter solicitado análise da amostra "B".

8. Uma vez que a análise da amostra "B" seja concluída, o resultado laboratorial completo deverá ser enviado ao Administrador Antidoping da IAAF, bem como uma cópia de todos os dados pertinentes solicitados pelo Padrão Internacional para Laboratórios. Uma cópia

desse relatório e todos os dados pertinentes deverão ser remetidos para o atleta se solicitado.
9. No recebimento do relatório laboratorial da amostra "B", o Administrador Antidoping da IAAF deverá conduzir qualquer continuação de investigação que possa ser solicitada pela Lista Proibida. Em cima da complementação da continuação da investigação, o Administrador Antidoping da IAAF deverá notificar prontamente o atleta com relação aos resultados da continuação da investigação, e quer a IAAF afirme ou não, ou continue afirmando, que uma regra antidoping foi violada.
10. No caso de qualquer infração da Regra Antidoping onde não haja um Achado Analítico Adverso ou Achado Atípico, o Administrador Antidoping da IAAF deverá conduzir qualquer investigação que seja necessária segundo a política de antidoping aplicável e as regras adotadas segundo o Código ou que ele, de outro modo, julgue necessário e, para complementação de tal investigação, prontamente notificar o atleta em questão se chegar à conclusão de que uma infração da Regra antidoping foi cometida. Se este for o caso, será dada ao atleta uma oportunidade, quer diretamente ou através de sua Federação Nacional, dentro do prazo-limite estabelecido pelo Administrador Antidoping da IAAF, para fornecer uma explicação em resposta à afirmação da infração da Regra antidoping.
11. Pessoas ligadas ao controle de doping deverão seguir todas os passos necessários para manter a confidencialidade do caso até que a análise da amostra "B" seja concluída (ou até que qualquer continuação de investigação da análise da amostra "B" que possa ser solicitada pela Lista Proibida sob a Regra 37.10 seja concluída), ou até que o atleta renuncie à análise da amostra "B". A identidade dos atletas cujas amostras estejam sob a alegação de ter cometido uma infração à Regra Antidoping pode ser revelada somente após a notificação ter sido dada ao atleta ou outra pessoa de acordo com a Regra 37.4 ou 37.10 e, em circunstâncias normais, não antes da imposição de uma suspensão provisória de acordo com a Regra 38.2 ou a Regra 38.3.
12. O Administrador Antidoping da IAAF pode, a qualquer tempo, requerer de uma Filiada que investigue a possibilidade de uma infração

a estas Regras por um ou mais atletas ou outra pessoa dentro da Jurisdição da Filiada (onde apropriado, agindo em conjunto com a Organização Nacional Antidoping no País ou Território da Filiada em questão e/ou autoridade nacional pertinente ou órgão). A falha ou a recusa da Filiada em conduzir tal investigação a pedido da IAAF ou proceder a um relatório escrito de tal investigação dentro de um razoável período de tempo conforme estipulado pelo Administrador Antidoping da IAAF pode conduzir a imposição de sanções sobre a Filiada de acordo com a Regra 44.

13. O gerenciamento dos resultados relacionados a um aparente Teste Perdido ou Falha na Apresentação de Informações de Localização por um atleta constante do Grupo Registrado para Testes será conduzido pela IAAF de acordo com os procedimentos estabelecidos nos Regulamentos Antidoping. O gerenciamento de resultados relacionados a um aparente Teste Perdido ou Falha na Apresentação de Informações de Localização em um grupo nacional registrado como resultado de uma tentativa de testar o atleta pela IAAF ou em seu nome será conduzido pela IAAF de acordo com os Regulamentos Antidoping. O gerenciamento dos resultados relativos a um aparente Teste Perdido ou Falha na Apresentação de Informação de Localização por um atleta de um grupo nacional registrado como um resultado de uma tentativa de testar o Atleta por ou em nome de outra Organização Antidoping será conduzido por aquela outra Organização Antidoping de acordo com o Padrão Internacional para Testes.

14. A administração dos resultados em relação ao programa de Passaporte Biológico do Atleta será conduzida pela IAAF de acordo com os procedimentos estabelecidos nos Regulamentos Antidoping. Se, de acordo com os Regulamentos Antidoping, o Painel de Especialistas chegar a uma opinião unânime em qualquer caso de que não há nenhuma explicação razoável conhecida para a informação do perfil de sangue de um Atleta além do Uso de uma Substância Proibida ou Método Proibido, a IAAF deverá dar prosseguimento ao caso com uma afirmativa violação à Regra Antidoping de acordo com a Regra 38 a seguir.

15. O processo de gerenciamento de resultados de um teste conduzido pelo COI ou por qualquer outra organização desportiva internacional que conduziu o teste em uma Competição Internacional sobre a qual a IAAF não tenha controle exclusivo (ex.: os Jogos Comunitários ou os Jogos Pan-americanos) deverá ser gerenciado pela IAAF, até determinar a sanção ao atleta, além da desqualificação da Competição Internacional em questão, de conformidade com estas Regras Antidoping.

REGRA 38
Procedimentos Disciplinares

1. Quando for afirmado que uma infração da Regra Antidoping foi cometida sob estas Regras Antidoping, os procedimentos disciplinares serão feitos nos três estágios seguintes:
   (a) suspensão provisória;
   (b) audiência;
   (c) sanção ou exoneração.

Suspensão Provisória

2. Se nenhuma explicação, ou nenhuma explicação adequada, para um Achado Analítico Adverso for recebida do atleta ou de sua Federação Nacional dentro do prazo-limite estabelecido pelo Administrador Antidoping da IAAF na Regra 37.4 (c), o atleta, além do caso de um Achado Analítico Adverso para uma Substância Específica, deverá ser suspenso, suspensão neste momento sendo provisória pendente a resolução de seu caso pela sua Federação Nacional. No caso de um atleta de Nível Internacional, o atleta será suspenso pelo Administrador Antidoping da IAAF. Nos demais casos, a Federação Nacional do Atleta imporá a suspensão pertinente por meio de notificação escrita ao atleta. Alternativamente, o atleta deve aceitar voluntariamente a suspensão desde que isto seja confirmado por escrito à sua Federação Nacional. No caso de um Achado Analítico Adverso por uma Substância Específica, ou no caso de infração a

qualquer outra regra antidoping além do Achado Analítico Adverso, o Administrador Antidoping da IAAF pode suspender o atleta, provisoriamente, até a solução do caso por sua Federação Nacional. Uma Suspensão Provisória entrará em vigor a partir da data de notificação ao atleta, de acordo com estas Regras Antidoping.

3. Em qualquer caso onde a Federação Filiada imponha uma suspensão provisória ou o atleta aceita uma suspensão voluntária, a Federação Filiada deverá confirmar o fato imediatamente para a IAAF e o atleta deverá, depois disso, estar sujeito aos procedimentos disciplinares estabelecidos a seguir. Uma suspensão voluntária deverá ser efetivada somente a partir da data do recebimento da confirmação escrita do atleta pela IAAF. Se, contrário ao parágrafo anterior, a Federação Filiada falhar, na opinião do Administrador Antidoping da IAAF, em impor uma suspensão provisória conforme requerido, o Administrador Antidoping da IAAF poderá ele próprio impor tal suspensão provisória. Uma vez que a suspensão provisória seja imposta pelo Administrador Antidoping da IAAF, ele deverá notificar a suspensão à Federação Filiada, a qual deverá então iniciar os procedimentos disciplinares estabelecidos a seguir.

4. A decisão de impor uma suspensão provisória a um atleta não deverá estar sujeita a apelação. Um atleta que tenha sido provisoriamente suspenso, ou que tenha aceitado uma suspensão voluntária deve, entretanto, ter direito a uma audiência prevista completa perante sua Federação Nacional de conformidade com a Regra 38.9.

5. Se uma Suspensão Provisória é imposta (ou voluntariamente aceita) com base no Achado Analítico Adverso da Amostra "A" e uma subsequente análise da amostra "B" (se solicitado pela IAAF ou pelo atleta) não confirmar a análise da amostra "A", então o atleta não estará sujeito a qualquer outra Suspensão Provisória por conta de uma infração da Regra 32.2(a) (Presença de uma Substância Proibida ou seus Metabólitos ou Marcadores). Em circunstâncias em que o atleta (ou a equipe do atleta, se for o caso) tenha sido retirado de uma competição com base em uma infração da Regra 32.2(a) e a subsequente amostra "B" não confirmar o achado na amostra "A", se, sem que de outro modo afete a competição, se ainda for possível

que o atleta ou a equipe seja reintegrada, o atleta ou a equipe pode continuar a tomar parte da competição.

6. Se um atleta ou outra pessoa se desliga durante o processo de gerenciamento dos resultados que ainda esteja em andamento, a organização responsável pelo gerenciamento dos resultados de acordo com as Regras Antidoping retém a Jurisdição para completar seu processo de gerenciamento dos resultados. A pessoa que se afasta antes que qualquer processo de gerenciamento de resultados tenha início, a organização que teria Jurisdição para gerenciar os resultados, segundo as Regras Antidoping sobre o atleta ou outra pessoa na época em que o atleta ou outra pessoa cometeu uma infração a uma Regra Antidoping, tem Jurisdição para conduzir o gerenciamento dos resultados.

Audiência

7. Todo atleta terá o direito de solicitar uma audiência perante o Tribunal pertinente de sua Federação Nacional antes que qualquer sanção seja determinada de conformidade com estas Regras Antidoping. Quando um atleta adquiriu seu status de filiado no exterior sob a Regra 4.3 anterior, o atleta terá direito a solicitar uma audiência tanto perante o tribunal pertinente de sua Federação Nacional de origem quanto perante o tribunal da Federação Filiada da qual adquiriu sua filiação. O processo de audiência respeitará os seguintes princípios: uma audiência adequada; um justo e imparcial corpo de jurados; o direito de ser representado pelo conselho, às expensas do próprio atleta ou de outra pessoa; o direito a ser informado de forma justa e adequada sobre a afirmação da infração à Regra Antidoping; o direito de resposta à afirmativa de infração à Regra Antidoping e as consequências resultantes; o direito de cada parte a apresentar evidências, incluindo o direito a chamar e inquirir testemunhas (sujeito a aprovação do corpo de jurados em aceitar evidência por telefone ou apresentação escrita); o direito do atleta ou outra pessoa a ter um intérprete na audiência, com o corpo de jurados, para determinar a identidade e responsabilidade pelo custo do intérprete; e uma adequada, escrita, decisão justificada

especificamente, incluindo uma explanação das razões para qualquer período de inelegibilidade.
8. Quando um atleta é notificado que sua explicação foi rejeitada e que ele está provisoriamente suspenso de conformidade com a Regra 38.2 anterior, a ele deverá também ser informado o seu direito de solicitar uma audiência. Se um atleta falhar em confirmar por escrito à sua Federação Nacional ou outro órgão pertinente dentro de 14 dias de tal notificação que deseja ter uma audiência, será considerado que o atleta renunciou ao direito de uma audiência e aceitou que cometeu a infração da Regra Antidoping em questão. Este fato será confirmado por escrito à IAAF pela Federação Filiada dentro de 5 dias úteis.
9. Se a audiência for solicitada pelo atleta, deverá ser convocada sem atraso, e a audiência, realizada dentro de 3 meses da data da solicitação do atleta para a Federação Filiada. As Filiadas deverão manter a IAAF totalmente informada sobre o status de todos os casos aguardando audiências e todas as datas de audiências tão logo sejam fixadas. A IAAF terá o direito de estar presente em todas as audiências como um observador. Entretanto, a presença da IAAF na audiência, ou qualquer outro envolvimento no caso, não deverá afetar seu direito de apelar ao CAS sobre a decisão da Filiada de acordo com a Regra 42. Se o processo da audiência atrasar mais que 3 meses até a sua conclusão a IAAF pode eleger, se o atleta é um atleta de nível internacional, para trazer o caso diretamente a um único árbitro apontado pelo CAS. O caso será conduzido de acordo com as regras do CAS (estas aplicáveis em todos os procedimentos da apelação da arbitragem sem referência a qualquer limite de tempo para a apelação). A audiência procederá sob a responsabilidade e despesas da Federação filiada e a decisão do Árbitro único deverá ser submetida à apelação do CAS de acordo com a Regra 42. Uma falha da Filiada em realizar uma audiência para um atleta dentro de 3 meses segundo esta Regra, pode ainda resultar em uma imposição de uma sanção segundo a Regra 44.
10. O Atleta pode escolher renunciar à audiência ao reconhecer, por escrito, uma violação a estas Regras Antidoping e aceitar as Conse-

quências consistentes com a Regra 40. Quando o atleta aceita uma Consequência consistente com a Regra 40 e não ocorre nenhuma audiência, a Federação filiada deverá mesmo assim ratificar a aceitação do Atleta pelas Consequências, através de uma decisão razoável por seu órgão pertinente e enviar uma cópia de tal decisão à IAAF, dentro de 5 dias úteis da decisão ser tomada. Uma decisão de uma Filiada decorrente de uma Aceitação das Consequências pelo Atleta segundo estas Regras Antidoping pode ser apelada de acordo com a Regra 42.

11. A audiência do atleta deverá ser realizada perante o órgão pertinente constituído para audiência ou de outra forma autorizado pela Filiada. Quando uma Filiada delega a condução de uma audiência a outro órgão, comitê ou tribunal (se dentro ou fora da Filiada), ou quando por qualquer outra razão, qualquer órgão nacional, comitê ou tribunal fora da Filiada é responsável em conceder uma audiência ao atleta segundo estas Regras, a decisão daquele órgão, comitê ou tribunal estará sujeita, para os fins da Regra 42, a ser a decisão da Filiada e a palavra " Filiada" em tal Regra será interpretada.

12. Na audiência do caso do atleta, o tribunal pertinente deverá considerar primeiro se foi ou não cometida uma infração à Regra Antidoping. A Filiada ou outra autoridade legal competente deverá prover o ônus da prova da infração da Regra Antidoping para satisfação confortável do tribunal (ver Regra 33.1).

13. Se o tribunal pertinente da Filiada considerar que uma infração por doping não foi cometida, esta decisão deverá ser notificada para o Administrador Antidoping da IAAF por escrito dentro de 5 dias úteis da data em que a decisão foi tomada (junto com uma cópia das razões escritas para tal decisão). O caso será então revisado pelo Painel de Revisão de Doping o qual decidirá se deverá ou não ser encaminhado a julgamento perante o CAS de acordo com a Regra 42.15. Se o Painel de Revisão de Doping assim decidir, pode ao mesmo tempo reimpor, onde apropriado, a suspensão provisória pendente a resolução da apelação pelo CAS.

14. Se o tribunal pertinente da Filiada considerar que uma infração da regra de doping foi cometida, antes da imposição de qualquer período

de inelegibilidade, o atleta deverá ter oportunidade para estabelecer que há circunstâncias excepcionais no seu caso que justifique uma redução da sanção de outro modo aplicável sob a Regra 40.

Circunstâncias especiais/excepcionais

15. Todas as decisões tomadas segundo estas Regras Antidoping relacionadas a circunstâncias excepcionais/especiais devem estar harmonizadas de modo que as mesmas condições legais possam ser garantidas para todos os atletas, não obstante sua nacionalidade, domicílio, nível ou experiência. Consequentemente, ao considerar a questão de circunstâncias excepcionais/especiais, os seguintes princípios devem ser aplicados:

    (a) é dever pessoal de cada atleta assegurar que nenhuma substância proibida entre nos seus tecidos ou fluidos corporais. Atletas são alertados que eles são responsáveis por qualquer substância presente em seu corpo [ver Regra 32.2 (a)(i)].

    (b) circunstâncias excepcionais existirão somente em casos onde as circunstâncias sejam verdadeiramente excepcionais, e não na vasta maioria dos casos.

    (c) levando-se em consideração o dever pessoal do atleta contido na Regra 38.15(a), os seguintes não serão considerados como casos que sejam realmente excepcionais: uma alegação de que uma substância proibida ou método proibido foi dado a um atleta por uma pessoa sem seu conhecimento, uma alegação de que a substância proibida foi tomada por engano, uma alegação de que uma substância proibida foi devido à ingestão de suplementos alimentares contaminados ou uma alegação de que a medicação foi prescrita pela equipe de apoio ao atleta ignorando o fato dela conter uma substância proibida.

    (d) circunstâncias excepcionais podem, entretanto, existir quando um atleta tiver fornecido evidência substancial ou ajuda à IAAF, sua Federação Nacional, à Organização Antidoping, autoridade criminal ou organismo disciplinar profissional, que resulte, para a IAAF, sua Federação Nacional, Organização Antidoping, autoridade criminal ou organismo disciplinar profissional na descoberta ou no estabelecimento de infração a uma regra antidoping por outra pessoa, ou resultando em um órgão criminal ou profissional, na descoberta ou no estabelecimento de uma ofensa ou quebra das regras profissionais por outra pessoa.

(e) circunstâncias especiais podem existir no caso de uma Achado Analítico Adverso para uma Substância Específica em que o atleta pode explicar como a Substância Específica entrou em seu corpo ou como ele obteve sua posse e que tal Substância Específica não tinha a intenção de melhorar a performance esportiva do Atleta ou mascarar o uso de substância que melhorasse a performance.

16. A determinação de circunstâncias excepcionais em casos envolvendo atletas em Nível Internacional deverá ser feita pelo Painel de Revisão de Doping (ver Regra 38.20).

17. Se um atleta procura estabelecer que há circunstâncias excepcionais em seu caso, o tribunal pertinente deverá considerar, baseado na evidência apresentada, e com restrita consideração aos princípios especificados na Regra 38.15, se, em sua visão, as circunstâncias no caso do atleta podem ser excepcionais/especiais. Em um caso segundo a Regra 32.2(a), o atleta deve em qualquer evento demonstrar como a Substância entrou em seu corpo a fim de ter o período de Inelegibilidade reduzido.

18. Se, tendo examinado a evidência apresentada, o tribunal pertinente considerar que não há circunstâncias excepcionais/especiais no caso do atleta, ele deverá impor a sanção prescrita na Regra 40. A Filiada deverá notificar a IAAF e o atleta por escrito da decisão do tribunal pertinente, dentro de 5 dias úteis de a decisão ter sido tomada.

19 Se, tendo examinado a evidência apresentada, o tribunal pertinente considerar que há circunstâncias no caso do atleta que possam ser consideradas excepcionais/especiais, se o caso envolver um atleta com Nível Internacional, ele deve:

(a) enviar o assunto ao Painel de Revisão de Doping (através do Secretário-geral), juntamente com todo material e/ou evidência, a qual, em sua visão, demonstra circunstâncias de natureza excepcional; e

(b) convidar o atleta e/ou sua Federação Nacional para apoiar a remessa do tribunal pertinente ou fazer submissões independentes apoiando tal remessa; e

(c) adiar a audiência do caso do atleta até a determinação do Painel de Revisão de Doping sobre circunstâncias excepcionais/especiais.

A suspensão provisória do atleta será mantida aguardando o recebimento da determinação do Painel de Revisão de Doping sobre circunstâncias excepcionais/especiais.

20 Ao receber a informação pelo tribunal pertinente, o Painel de Revisão de Doping deverá examinar a questão de circunstâncias excepcionais/especiais somente na base de materiais escritos que tenham sido submetidos a ele. O Painel de Revisão de Doping terá o poder de:
(a) trocar pontos de vista sobre o assunto por e-mail, telefone, fax, ou pessoalmente;
(b) solicitar outras evidências ou documentos adicionais;
(c) convocar o atleta para qualquer explicação adicional;
(d) se necessário, solicitar o comparecimento do atleta perante ele.

Com base na revisão dos materiais escritos submetidos a ele, incluindo qualquer evidência ou documentos adicionais, ou explicação adicional fornecida pelo atleta, o Painel de Revisão de Doping, tendo estrita consideração aos princípios especificados na Regra 38.15, deverá fazer uma determinação se há circunstâncias excepcionais/especiais no caso e, se assim for, em qual categoria eles caem, ou seja, se as circunstâncias excepcionai/especiais demonstrarem Nenhuma Falta ou Nenhuma Negligência por parte do atleta [ver Regra 40.5(a)] ou Nenhuma Falta Significante ou Nenhuma Negligência Significante pelo atleta [Ver Regra 40.5(b)] ou Assistência Substancial pelo atleta que resultou na descoberta ou o estabelecimento de uma infração à Regra Antidoping ou a uma ofensa criminal ou quebra das regras profissionais por outra Pessoa [Ver Regra 40.5(c)], ou se as circunstâncias especiais para redução da sanção para Substâncias Específicas foram alcançadas (Ver Regra 40.4). Esta determinação deverá ser informada à Filiada por escrito pelo Secretário-geral.

21. Se a determinação do Painel de Revisão de Doping é que não há circunstâncias excepcionais/especiais no caso do atleta, a determinação deverá ser ligada ao tribunal pertinente, o qual deverá impor a sanção prescrita na Regra 40. A Filiada deverá notificar a IAAF e o atleta por escrito da decisão do tribunal pertinente, o qual deverá incorporar a determinação do Painel de Revisão de Doping, dentro de 5 dias úteis da decisão ter sido tomada.

22. Se a determinação do Painel de Revisão de Doping é que há circunstâncias excepcionais no caso, o tribunal pertinente deverá decidir a sanção do atleta de conformidade com a Regra 40.4 ou 40.5, consistente com a categorização de circunstâncias excepcionais/ especiais do Painel de Revisão de Doping na Regra 38.20. A Filiada deverá notificar a IAAF e o atleta da decisão do tribunal pertinente, dentro de 5 dias úteis de a decisão ter sido tomada.

23. O atleta tem o direito de pedir uma revisão da determinação do Painel de Revisão de Doping em circunstâncias excepcionais/especiais ao CAS. Em todos os casos, o padrão de revisão da determinação do Painel de Revisão de Doping na questão de circunstâncias excepcionais/especiais será aquele especificado na Regra 42.21.

24. Nos casos que não envolvem atleta com Nível Internacional o tribunal pertinente deverá considerar, tendo estrita observação aos princípios especificados na Regra 38.15, se há circunstâncias excepcionais/especiais no caso do atleta e decidir apropriadamente sobre a sanção do atleta. A Filiada deverá notificar a IAAF e o atleta da decisão do tribunal pertinente, por escrito, dentro de 5 dias úteis da decisão ter sido tomada. Se o tribunal pertinente concluir que há circunstâncias excepcionais/especiais no caso do atleta, ele deverá especificar a base factual completa para tal conclusão como parte de sua decisão escrita.

REGRA 39
Desqualificação Automática de Resultados Individuais

1. Uma infração à Regra Antidoping ocorrida em um teste Em Competição automaticamente levará à desqualificação no evento em

questão, com todas as consequências decorrentes para o atleta, incluindo a perda de títulos, prêmios, medalhas, pontos e prêmios em dinheiro e por participação.

REGRA 40
Sanções sobre Indivíduos

Desqualificação de resultados em Competição durante a qual ocorre uma infração à Regra Antidoping

1. Uma infração à regra antidoping ocorrida em um teste Em Competição automaticamente levará à desqualificação do evento em questão, com todas as consequências decorrentes para o atleta, incluindo a perda de títulos, prêmios, medalhas, pontos e prêmios em dinheiro e por participação, exceto as informadas a seguir:

Se o atleta demonstrar que ele não cometeu Nenhuma Falta ou Negligência para a infração, os resultados individuais do atleta em outros eventos não serão desqualificados, a menos que os resultados do atleta em outros eventos que não aquele no qual a infração à Regra Antidoping ocorreu, quando provavelmente tenha sido afetado pela infração da Regra Antidoping pelo atleta.

Inelegibilidade pela Presença, Uso ou Tentativa de Uso ou Posse de Substâncias Proibidas e Métodos Proibidos

2. O período de Inelegibilidade imposto por uma infração às Regras 32.2(a) (Presença de uma Substância Proibida ou seus Metabólitos ou Marcadores), 32.2(b) (Uso ou Tentativa de Uso de uma Substância Proibida ou Método Proibido) ou 32.2(f) (Posse de Substância Proibida e Métodos Proibidos), a menos que as condições de eliminar ou reduzir o período de Inelegibilidade conforme previsto na Regra 40.4 e 40.5, ou as condições de aumentar o período de Inelegibilidade como previsto na Regra 40.6 sejam estabelecidas, será o seguinte:

Primeira infração: Inelegibilidade de 2 (dois) anos.

Inelegibilidade para Outras Sanções à Regra Antidoping

3. O período de Inelegibilidade por violações às Regras Antidoping além das previstas na Regra 40.2 serão as seguintes:
   (a) Para violações à Regra 32.2 (c) (recusa ou falha em se submeter à Coleta da Amostra) ou Regra 32.2(e) (Adulteração do Controle Antidoping), o período de Inelegibilidade será de dois (2) anos, a menos que as condições previstas na Regra 40.5, ou as condições previstas na Regra 40.6 ocorram.
   (b) Para violações à Regra 32.2(g) (Tráfico ou Tentativa de Tráfico) ou Regra 32.2(h) (Administração ou Tentativa de Administração de uma Substância Proibida ou Método Proibido), o período de Inelegibilidade será de um mínimo de 4 (quatro) anos até a Inelegibilidade para toda a vida, a menos que as condições contidas na Regra 40.5 ocorram. Uma infração à Regra Antidoping envolvendo um Menor será considerada particularmente como uma infração séria e, se cometida pelo Pessoal de Apoio ao Atleta por violações além daquelas Substâncias Específicas referidas na Regra 34.5, resultará em uma Inelegibilidade por toda a vida para tal Pessoal de Apoio ao Atleta. Além disso, a infração significante das Regras 32.2(g) ou 32.2(h) que podem também violar leis e regulamentos não esportivos, será relatada à respectiva autoridade administrativa, profissional ou judicial competente.
   (c) Por violações à Regra 32.2(d) (Falha no Preenchimento e Testes Perdidos) o período de Inelegibilidade será o mínimo de 1 (um) ano e o máximo de 2 (dois) anos com base no grau da falta do atleta.

Eliminação ou Redução do período de Inelegibilidade por Substâncias Específicas em circunstâncias específicas

4. Quando um Atleta ou outra Pessoa puder estabelecer como uma Substância Específica entrou em seu corpo ou veio parar em seu poder e que tal Substância Específica não tinha intenção de melhorar a capacidade esportiva do atleta ou mascarar o Uso de uma substância para melhorar a performance, o período de Inelegibilidade na Regra 40.2 será aplicado como se segue:

Primeira infração: No mínimo, uma advertência e nenhum período de Inelegibilidade em futuras competições e, no máximo, 2 (dois) anos de Inelegibilidade.

Para justificar qualquer eliminação ou redução, o Atleta ou outra Pessoa deve produzir evidências que corroborem em adição a sua palavra que declarar para satisfazer de maneira plena o tribunal do júri a ausência de uma intenção de aumentar sua performance esportiva ou de mascarar o Uso de substância que melhore a performance. O grau de falta do Atleta ou outra Pessoa será o critério considerado em determinar qualquer redução do período de Inelegibilidade.

Este Artigo aplica-se somente naquelas circunstâncias onde o Painel de Audiência esteja plenamente satisfeito pelo objetivo das circunstâncias do caso em que o Atleta ao usar uma Substância Proibida não intencionava melhorar sua performance esportiva.

Eliminação ou redução do período de Inelegibilidade com base em circunstâncias excepcionais

5. (a) *Nenhuma Falta ou Negligência*: Se um Atleta ou outra Pessoa declarar em um caso individual que ele não cometeu Nenhuma Falta ou Negligência, o período diferente aplicável será eliminado. Quando uma Substância Proibida ou seus Marcadores ou Metabólitos são detectados em uma Amostra de um Atleta em infração da Regra 32.2(a) (Presença de uma Substância Proibida), o Atleta deve declarar como a Substância Proibida entrou em seu sistema a fim de ter seu período de Inelegibilidade eliminado.

No caso em que esta Regra é aplicada e o período de Inelegibilidade de outro modo aplicável é eliminado, a infração à Regra Antidoping não será considerada como uma infração para o propósito limitado de determinar o período de Inelegibilidade por violações múltiplas segundo a Regra 40.7.

(b) *Nenhuma Falta ou Negligência Significantes*: se um Atleta ou Outra Pessoa declarar em um caso individual que ele não cometeu

Nenhuma Falta ou Negligência Significantes, então o período diferente aplicável de Inelegibilidade pode ser reduzido, mas o período de Inelegibilidade reduzido não pode ser menos que a metade do período de Inelegibilidade de outro modo aplicável. Se o período diferente aplicável é para a vida toda, o período reduzido segundo esta Regra não pode ser inferior a 8 (oito) anos. Quando uma Substância Proibida ou seus Marcadores ou Metabólitos é detectada na Amostra de um Atleta em infração da Regra 32.2(a) (Presença de uma Substância Proibida), o Atleta deve declarar como a Substância Proibida entrou em seu sistema a fim de ter o período de Inelegibilidade reduzido.

(c) *Assistência Substancial na Descoberta ou o Estabelecimento de Violações à Regra Antidoping:* o tribunal pertinente de uma Filiada pode, antes de uma decisão final de uma apelação segundo a Regra 42 ou a expiração do tempo de apelação (quando aplicável em caso de um Atleta de Nível Internacional que teve seu caso encaminhado ao Painel de Revisão de Doping para sua decisão segundo a Regra 38.16) suspender uma parte do período de Inelegibilidade imposto em um caso individual quando o Atleta ou outra Pessoa tenha fornecido Assistência Substancial à IAAF, sua Federação Nacional, uma Organização Antidoping, autoridade criminal, autoridade disciplinar profissional resultando na IAAF, Federação Nacional ou Organização Antidoping descobrir ou declarar uma infração à Regra Antidoping por outra Pessoa ou resultar em um órgão criminal ou disciplinar a descoberta ou declaração de uma ofensa criminal de uma quebra de regras profissionais por outra pessoa. Após uma decisão final da apelação segundo a Regra 42 ou a expiração do tempo para apelação, o período de Inelegibilidade de um Atleta ou outra Pessoa pode somente ser suspenso pela Filiada se o Painel de revisão de Doping assim determinar e a WADA concordar. Se o Painel de Revisão de Doping determinar que não houve Assistência Substancial, a determinação será obrigatoriamente da Filiada e não haverá suspensão ou Inelegibilidade. Se o Painel de Revisão de Doping determinar que houve Assistência

Substancial a Filiada então decidirá o período de Inelegibilidade que será suspenso. Até onde for de outro modo o período de Inelegibilidade aplicável possa ser suspenso será com base na seriedade da infração da Regra Antidoping cometida por um Atleta ou outra Pessoa e a significância da Assistência Substancial fornecida pelo Atleta ou outra Pessoa no esforço de eliminar o doping no Atletismo. Não mais de três quartos do período diferente de Inelegibilidade aplicado pode ser suspenso. Se de outro modo o período aplicável de Inelegibilidade é para toda a vida, o período não suspenso segundo esta regra deve ser não menos do que oito (8) anos. Se uma Filiada suspende qualquer parte do período de Inelegibilidade segundo esta Regra a Filiada fornecerá prontamente uma justificação para sua decisão à IAAF e qualquer outra parte tendo o direito de apelar da decisão. Se a Filiada subsequentemente reintegra qualquer parte do período de Inelegibilidade suspenso porque o Atleta ou outra Pessoa falhou em fornecer Assistência Substancial que foi antecipada, o Atleta ou outra Pessoa pode apelar para a reintegração.

(d) *Admissão de uma Infração de uma Regra Antidoping na Ausência de Outra Evidência:* Quando um Atleta ou outra Pessoa voluntariamente admite que cometeu uma infração a uma regra antidoping antes de ter sido avisado de uma coleta de Amostra que poderia determinar uma infração a uma regra antidoping (ou, no caso de uma infração de uma regra antidoping além daquelas estabelecidas na Regra 32.2 (a), antes de receber a primeira notificação da infração admitida segundo a Regra 37) e aquela admissão é somente a evidência segura de uma infração no momento da admissão, então o período de Inelegibilidade pode ser aplicado de outro modo.

(e) *Quando um Atleta ou Outra Pessoa estabelece ter direito a redução na sanção segundo mais de uma provisão desta Regra*: antes de aplicar qualquer redução ou suspensão segundo as Regras 40.5(b), (c) ou (d), o período de Inelegibilidade de outro modo aplicável será determinado de acordo com as Regras 40.2, 40.3, 40.4 e 40.6. Se o Atleta ou outra Pessoa admite ter direito a uma redução ou suspensão do período de Inelegibilidade segundo duas ou mais das Regras 40.5 (b), (c) ou (d), então o período de Inelegibilidade pode ser reduzido ou suspenso, mas não abaixo de um quarto do período de Inelegibilidade de outro modo aplicável.

Agravamento das Circunstâncias que podem aumentar o período de Inelegibilidade

6. Se for estabelecido em um caso individual envolvendo uma infração a uma regra antidoping além daquelas violações segundo a Regra 32.2.(g) (Tráfico ou Tentativa de Tráfico) e Regra 32.2(h) (Administração ou Tentativa de Administração) que circunstâncias agravantes estejam presentes que justifiquem a imposição de um período de Inelegibilidade maior do que a sanção padrão, então o período de Inelegibilidade diferente aplicável será até um máximo de 4 (quatro) anos, a menos que o Atleta ou outra Pessoa possa provar, de maneira satisfatória ao Painel de Audiência de que ele não cometeu intencionalmente uma infração à Regra Antidoping.

   (a) Exemplos de circunstâncias agravantes que podem justificar a imposição de um período de Inelegibilidade maior do que a sanção padrão são: o Atleta ou outra Pessoa cometeu uma infração da Regra Antidoping como parte de um plano ou esquema de doping, tanto individualmente quanto envolvendo uma conspiração ou uma iniciativa comum para cometer violações à Regra Antidoping; o Atleta ou outra Pessoa usou ou possuiu múltiplas Substâncias Proibidas ou Métodos Proibidos ou usou ou possuiu uma Substância Proibida ou Método Proibido em múltiplas ocasiões; um indivíduo normal provavelmente se beneficiaria dos efeitos da melhora de performance da(s) infração(ões) das Regras Antidoping além do período diferente de Inelegibilidade aplicável; o Atleta ou outra Pessoa engajada em conduta enganadora ou obstrutiva para evitar a detecção ou julgamento de uma infração de uma Regra Antidoping. Para eximir-se da dúvida, os exemplos de agravamento das circunstâncias mencionadas não são exclusivos e outros fatores agravantes podem também justificar a imposição de um período mais longo de Inelegibilidade.

(b) Um Atleta ou outra Pessoa pode evitar a aplicação desta Regra ao admitir a infração de uma regra antidoping cometida imediatamente após ser confrontado com uma infração da Regra Antidoping (que significa não ser depois da data-limite dada para fornecer uma explicação escrita de acordo com a Regra 37.4(c), e, em todos os eventos, antes do Atleta competir novamente).

Infrações Múltiplas

7. (a) Segunda Infração à Regra Antidoping: Para uma primeira infração à Regra Antidoping por um Atleta ou uma Pessoa, o período de Inelegibilidade estabelecido nas Regras 40.2 e 40.3 (sujeito a eliminação, redução ou suspensão segundo as Regras 40.4 ou 40.5 ou para um aumento segundo a Regra 40.6). Para uma segunda infração da Regra Antidoping, o período de Inelegibilidade será dentro da classificação estabelecida na tabela a seguir:

Tabela 3.1 – Períodos de inelegibilidade para segunda infração.

2ª infração 1ª infração	SR	FLTP	FNS	SP	SA
SR	1-4	2-4	2-4	4-6	8-10
FLTP	1-4	4-8	4-8	6-8	10-vida
FNS	1-4	4-8	4-8	6-8	10-vida
SP	2-4	6-8	6-8	8-vida	Vida
SA	4-5	10-vida	10-vida	Vida	Vida
TRA	8 – vida	Vida	Vida	Vida	Vida

Definições para os fins da tabela para a segunda infração à Regra Antidoping:

SR (Sanção Reduzida por Substância Específica segundo a Regra 40.4): a infração à Regra Antidoping foi ou deveria ser sancionada por uma sanção reduzida segundo a Regra 40.4 porque envolveu uma Substância Específica e as outras condições segundo a Regra 40.4 foram encontradas).

FLTP (Falha na Informação de Localização e Testes Perdidos): a infração à Regra Antidoping foi ou deveria ser sancionada segundo a Regra 40.3(c) (Falha na Informação de Localização e/ou Testes Perdidos).

FNS (Sanção Reduzida por Falta Não Significante ou Negligência): a infração à Regra Antidoping foi ou deveria ser sancionada seguindo a Regra 40.5(b) devido a Falta ou Negligência não Significante segundo a Regra 40.5(b) foi provado pelo Atleta.

SP [Sanção Padrão segundo a Regra 40.2 ou 40.3(a)]: a infração à Regra Antidoping foi ou deveria ser sancionada pela sanção padrão segundo a Regra 40.2 ou Regra 40.3(a).

SA (Sanção Agravada): a infração à Regra Antidoping foi ou deveria ser sancionada por uma sanção agravada segundo a Regra 40.6 porque as condições estabelecidas na Regra 40.6 foram estabelecidas.

TRA (Tráfico ou Administração): a infração à Regra Antidoping foi ou deveria ser sancionada por uma sanção segundo a Regra 40.3(b) por Tráfico ou Administração.

Aplicação das Regras 40.5(c) e Regra 40.5(d) para Segunda Infração Antidoping: quando um Atleta ou outra Pessoa cometer uma segunda infração à Regra Antidoping 40.3(b) por Tráfico ou Administração.

(b) Aplicação das Regras 40.5 (c) e Regra 40.5(d) para Segunda Infração Antidoping: quando um Atleta ou outra Pessoa que cometa uma segunda infração à Regra Antidoping estabelece o direito a suspensão ou redução de uma porção do período de Inelegibilidade segundo a Regra 40.5 (c) ou Regra 40.5 (d), o Painel de Audiência determinará primeiro o período diferente aplicável de Inelegibilidade dentro dos limites estabelecidos na tabela na Regra 40.7(a) e então aplicará a suspensão ou redução apropriada do período de Inelegibilidade. O período de Inelegibilidade restante, após a aplicação de qualquer suspensão ou redução segundo a Regra 40.5 (c) e Regra 40.5(d) deve ser de pelo menos um quarto do período de Inelegibilidade de outro modo aplicável.

(c) Terceira Infração à Regra Antidoping: uma terceira infração à Regra Antidoping sempre resultará em um período permanente de Inelegibilidade, exceto se a terceira infração preenche as condições de eliminação ou redução do período de Inelegibilidade segundo a Regra 40.4 ou envolve uma infração da Regra 32.2(d) (Falha na Informação de Localização/Testes Perdidos). Nestes casos em particular, o período de Inelegibilidade será de oito (8) anos acima ou banido para toda a vida.

(d) Regras Adicionais para Violações por determinado potencial:
  (i) Para os fins de imposição de sanções segundo a Regra 40.7, uma infração à Regra Antidoping somente será considerada uma segunda infração se puder ser estabelecido que o Atleta ou outra Pessoa cometeu uma segunda infração a Regra Antidoping após o Atleta ou outra Pessoa ter recebido notificação conforme a Regra 37 (Gerenciamento de Resultados) ou após um esforço razoável feito para notificar o atleta sobre a primeira infração à Regra Antidoping; Se isto não puder ser determinado, as violações serão consideradas juntas como uma só infração e a sanção imposta será baseada na infração que envolve a mais severa sanção; entretanto, na ocorrência de múltiplas violações, pode ser considerado como um fator na determinação de circunstâncias agravantes (Regra 40.6)
  (ii) Se, após a resolução de uma primeira infração à Regra Antidoping, fatos são descobertos envolvendo uma infração à Regra Antidoping pelo Atleta ou outra Pessoa que ocorreu antes da notificação ter sido imposta, com base na sanção que poderia ter sido imposta se as duas violações tenham

sido julgadas ao mesmo tempo. Os resultados em todos os eventos antes da última infração à Regra Antidoping que Desqualificará conforme previsto na Regra 40.8. Para evitar a possibilidade da descoberta de circunstâncias agravantes (Regra 40.6) por conta da infração antes do tempo mas descoberta tardia, o Atleta ou outra Pessoa deve voluntariamente admitir que a anterior infração à regra em uma base adequada da notificação da infração para a qual ele é atribuída primeiro (que significa no mais tardar a data-limite para apresentar uma explicação por escrito de acordo com a Regra 37.4(c) acima e, em todos os eventos, antes do Atleta competir novamente). A mesma regra se aplicará também quando os fatos são descobertos envolvendo uma outra infração anterior aos da resolução de uma segunda infração à Regra Antidoping.

(e) Infrações múltiplas à Regra Antidoping durante o período de oito (8) anos; Para os fins da Regra 40.7, cada infração à Regra Antidoping deve acontecer dentro do mesmo período de oito (8) anos para que sejam consideradas violações múltiplas.

Desqualificação de resultados em Competições subsequentes à coleta da amostra ou a ocorrência de uma infração a uma Regra Antidoping

8. Além da desqualificação automática dos resultados na Competição que produziu a amostra positiva segundo as Regras 39 e 40, todos os demais resultados em competição obtidos a partir da data da Amostra positiva ter sido coletada (independentemente se foi Em Competição ou Fora de Competição) ou outra infração à Regra Antidoping ocorreu no começo de qualquer Suspensão Provisória ou período de Inelegibilidade será Desqualificado com todas as Consequências resultantes para o Atleta, incluindo a perda de quaisquer títulos, prêmios, medalhas, pontos e premiação em dinheiro ou prêmio de participação.

9. O seguinte se aplicará a premiação em dinheiro perdida de acordo com a Regra 40.8:
   (a) Alocação da Premiação em Dinheiro Perdida: quando a premiação em dinheiro não tiver sido ainda paga ao Atleta Inelegível, ela será realocada ao(s) Atleta(s) que foram classificados atrás do Atleta Inelegível no(s) Evento(s) ou Competição(ções) em questão. Quando a premiação em dinheiro já tiver sido paga ao Atleta Inelegível, ela será realocada para o Atletas(s) que se classificou atrás do Atleta Inelegivel no(s) Evento(s) ou Competição(ões) em questão somente se e quando toda a premiação em dinheiro perdida tenha sido devolvida pelo Atleta Inelegível à pessoa ou entidade pertinente: e
   (b) como uma condição de recuperar a elegibilidade após ter sido pego por uma infração a uma regra antidoping, o Atleta Inelegível deverá primeiro devolver todas as premiações em dinheiro perdidas de acordo com a Regra 40.8 acima (ver Regra40.12).

Início do Período de Inelegibilidade

10. Com exceção do informado a seguir o período de Inelegibilidade começará na data da decisão da audiência que aplicou a Inelegibilidade ou, se foi aberto mão da audiência, na data em que a Inelegibilidade é aceita ou de outro modo imposta. Qualquer período de Suspensão Provisória (se imposta ou voluntariamente aceita) será creditado contra o período total de Inelegibilidade a ser cumprido.
    (a) Admissão a tempo: quando o Atleta prontamente admite a infração à Regra Antidoping, por escrito, após ter sido confrontado (o que significa não mais tardar antes da data concedida para apresentar uma explicação escrita de acordo com a Regra 37.4(c) e, em todos os eventos, antes do Atleta competir novamente), o período de Inelegibilidade pode começar já na data da coleta da amostra ou a data em que ocorreu a última infração à Regra Antidoping. Em cada caso, entretanto, onde se aplicar esta Regra, o Atleta ou outra Pessoa cumprirá pelo menos a metade do período de Inelegibilidade que seguindo a partir da data em que o Atleta ou outra pessoa aceitou a imposição da

sanção, a data da decisão de uma audiência ou a data da sanção é imposta de outro modo.

(b) Se uma Suspensão Provisória for imposta e respeitada pelo Atleta, então o Atleta receberá o crédito por tal período de Suspensão Provisória contra qualquer período de Inelegibilida- que possa finalmente ser imposto.

(c) Se um atleta voluntariamente aceita uma Suspensão Provisória por escrito (de acordo com a Regra 38.2) e, dali em diante, se afasta das competições, o atleta poderá receber um crédito por tal período de Suspensão Provisória voluntária contra qualquer período de Inelegibilidade que possa finalmente ser imposto. De acordo com a Regra 38.3, uma suspensão voluntária entra em vigor na data de seu recebimento pela IAAF.

(d) Nenhum crédito contra um período de Inelegibilidade será dado por qualquer período antes da data da efetivação da Sus- pensão Provisória ou Suspensão Provisória Voluntária, indepen- dendo se o Atleta eleito não competiu ou não foi selecionado para competir.

Status durante a Inelegibilidade

11. (a) *Proibição contra participação durante a Inelegibilidade*: nenhum Atleta ou outra Pessoa que tenha sido declarado Inelegível pode, durante o período de Inelegibilidade, participar em qual- quer âmbito em qualquer Competição ou atividade, além da- quelas autorizadas em programas antidoping de educação ou reabilitação, que são autorizadas ou organizadas pela IAAF ou qualquer Associação de Área ou Filiada (ou qualquer Clube ou outra organização filiada a uma Filiada) ou Signatário (ou mem- bro de um Signatário ou um clube ou outra organização filiada a um membro do Signatário) ou em competições autorizadas ou organizadas por qualquer liga profissional ou qualquer organiza- ção internacional ou nível nacional. Um Atleta sujeito a um perí- odo de Inelegibilidade deverá permanecer sujeito a Testes. Um Atleta ou outra Pessoa sujeita um período de Inelegibilidade de mais de quatro (4) anos pode, após completar quatro anos do

período de Inelegibilidade, participar em eventos esportivos locais em um outro esporte além do Atletismo mas somente em eventos esportivos locais em nível que não pudesse de outro modo qualificar tal atleta ou outra Pessoa, direta ou indiretamente, para competir em (ou acumular pontos para) um campeonato nacional ou uma competição internacional.

(b) *Violação da Proibição de Participação durante a Inelegibilidade*: quando um Atleta ou outra Pessoa que tenha sido declarado Inelegível viola a proibição de participar durante a Inelegibilidade descrita na Regra 40.11(a), os resultados de tal participação serão anulados e o período de Inelegibilidade que foi originalmente imposto iniciará novamente a contar da data da infração. O novo período de Inelegibilidade pode ser reduzido em virtude da Regra 40.5(b) se o atleta ou outra Pessoa estabelecer Ausência de Falta ou Negligência Significativa de sua parte em relação à proibição de participação. A determinação de que um Atleta ou outra Pessoa violou a proibição de participação e se a redução segundo a Regra 40.5(b) é apropriada será feita pelo órgão que gerenciou os resultados que levaram à imposição do período de Inelegibilidade.

(c) *Retenção do Apoio Financeiro durante a Inelegibilidade*: além disso, para qualquer infração da Regra Antidoping não envolvendo uma sanção de redução para uma Substância Específica como descrito na Regra 40.4 ou todo apoio financeiro relacionado ao esporte ou outros benefícios recebidos relacionados ao esporte por tal Pessoa serão retidos.

Retorno à Competição após um período de Inelegibilidade

12. A fim de obter sua reabilitação no final de um período específico de Inelegibilidade, um Atleta ou outra Pessoa deve cumprir com os seguintes requisitos:

(a) *Devolução de prêmio em dinheiro;* o atleta deve devolver qualquer e todo prêmio em dinheiro que ele tenha recebido em relação à participação em competições a partir da data da coleta da amostra que resultou em um Achado Analítico Adverso ou outra infração à regra antidoping, ou a partir da data em que cometeu qualquer outra infração antidoping, em andamento;

(b) Devolução de Medalhas: o Atleta deve devolver qualquer e todas as medalhas [tanto individual como de equipe] que ele tenha recebido em relação a performances em Competições a partir da data da coleta da Amostra que resultou em um Resultado Analítico Adverso ou outra violação à Regra Antidoping, ou a partir da data em que cometeu qualquer violação à Regra Antidoping, daqui em diante; e

(c) *Testes de reabilitação*: o Atleta deve, durante qualquer período de Suspensão Provisória ou Inelegibilidade, disponibilizar-se para testes fora de competição pela IAAF, sua Federação Nacional e qualquer outra organização que tenha autoridade para realizar testes segundo estas Regras Antidoping, e deve, se solicitado, fornecer atual e consistente informação de localização para tal finalidade. Quando um atleta de nível internacional tornar-se inelegível por um (1) ano ou mais, um mínimo de quatro (4) testes de reabilitação devem ser realizados, três (3) testes fora de competição e um (1) para todas as Substâncias Proibidas e Métodos Proibidos imediatamente antes do final do seu período de Inelegibilidade. Os custos destes testes de reabilitação serão por conta do atleta e serão realizados pelo menos a um intervalo de três (3) meses entre cada teste. A IAAF será responsável pela condução dos testes de reabilitação, de acordo com as Regras e Regulamentos Antidoping, mas os testes podem ser realizados por outro órgão competente de Testes que satisfaça este requisito, com autorização da IAAF, desde que a coleta de amostra tenha sido analisada por um Laboratório credenciado pela WADA. Quando um atleta competindo em provas de corrida, Marcha Atlética ou provas Combinadas for considerado culpado de uma infração de uma Regra Antidoping segundo as Regras, pelo menos suas duas últimas reabilitações serão analisadas para agentes de eritropoetina estimulante e seus fatores de liberação. Os resultados de todos os testes de reabilitação, juntamente com cópias dos respectivos formulários de controle de doping, deverão ser enviados à IAAF antes do atleta retornar à competição. Se algum teste de reabilitação realizado segundo esta Regra resultar em um Achado Analítico Adverso ou outra infração à Regra Antidoping, isto constituirá em uma separada infração à Regra Antidoping e o Atleta estará sujeito aos procedimentos disciplinares e posteriores sanções, como apropriado.

(d) Uma vez que o período de Inelegibilidade do Atleta tenha expirado, desde que ele tenha cumprido com todos os requisitos da Regra 40.12 acima, ele se tornará automaticamente reelegível e não será necessário ao Atleta ou sua Federação Nacional o envio de qualquer solicitação nesse sentido à IAAF.

REGRA 41
Sanções em Equipes

1. Quando o Atleta que cometeu uma infração à Regra Antidoping competir como um membro de uma equipe de revezamento, a equipe de revezamento será automaticamente desqualificada do Evento em questão, com todos os resultados obtidos pela equipe de revezamento, incluindo a perda de todos os títulos, prêmios, medalhas, pontos e prêmios em dinheiro e prêmios de participação. Se o Atleta que cometeu uma infração antidoping competir por uma equipe de revezamento em uma prova subsequente em uma Competição, as consequências resultantes para a equipe de revezamento, incluindo a perda de todos os títulos, prêmios, medalhas, pontos e prêmios em dinheiro, a menos que o atleta demonstre que não cometeu nenhuma falta ou negligência por violação e que sua participação no revezamento provavelmente não foi afetada por infração à Regra Antidoping.

2. Quando o atleta que cometeu uma infração à Regra Antidoping competiu como um membro de uma equipe além da equipe de revezamento, em um Evento onde uma posição da equipe leva em conta resultados individuais, a equipe não será automaticamente desqualificada do Evento em questão mas o resultado do Atleta que cometeu a infração será retirado do resultado da equipe e substituído pelo resultado do atleta seguinte da equipe aplicável. Se, ao

retirar o resultado do Atleta do resultado da equipe, o número de Atletas contados para a equipe for inferior ao número requerido, a equipe será desqualificada. Este mesmo princípio se aplicará no cálculo do resultado da equipe se o Atleta que cometeu a infração à Regra Antidoping competir por uma equipe em um evento subsequente da Competição, a menos que o atleta demonstre que não houve Falta ou Negligência para a violação e que sua participação na equipe provavelmente foi afetada por infração à Regra Antidoping.

3. Em adição à anulação de resultados na Regra 40.8:
   (a) Os resultados de qualquer equipe de revezamento na qual o Atleta competiu a partir da data da amostra positiva ter sido coletada ou outra infração ocorrida levando ao início de qualquer Suspensão Provisória ou período de Inelegibilidade serão anulados, com todas as consequências para a equipe de revezamento, incluindo a perda de todos os títulos, prêmios, medalhas, pontos e prêmios de participação; e
   (b) Os resultados de qualquer equipe além de uma equipe de revezamento na qual o Atleta competiu a partir da data em que a amostra positiva foi coletada ou outra infração que tenha ocorrido diretamente para o início de uma Suspensão Provisória ou período de Inelegibilidade não serão automaticamente anulados mas o resultado do atleta que cometeu a infração à Regra Antidoping será retirado do resultado da equipe e substituído pelo resultado do próximo atleta membro da equipe habilitado. Se, ao subtrair o resultado do Atleta do resultado da equipe, o número de Atletas contando para a equipe for inferior ao número requerido, a equipe então será desqualificada..

REGRA 42
Apelação

Decisões sujeitas à Apelação

1. A menos que seja especificamente estabelecido de outro modo, todas as decisões tomadas segundo estas Regras Antidoping podem

ser objeto de apelação de acordo com os dispositivos estabelecidos a seguir. Todas essas decisões permanecerão em vigor enquanto sob apelação, a menos que o organismo que recebeu a apelação ordene de outro modo ou a menos que determine diferente em acordo com estas Regras (ver Regra 42.15). Antes do início de uma apelação, quaisquer revisões da decisão previstas nestas Regras Antidoping devem ser esgotadas (exceto onde a WADA tem o direito de apelar e nenhuma parte tenha apelado de uma decisão final segundo as regras aplicáveis, em cujos casos a WADA pode apelar diretamente da decisão ao CAS sem ter esgotado quaisquer outros recursos.).

Apelação das Decisões relacionadas a infrações à Regra Antidoping ou Consequências

2. A seguinte é uma lista não exaustiva de decisões relativas a infrações à Regra Antidoping e Consequências que podem ser apeladas segundo estas Regras: uma decisão de que uma infração a uma regra antidoping foi, cometida; uma decisão impondo Consequências por uma infração a um regra antidoping; uma decisão de que nenhuma infração à regra antidoping foi cometida; uma decisão que tenha falhado em impor Consequências por uma infração a uma regra antidoping de acordo com estas Regras; uma determinação feita pelo Painel de Revisão de Doping segundo a Regra 38.21 de que não há circunstâncias excepcionais/especiais em um caso de atleta de Nível Internacional justificando uma eliminação ou redução da sanção; uma decisão de uma Filiada confirmando a aceitação de Consequências por um Atleta ou outra Pessoa por infração a uma Regra Antidoping; uma decisão de que os procedimentos de uma infração à Regra Antidoping não pode ser seguida por razões de procedimento (incluindo, por exemplo, prescrição); uma decisão segundo a Regra 40.11 se um Atleta ou outra Pessoa violou ou não a proibição de participação durante a Inelegibilidade; uma decisão de que uma Filiada não tem Jurisdição para legislar sobre uma alegada infração à Regra Antidoping ou suas Consequências; uma decisão de que não ocorreu um Achado Analítico Adverso ou um Achado

Atípico como uma infração a uma regra antidoping ou uma decisão de não considerar uma infração à Regra Antidoping após uma investigação segundo a Regra 37.10; a decisão de um arbitro único do CAS em um caso enviado ao CAS de acordo com a Regra 38.9; qualquer outra decisão relativa a infrações à Regra Antidoping ou Consequências que a IAAF considere ser errôneas ou que apresentem procedimentos duvidosos.

3. Apelações Envolvendo Atletas de Nível Internacional: em casos envolvendo Atletas de Nível Internacional ou seu Pessoal de Apoio ao Atleta, a decisão em primeira instância tomada pelo órgão pertinente da Federação Filiada não estará sujeita a revisão posterior ou apelação em nível nacional e somente será apelada ao CAS de acordo com as disposições estabelecidas a seguir.

4. Apelações que não envolvem Atletas de Nível Internacional: nos casos em que não envolve atletas de nível internacional ou suas equipes de apoio, a decisão do órgão pertinente da Filiada pode (a menos que a Regra 42.8 se aplique) ser apelada a um órgão independente e imparcial, de acordo com as regras estabelecidas pela Filiada. As regras para tal apelação respeitarão os seguintes princípios:
   - uma audiência a tempo;
   - um justo, imparcial e independente Painel de Audiência;
   - o direito a ser representado por um advogado às expensas da própria Pessoa;
   - o direito a ter um intérprete na audiência às expensas da própria Pessoa; e
   - uma decisão apropriada, por escrito, com exposição dos motivos, em um tempo razoável.

A decisão do órgão de apelação em nível nacional pode ser apelada de acordo com a Regra 42.7.

5. *Partes com direito a Apelação*: em qualquer caso envolvendo um Atleta de Nível Internacional ou seu Pessoal de Apoio, as seguintes partes terão o direito de apelar ao CAS:

(a) O Atleta ou outra Pessoa que seja objeto da decisão sendo apelada;
(b) A outra parte do caso na qual a decisão foi submetida;
(c) A IAAF;
(d) A Organização Nacional Antidoping do país de residência do Atleta ou outra Pessoa ou onde o atleta ou outra Pessoa tenha nacionalidade ou possui uma licença;
(e) O COI (onde a decisão pode ter um efeito em relação aos Jogos Olímpicos, incluindo uma decisão que afete a elegibilidade para os Jogos Olímpicos), e
(f) WADA.

6. Em qualquer caso que não envolva um Atleta de Nível Internacional ou seu Pessoal de Apoio, as seguintes partes terão o direito de apelar da decisão ao órgão de apelação em nível nacional:
   (a) O Atleta ou outra Pessoa que é sujeito da decisão sendo apelada;
   (b) A outra parte do caso no qual a decisão foi submetida;
   (c) A Filiada;
   (d) A Organização Antidoping do país de residência do Atleta ou outra Pessoa ou onde o Atleta ou outra Pessoa tem nacionalidade ou possui uma licença; e
   (e) WADA

A IAAF não terá o direito de apelar da decisão para um órgão de apelação de nível nacional, mas poderá assistir a qualquer audiência perante um órgão de apelação de nível nacional como um observador. A presença da IAAF na audiência nessas condições não afetará seu direito de apelar ao CAS sobre a decisão de um órgão de apelação de nível nacional, de acordo com a Regra 42.7.

7. Em qualquer caso que não envolva um Atleta de Nível Internacional ou seu Pessoal de Apoio, as seguintes partes terão o direito de apelar ao CAS sobre a decisão do órgão de apelação de nível nacional.
   (a) A IAAF;
   (b) O COI (onde a decisão possa ter um efeito sobre a elegibilidade em relação aos Jogos Olímpicos); e
   (c) WADA.

8. Em qualquer caso que não envolva um Atleta de Nível Internacional ou seu Pessoal de Apoio, a IAAF, o COI (onde a decisão possa ter um efeito sobre a elegibilidade em relação aos Jogos Olímpicos) e WADA terão o direito de apelar da decisão do órgão relevante da Filiada diretamente ao CAS em qualquer das seguintes circunstâncias:
   (a) A Filiada não tem um procedimento de apelação instalado em nível nacional;
   (b) Nenhuma apelação feita ao órgão de apelação de nível nacional da Filiada por qualquer das partes citadas na Regra 42.6;
   (c) As regras da Filiada assim estabelecerem.
9. Qualquer parte que solicite uma apelação segundo estas Regras Antidoping terá direito a assistência do CAS para obter todas as informações relevantes através do órgão cuja decisão está sendo apelada e a informação será fornecida se o CAS assim determinar.

Apelações pela WADA pela falha em apresentar uma decisão Adequada

10. Onde, em um caso em particular segundo estas Regras Antidoping, a IAAF ou uma Filiada falha em apresentar uma decisão dentro de um prazo razoável estabelecido pela WADA, a WADA pode decidir apelar diretamente ao CAS como se a IAAF ou a Filiada tivesse chegado a uma decisão em que nenhuma infração à Regra Antidoping foi cometida e que a WADA agiu de maneira razoável em decidir apelar diretamente ao CAS, então os custos e taxas legais devidos à WADA em julgar a apelação será reembolsadão pelos órgão (à IAAF ou à Filiada) que falhou em chegar a uma decisão.

Apelações de decisões que concedam ou neguem uma Isenção para Uso Terapêutico

11. Uma decisão da WADA revertendo a concessão ou negação de uma IUT pode ser apelada exclusivamente ao CAS tanto pelo Atleta ou pela IAAF ou Filiada (ou seu órgão designado de acordo com a Regra 34.9) cuja decisão seja revertida. Uma decisão além daquela tomada pela WADA negando uma IUT, que não foi revertida pela WADA, pode ser apelada por Atletas de Nível Internacional exclusivamente ao CAS e por outros Atletas ao órgão de apelação de nível

nacional descrito na Regra 42.4 anterior. Se o órgão de apelação de nível nacional reverter a decisão de negação de uma IUT, aquela decisão pode ser apelada pela WADA ao CAS. Quando a IAAF ou uma Filiada (tanto diretamente ou através de seu órgão designado de acordo com a Regra 34.9) falhar em tomar as ações apropriadas sobre um pedido de IUT dentro de um tempo razoável, a falha em decidir pode ser considerada como uma recusa para os fins dos direitos de apelação previstos nesta Regra.

Apelações de decisões sancionando Filiadas por falhar em cumprir com as obrigações antidoping

12. Uma decisão pelo Conselho segundo a Regra 44 para sancionar uma Filiada por falha no cumprimento das obrigações antidoping segundo estas Regras pode ser apelada pela Filiada exclusivamente ao CAS.

Datas-limite para apelação ao CAS

13. A menos que seja estabelecido de outro modo nestas Regras (ou determinação diferente do Painel de Revisão de Doping em casos onde a IAAF é a própria apelante), a apelante terá quarenta e cinco (45) dias para apresentar seu pedido de apelação ao CAS iniciando da data de comunicação das razões escritas da decisão a ser apelada (em inglês ou francês, onde a IAAF é a própria apelante) ou a partir do último dia no qual a decisão deveria ter sido apelada ao órgão de apelação de instância nacional de acordo com a Regra 42.8(b). Dentro de quinze (15) dias da data-limite para apresentar a declaração de apelação, a apelante deverá apresentar a exposição de motivos ao CAS e, dentro de trinta (30) dias do recibo da declaração de apelação, o defensor intimado deverá fazer a apresentação de motivos perante o CAS.

14. A data-limite para uma apelação ao CAS arquivada pela WADA será não mais de (a) vinte e um (21) dias após o último dia no qual qualquer parte com direito a apelar no caso poderia ter apelado; ou (b) vinte e um (21) dias após a WADA receber todo o processo completo relativo à decisão.

Apelação da IAAF sobre decisão do CAS
15. A decisão sobre se a IAAF deve apelar ao CAS, ou participar de uma apelação ao CAS em que ela não é uma parte original (ver Regra 42.19), será tomada pelo Painel de Revisão de Doping. O Painel de Revisão de Doping irá, onde couber, determinar ao mesmo tempo se o Atleta em questão será resuspenso até a decisão do CAS.

Defensores em uma decisão de apelação ao CAS
16. Como uma regra geral, o defensor de uma apelação ao CAS será a parte cuja decisão foi tomada que é o objeto da apelação. Quando a Filiada tiver delegado a condução de uma audiência segundo estas Regras a outro órgão, comitê ou tribunal, de acordo com a Regra 38.11, o defensor da apelação ao CAS contra tal decisão será a Filiada.
17. Quando a IAAF é a apelante perante o CAS, será permitido a ela incluir como parte adicional defensora da apelação estas outras partes como ela achar apropriado, incluindo o Atleta, a Equipe de Apoio ao Atleta ou outra Pessoa ou entidade que possa ser afetada pela decisão.
18. Quando a IAAF é uma das duas ou mais partes defensoras em uma apelação perante o CAS, deve buscar concordar sobre a escolha de um árbitro com a outra defensora. Em caso de desacordo na indicação de um auditor, a escolha de um árbitro pela IAAF deverá prevalecer.
19. Em qualquer caso onde a IAAF não fizer parte de uma apelação ao CAS, ela pode, entretanto, decidir por participar como uma parte na apelação e neste caso terá todos os direitos como qualquer parte segundo as Regras do CAS.

Apelação ao CAS
20. Todas as apelações ao CAS (exceto as estabelecidas na Regra 42.21) terão a forma de uma reaudiência "de novo" das questões levantadas na apelação e o Painel do CAS estará apto para substituir sua decisão pela decisão do tribunal pertinente da Filiada ou a IAAF onde ele considerar que a decisão do relevante tribunal da Filiada

ou da IAAF foi errônea ou com procedimentos falhos. O Painel do CAS pode em qualquer caso incluir ou aumentar as Consequências que foram impostas à decisão contestada.

21. Quando a apelação ao CAS for contra a determinação da Diretoria de Revisão de Doping sobre circunstâncias excepcionais/especiais, a audiência perante o CAS sobre a questão de circunstâncias excepcionais/especiais será limitada à revisão do material pela Diretoria de Revisão de Doping e sua determinação. O Painel do CAS somente interferirá sobre a determinação da Diretoria de Revisão de Doping se ele convencer:
    (a) Que não existe qualquer base concreta para a decisão da Diretoria de Revisão de Doping; ou
    (b) Que a decisão alcançada foi significativamente inconsistente com a decisão do órgão anterior dos casos considerados pela Diretoria de Revisão de Doping, cuja inconsistência não pode ser justificada pelos fatos do caso; ou
    (c) Que a decisão alcançada pela Diretoria de Revisão de Doping foi uma decisão de que nenhum órgão de revisão de doping pôde alcançar.

22. Em todas as apelações ao CAS envolvendo a IAAF, CAS e o Painel do CAS será regido pelo Estatuto da IAAF, Regras e Regulamentos (incluindo os Regulamentos Antidoping). No caso de qualquer conflito entre as Regras do CAS atualmente em vigor e o Estatuto, Regras e Regulamentos da IAAF, o Estatuto, Regras e Regulamentos da IAAF terão precedência.

23. Em todas as apelações ao CAS envolvendo a IAAF, a legislação aplicável será a Monegasca e as audiências serão conduzidas em Inglês, a menos que as partes concordem de outro modo.

24. O Painel do CAS pode, em casos apropriados, reembolsar os custos a uma das partes, ou uma contribuição nesses custos, decorrentes da apelação ao CAS.

25. A decisão do CAS será final e sujeita a todas as partes, e sobre todas as Filiadas, e não haverá qualquer direito à apelação da decisão do CAS. A decisão do CAS terá efeito imediato e todas as Filiadas terão que tomar as ações necessárias para assegurar que ela seja cumprida.

REGRA 43
Obrigações das Filiadas

1. Toda Filiada deverá informar a IAAF prontamente dos nomes dos atletas que assinaram um acordo escrito a estas Regras Antidoping e Regulamentos Antidoping para estar elegível para competir em Competições Internacionais (ver Regra 30.3). Uma cópia do acordo assinado deverá ser encaminhada em cada caso pela Federação Filiada à Secretaria-geral da IAAF.
2. Toda Filiada deverá relatar imediatamente à IAAF e à WADA sobre qualquer IUT que seja concedida de conformidade com a Regra 34.9(b).
3. Toda Federação deverá relatar à IAAF prontamente, e em todas as circunstâncias, dentro de 14 dias da notificação, qualquer Achado Analítico Adverso obtido no decorrer de controles de doping realizados por aquela Filiada ou no País ou Território daquela Federação, juntamente do nome do atleta em questão e todos os documentos pertinentes ao Achado Analítico Adverso em questão.
4. Toda Filiada deverá manter o Administrador Antidoping da IAAF constantemente atualizado dos processos de administração dos resultados a serem conduzidos segundo estas Regras Antidoping (ver Regra 37.2).
5. Toda Filiada deverá relatar, como parte de seu relatório anual para a IAAF a ser submetido dentro dos três primeiros meses de cada ano (ver Artigo 4.9 do Estatuto), todos os controles de doping conduzidos pela Filiada ou conduzidos no País ou Território daquela Filiada no ano anterior (além daqueles realizados pela IAAF). Este relatório deverá ser dividido por atletas, identificando quando o atleta foi testado, a entidade que conduziu o teste e se o teste foi Em Competição ou Fora de Competição. A IAAF pode escolher periodicamente publicar tais dados conforme recebido de suas Filiadas sob esta Regra.
6. A IAAF deverá reportar à WADA todo segundo ano de conformidade com o Código, incluindo de conformidade com suas Filiadas.

REGRA 44
Sanções Contra Filiadas

1. O Conselho terá autoridade para tomar sanções contra qualquer Filiada que esteja em falta com suas obrigações sob estas Regras Antidoping, de conformidade com o artigo 14.7 do Estatuto.
2. Os seguintes exemplos serão considerados como falha das obrigações da Filiada sob estas Regras Antidoping:
   (a) falha para incorporar essas Regras Antidoping e Regulamentos Antidoping em suas regras e regulamentos de acordo com a Regra 30.3;
   (b) falha em garantir a elegibilidade de um atleta para tomar parte em Competições Internacionais em requerer a assinatura do atleta concordando com estas Regras e Regulamentos Antidoping e encaminhar uma cópia do acordo para a Secretaria Geral da IAAF (ver Regra 30.3);
   (c) Falha em cumprir com uma decisão do Conselho concernente à Regra 30.6;
   (d) falha em realizar uma audiência para um atleta dentro de três meses de ter sido solicitada para fazê-la (ver Regra 38.9);
   (e) falha em empregar esforços diligentes para auxiliar a IAAF na coleta de informação para localização de atleta se a IAAF fizer tal solicitação de assistência (ver Regra 35.17) e/ou falha em verificar se as informações coletadas em nome de seus Atletas são atuais e corretas (ver Regra 35.19);
   (f) impedir, obstruir ou de outro modo Alterar a conduta de Testes Fora de Competição da IAAF, outra Filiada, WADA ou outro órgão com autoridade de Testes (ver Regra 35.13);
   (g) falha em relatar à IAAF e WADA a concessão de qualquer IUT sob a Regra 34.9 (b) (ver Regra 43.2);
   (h) falha em relatar à IAAF um Achado Analítico Adverso obtido no decorrer de um controle de doping realizado por aquela Filiada, ou no País ou Território daquela Filiada, dentro de 14 dias da notificação de tal achado para a Filiada, juntamente do nome do atleta em questão e todos os documentos relevantes do Achado Analítico Adverso em questão. (ver Regra 43.3);

(i) uma falha em seguir os procedimentos disciplinares corretos estabelecidos nestas Regras Antidoping, incluindo a falha em encaminhar à Diretoria de Revisão de Doping os casos envolvendo Atletas de Nível Internacional, sobre as questões de circunstâncias excepcionais/especiais (ver Regra 38.19);

(j) uma falha em manter o Administrador Antidoping da IAAF constantemente atualizado sobre os processos de administração dos resultados segundo estas Regras (ver Regra 37.2);

(k) uma falha em suspender um Atleta por infração a uma regra antidoping de acordo com as sanções estabelecidas nestas Regras Antidoping;

(l) a recusa ou falha em conduzir uma investigação a pedido da IAAF sobre uma possível violação destas Regras Antidoping ou em fornecer um relatório escrito sobre tal investigação dentro de um tempo estipulado pela IAAF (ver Regra 37.12);

(m) falha em relatar à IAAF, como parte de seu relatório anual a ser submetido nos três primeiros meses do ano, uma lista de todos os controles de doping conduzidos por aquela Filiada ou País ou Território daquela Filiada no ano anterior (ver regra 43.4).

3. Se é considerado que uma Filiada está em falta com suas obrigações segundo estas Regras Antidoping, o Conselho terá autoridade para agir de uma ou mais seguintes maneiras:

(a) suspender uma Filiada até a próxima reunião do Congresso ou por um período menor;

(b) advertir ou censurar uma Federação filiada;

(c) emitir multas;

(d) reter garantias ou subsídios da Federação;

(e) excluir os Atletas de uma Filiada de uma ou mais Competições Internacionais;

(f) remover ou negar credenciamento a escritórios ou outros representantes da Filiada; e

(g) emitir qualquer outra sanção conforme considerar apropriado.

O Conselho pode determinar, de tempos em tempos, um programa de sanções a serem impostas às Filiadas pela quebra de suas obrigações contidas na Regra 44.2. Quaisquer desses programas, ou mudança de tais programas, serão comunicados às Filiadas e publicados no site da IAAF.

4. Em qualquer caso onde o Conselho emitiu uma sanção contra uma Filiada por falha em cumprir suas obrigações sob estas Regras Antidoping, tal decisão será publicada no site da IAAF e relatada no Congresso seguinte.

REGRA 45
Reconhecimento

1. Qualquer decisão final tomada de acordo com estas Regras Antidoping será reconhecida pela IAAF e por suas Filiadas que tomarão todas as ações necessárias para tornar tais decisões efetivas.
2. Sujeito ao direito de apelação previsto na Regra 42, os testes e IUTs no esporte do Atletismo de qualquer Signatário que está consistente com a Regras e Regulamentos Antidoping e estão dentro da autoridade de Signatário serão reconhecidos pela IAAF e por suas Filiadas.
3. O Conselho pode, em nome de todas as Filiadas, reconhecer os controles de doping realizados por um órgão esportivo que não seja um Signatário segundo regras e procedimentos diferentes daquelas Regras e Regulamentos Antidoping, se estiver convencido de que o controle foi realizado de forma correta e se as regras do órgão que realizou tais testes são de outro modo consistentes com as Regras e Regulamentos Antidoping.
4. O Conselho pode delegar sua responsabilidade pelo reconhecimento de resultados de controles de doping sob a Regra 45.3 acima ao Painel de Revisão de Doping ou outra pessoa ou órgão conforme considere apropriado.
5. Se o Conselho (ou seu indicado segundo a Regra 45.4) decidir que aquele Teste realizado por um órgão esportivo de Atletismo que não é um Signatário que está para ser reconhecido, então será considerado que o atleta cometeu uma falta à Regra pertinente e estará

sujeito aos mesmos procedimentos disciplinares e sanções como uma infração correspondente a estas Regras Antidoping. Todas as Filiadas deverão tomar todas as ações necessárias para assegurar que qualquer decisão com relação a uma infração da Regra Antidoping em tal caso sejam tomadas.

6. Testes. As IUTs e resultados de audiências e outros julgamentos finais de qualquer Signatário no esporte além do Atletismo, que sejam consistentes com as Regras e Regulamentos Antidoping e que estão dentro daquela autoridade Signatária, serão reconhecidos e respeitados pela IAAF e suas Federações Filiadas.
7. A IAAF e suas Federações Filiadas reconhecerão as mesmas ações na Regra 45.6 de órgãos que não aceitaram o código no esporte além do Atletismo, se as regras daqueles órgãos sejam, de algum modo, consistentes com as Regras e Regulamentos Antidoping.

REGRA 46
Estatuto de Limitações

Nenhuma ação disciplinar pode iniciar contra um atleta ou qualquer outra pessoa por uma infração da Regra Antidoping contida nestas Regras Antidoping, a menos que tal ação inicie dentro de oito anos a partir da data na qual a infração da Regra Antidoping ocorreu.

REGRA 47
Interpretação

1. As Regras Antidoping são, por sua natureza, regras de competição que regem as condições sob as quais o esporte do Atletismo é realizado. Elas não são destinadas a serem sujeitas ou limitadas por solicitações e padrões legais aplicáveis a procedimentos criminais ou assuntos empregatícios. As políticas e padrões estabelecidos no Código são como uma base para a luta contra doping no esporte, e são aceitos pela IAAF nestas Regras Antidoping, representam um

consenso amplo daqueles com interesse em esporte justo e deveriam ser respeitados por todas as cortes e órgãos judiciais.
2. Estas Regras Antidoping serão interpretadas como um texto independente e autônomo, e não por referência às leis ou estatutos existentes dos Signatários ou Governos.
3. Os títulos e subtítulos usados nestas Regras Antidoping são somente para conveniência e não devem ser considerados como parte substancial destas Regras Antidoping ou afetar de qualquer maneira a linguagem dos dispositivos a que elas se referem.
4. As Definições neste Capítulo 3 devem ser consideradas como parte integral destas Regras Antidoping.
5. Estas Regras Antidoping não se aplicam retroativamente a questões pendentes antes da data das Regras Antidoping entrarem em vigor em 1º de janeiro de 2009. Entretanto, violações às Regras Antidoping anteriores da IAAF continuarão a contar como primeiras violações à Regra Antidoping ou segundas violações à Regra Antidoping para os fins de determinar as sanções segundo a Regra 40 para subsequentes violações às Regras Antidoping segundo estas Regras Antidoping.
6. No caso de conflito entre estas Regras Antidoping e o Código estas Regras Antidoping prevalecerão.

Disposições Transitórias
1. Estas Regras Antidoping entrarão em total vigor e efeito em 1º de janeiro de 2009 ("A Data Efetiva") e serão aplicadas em sua totalidade em todas as Amostras coletadas, ou outras violações às Regras Antidoping cometidas, naquela data ou posterior a ela.

Ausência de aplicação não retroativa de acordo com o princípio "Lex Mitior"
2. Com respeito a qualquer caso de infração da Regra Antidoping que esteja pendente na Data Efetiva e qualquer caso de infração da Regra Antidoping ocorrido após a Data Efetiva com base em uma infração da Regra Antidoping que tenha ocorrido antes da Data Efetiva, o caso será governado pelas Regras Antidoping substitutivas em efeito no tempo em que ocorreu a alegada infração da Regra

Antidoping, a menos que um tribunal que esteja conduzindo o caso determine o princípio de "Lex Mitior" apropriadamente aplique de acordo com as circunstâncias do caso.

Aplicação da decisão tomada antes destas Regras Antidoping 2009

3. Com respeito aos casos onde uma decisão final de descoberta de uma infração à Regra Antidoping tenha sido cometida antes da Data Efetiva mas o Atleta ou outra Pessoa ainda esteja cumprindo o período de Inelegibilidade como da Data Efetiva, o Atleta ou outra Pessoa pode solicitar uma consideração para redução no período de Inelegibilidade à luz destas Regras Antidoping 2009. Tal pedido no caso de Atletas de Nível Internacional será feito ao Painel de Revisão de Doping e, em todos os casos, ao órgão relevante da Federação Nacional do Atleta ou outra Pessoa. A solicitação deverá ser feita antes do período de Inelegibilidade ter expirado. A decisão tomada pelo Painel de Revisão de Doping ou outro órgão pertinente pode ser passível de apelação segundo a Regra 42. Estas Regras Antidoping 2009 não terão qualquer aplicação a qualquer caso de infração a uma Regra Antidoping onde uma decisão que descobriu a infração à Regra Antidoping foi dada e o período de Inelegibilidade tenha se expirado.

Solicitação por Infrações à Regra Antidoping específicas antes de 2009

4. Para os fins de aplicação da Regra 40.7(a), quando uma infração a uma Regra Antidoping foi cometida antes da Data da Efetivação envolvendo uma substância que foi categorizada como uma Substância Específica segundo estas Regras Antidoping e o período de Inelegibilidade imposto foi menor que dois anos, a violação à Regra Antidoping Pré-efetiva será considerada como uma Sanção Reduzida (SR).

REGRA 48
Organização Médica da IAFF

1. A IAAF irá atuar principalmente segundo estas Regras Médicas através das seguintes pessoas ou órgãos:

(a) a Comissão Médica e Antidoping; e
(b) o Gerente Médico.

A Comissão Médica e Antidoping

2. A Comissão Médica e Antidoping é indicada como uma Comissão do Conselho segundo o Artigo 6.11(j) do Estatuto para fornecer recomendações à IAAF sobre todas as questões médicas.
3. A Comissão Médica e Antidoping se reunirá pelo menos uma vez ao ano, normalmente no começo de cada ano calendário, a fim de rever as atividades médicas da IAAF nos 12 meses anteriores e estabelecer seu programa para o ano seguinte. A Comissão Médica e Antidoping deverá consultar sobre questões médicas em base regular durante o decorrer do ano, conforme as necessidades levantadas.
4. A Comissão Médica e Antidoping terá a responsabilidade pelas seguintes tarefas específicas segundo estas Regras Médicas:
    (a) estabelecer políticas ou emitir instruções sobre questões médicas no Atletismo;
    (b) publicar informações gerais para praticantes sobre questões de medicina esportiva aplicadas ao Atletismo;
    (c) assessorar o Conselho quando necessário sobre quaisquer Regulamentos relacionados a questões médicas levantadas no Atletismo;
    (d) organizar e/ou participar de seminários sobre assuntos relativos à medicina esportiva;
    (e) emitir recomendações e normas sobre organização dos serviços médicos em Competições Internacionais;
    (f) publicar materiais educacionais relativos a cuidados médicos no Atletismo com vistas a elevar o nível geral de conhecimento sobre as questões de medicina esportiva no esporte entre os Atletas e Pessoal de Apoio a Atletas;
    (g) resolver quaisquer questões específicas de medicina esportiva que possam ser levantadas no Atletismo e fazer recomendações sobre estas questões de maneira apropriada; e
    (h) manter contatos com o COI e outras organizações pertinentes envolvidas na medicina esportiva como apropriado.

5. O Presidente da Comissão Médica e Antidoping pode delegar tais tarefas específicas a grupos de trabalho conforme ele considerar apropriado. Ao fazê-lo, ele também pode recorrer a especialistas externos para fornecer aconselhamento médico especializado que possa ser requerido.

O Gerente Médico

6. O Gerente Médico será uma pessoa com qualificação em medicina dentro do Departamento Médico e Antidoping que terá a responsabilidade de:
   (a) coordenar as diversas tarefas que lhe forem conferidas pela Comissão Médica e Antidoping (ou delegada a grupos de trabalho) de acordo com estas Regras Médicas;
   (b) monitorar a implementação de quaisquer políticas, declarações, recomendações ou normas emanadas da Comissão Médica e Antidoping;
   (c) conduzir a administração de IUTs de acordo com os Regulamentos Antidoping;
   (d) Tomar qualquer decisão sobre a elegibilidade de atleta que possa ser requerida segundo os Regulamentos; e
   (e) lidar de modo geral com quaisquer questões de natureza médica levantadas no decorrer das atividades da IAAF.
7. O Gerente Médico pode, a qualquer momento, no decorrer de seu trabalho, solicitar uma opinião do Presidente da Comissão Médica e Antidoping ou de outra pessoa que ele considere adequada. Ele prestará relatório à Comissão Médica pelo menos uma vez ao ano e, mais regularmente, se for solicitado a assim proceder.
8. Informação Médica processada pelo Departamento Médico e Antidoping no decurso de suas atividades segundo estas Regras Médicas serão tratadas sob estrita confidencialidade e de acordo com as leis de privacidade de dados aplicáveis.

REGRA 49
Atletas

1. Atletas são responsáveis por sua própria saúde física e por sua própria supervisão médica.
2. Ao ser inscrito em uma Competição Internacional, um Atleta exime a IAAF (e suas respectivas Filiadas, diretores, funcionários, empregados, voluntários, contratados ou agentes) de qualquer responsabilidade, na medida do permitido por lei, por qualquer perda, prejuízo ou dano que ele possa sofrer em relação a ou como um resultado de sua participação na Competição Internacional.

REGRA 50
Federações Filiadas

1. Não obstante os dispositivos da Regra 49 acima, as Filiadas devem envidar os melhores esforços para assegurar que todos os Atletas sob sua jurisdição competindo em Competições Internacionais estejam em um estado de saúde física que seja compatível com competição de alto nível no Atletismo.
2. Toda Filiada deverá enviar os melhores esforços para assegurar que o monitoramento médico apropriado e contínuo de seus Atletas seja realizado internamente ou através de uma organização externa aprovada. Recomenda-se ainda que a Filiada se organize para um Exame Médico de Pré-participação (EMPP) a ser realizado em uma forma recomendada pelas Normas Médicas da IAAF em cada Atleta que seja inscrito para uma Competição Internacional sob as Regras 1.1(a) e 1.1.(f).
3. Toda Filiada deverá indicar pelo menos uma equipe médica para atender seus Atletas com cuidados médicos necessários na preparação e, sempre que possível, durante Competições Internacionais sob as Regras 1.1(a) e 1.1(f).

REGRA 51
Serviços Médicos/Proteção em Competições Internacionais

1. O Comitê Organizador será responsável em prover serviços médicos adequados e para tomar medidas apropriadas de proteção/segurança durante Competições Internacionais. Os serviços médicos e proteção/segurança podem variar de acordo com os seguintes fatores: o tamanho e a natureza da competição, a categoria e o número de atletas participantes, o número de pessoal de apoio e espectadores, os padrões de saúde do país onde a competição é realizada e as condições ambientais predominantes (clima, altitude etc).
2. A Comissão Médica e Antidoping deverá publicar e manter atualizadas normas práticas para ajudar os Comitês Organizadores nas providências de serviços médicos adequados e tomar as medidas apropriadas de segurança em Competições Internacionais.
3. Requisitos médicos e de segurança específicos podem ser solicitados segundo estas Regras para certas categorias de evento (Corridas de Rua, Marcha Atlética etc).
4. Os serviços médicos e as medidas de segurança a serem fornecidos em Competições Internacionais incluirão, no mínimo:
   (a) cuidados gerais de saúde para Atletas e pessoal credenciado no local principal da competição e no local de hospedagem dos Atletas;
   (b) primeiros socorros e cuidados de emergência para Atletas, pessoal de apoio, voluntários, imprensa e espectadores no local principal da competição;
   (c) vigilância de segurança;
   (d) coordenação de planos de emergência e evacuação;
   (e) coordenação de quaisquer serviços médicos especiais como apropriado.
5. Um diretor médico deverá ser indicado pelo Comitê Organizador para cada Competição Internacional organizada segundo a Regra 1.1(a) para preparar e coordenar os serviços médicos e requisitos de segurança durante a competição. O Gerente Médico deverá ser

o elo entre a IAAF e o Comitê Organizador para todas as questões médicas e de segurança.
6. Em Competições Internacionais organizadas segundo a Regra 1.1 (a), um Delegado Médico deverá ser indicado pela IAAF que, de acordo com a Regra 113, deverá assegurar que instalações médicas adequadas para exames, tratamento e cuidados de emergência estejam disponíveis no local da competição e que a atenção médica seja providenciada onde os Atletas estiverem hospedados.

CAPÍTULO 4

Disputas

REGRA 60
Disputas

Geral
1. A menos que de outro modo estabelecido na Regra 60.2 ou em qualquer outra Regra ou Regulamento, todas as disputas surgidas sob estas Regras deverão ser resolvidas de conformidade com as provisões estabelecidas a seguir.
2. As seguintes questões são excluídas dos dispositivos de disputa nesta Regra 60:
   (a) qualquer disputa levantada sobre decisões tomadas segundo as Regras Antidoping no Capítulo 3 acima, incluindo, sem limitação, disputas levantadas sobre uma falha nas infrações às regras Antidoping. Essas disputas serão resolvidas de acordo com os procedimentos estabelecidos na Regra 42 acima;
   (b) qualquer protesto feito antes de uma competição relativa ao status de um atleta para participar na competição. De acordo com a Regra 146.1, a decisão do(s) Delegado(s) Técnico(s) em tais casos será sujeita a um direito de apelação ao Júri de Apelação. A decisão do Júri de Apelação [ou do(s) Delegado(s) Técnico(s) na ausência de um Júri de Apelação ou se não for feita nenhuma apelação ao Júri] será final e não terá direito a nenhuma outra apelação, incluindo ao CAS. Se a questão não puder ser resolvida satisfatoriamente antes da competição e ao atleta for permitido competir "sob protesto", a questão será

encaminhada ao Conselho da IAAF cuja decisão será final, e não haverá qualquer outro direito a apelar, incluindo ao CAS; e
(c) qualquer protesto ou outra disputa levantada na área da competição, incluindo, sem limitação, protestos concernentes ao resultado ou conduta de um evento. Segundo a Regra 146.3, a decisão do Árbitro Geral em tais casos será sujeita a um direito de apelar ao Júri de Apelação. A decisão do Júri de Apelação (ou do Árbitro Geral na ausência de um Júri de Apelação ou se nenhuma apelação for feita ao Júri) será final, e não haverá mais nenhum direito a apelação, incluindo ao CAS.

Disputas envolvendo atletas, equipe de apoio ao atleta e outras pessoas
3. Toda Filiada e Associação de Área deve incorporar um dispositivo em seu estatuto que, a menos que estabelecido de outro modo em uma Regra ou Regulamento específico, todas as disputas levantadas segundo estas Regras envolvendo atletas, equipe de apoio ao atleta ou outras pessoas sob sua Jurisdição, que de qualquer forma surjam, devem ser submetidas a uma audiência perante o órgão pertinente constituído ou de outro modo autorizado pela Filiada. Tal audiência deverá respeitar os seguintes princípios: uma audiência oportuna perante um órgão de audiência justo e imparcial; o direito do indivíduo de ser informado, de maneira justa e conveniente da acusação contra ele; o direito de apresentar evidência, incluindo o direito de ser chamado e interrogar testemunhas; o direito de ser representado por um advogado e um intérprete (à custa do indivíduo) e uma decisão oportuna e razoável por escrito.
4. Qualquer atleta, equipe de apoio a atleta ou outra pessoa:
(a) que tome parte em uma competição de Atletismo ou evento no qual quaisquer dos competidores foram, para seu conhecimento, suspensos de participar ou inelegível para participar segundo estas Regras, ou que seja realizado em um País ou Território de uma Filiada suspensa. Isto não se aplica a qualquer competição de Atletismo que seja restrita ao grupo etário Máster (de acordo com a Regra 141);

(b) que tome parte em qualquer competição de Atletismo que não seja autorizada de acordo com a Regra 2 (Autorização para realizar competição);

(c) que transgrida a Regra 4 (Requerimentos para Competir em Competições Internacionais) ou quaisquer Regulamentos feitos segundo esta Regra;

(d) que transgrida a Regra 5 (Cidadania e Mudança de Cidadania) ou quaisquer Regulamentos feitos segundo esta Regra;

(e) que transgrida a Regra 6 (Pagamento a Atletas) ou quaisquer Regulamentos feitos segundo esta Regra;

(f) que cometa qualquer ato, faça qualquer declaração, tanto verbal quanto por escrito, ou venha a se engajar em qualquer outra conduta ou comportamento que seja considerada insultuosa, imprópria, prejudicial aos interesses do Atletismo ou de outro modo leve o esporte do Atletismo à má reputação;

(g) que tome parte, ou tente tomar parte, tanto direta quanto indiretamente, em qualquer aposta, jogo ou evento similar ou transação conectada com competições de Atletismo realizadas segundo a IAAF, suas Áreas e Filiadas;

(h) que transgrida a Regra 7 (Representantes de Atletas) ou qualquer regulamento feitos segundo esta Regra;

(i) que transgrida a Regra 8 (Propaganda e Exposição durante Competições Internacionais) ou qualquer Regulamento feitos segundo esta Regra;

(j) que transgrida a Regra 9 (Aposta);ou

(k) que cometa uma quebra de qualquer outra Regra (além daquelas estabelecidas na Regra 60.2) pode ser declarado inelegível segundo esta Regra 60.

5. No caso de uma alegada falha da Regra 60.4, os seguintes procedimentos serão aplicados:

(a) A alegação será sintetizada por escrito e enviada à Filiada à qual o atleta, pessoal de apoio ao atleta, ou outra pessoa é filiada (ou tenha de outro modo concordado em se submeter a suas regras), que serão procedidas em uma maneira coerente para realizar uma investigação sobre os fatos no caso.

(b) Se, após tal investigação, a Filiada acreditar que há evidência que confirme a alegação, a Filiada notificara imediatamente o atleta, o pessoal de apoio do atleta ou outra pessoa concernente à acusação a ser alegada e de seu direito a uma audiência antes de qualquer decisão ser tomada. Se, após tal investigação, a Filiada acreditar que as evidências são insuficientes para acusar o atleta, pessoal de apoio a atleta ou outra pessoa em questão, a filiada imediatamente notificará à IAAF o fato e apresentará razões por escrito de sua decisão de não acatar tal alegação.

(c) Quando afirmado que uma quebra da Regra 60.4 foi cometida, o atleta, o pessoal de apoio ao atleta ou outra pessoa em questão será solicitada a fornecer uma explicação por escrito da quebra alegada, em circunstâncias normais dentro de um período de não mais do que 7 dias a partir da data da notificação. Se nenhuma explicação, ou nenhuma explicação adequada, pela falta alegada é recebida naquela data, o atleta, o pessoal de apoio ao atleta ou outra pessoa concernente pode ser suspensa provisoriamente pela federação pertinente, aguardando solicitação do caso, e qualquer suspensão será notificada imediatamente à IAAF. Se uma Filiada falha em impor uma suspensão provisória, a IAAF poderá impor uma suspensão em seu lugar. Uma decisão para impor uma suspensão provisória não será objeto de apelação, mas o atleta, o pessoal de apoio ao atleta terá direito a uma audiência completa decretada perante o órgão de audiência relevante de sua Filiada, de acordo com a Regra 60.5(e).

(d) Se, ao ter sido notificado de uma falta, o atleta, pessoal de apoio ao atleta ou outra pessoa falha em confirmar por escrito à Filiada ou a outro órgão relevante, dentro de 14 dias de tal notificação, que ele deseja ter uma audiência, será considerado que ele abriu mão deste direito a uma audiência e ter aceitado que cometeu uma quebra de um dispositivo da Regra 60.4.

(e) Se o atleta, pessoal de apoio ao atleta ou outra pessoa confirma que deseja ter uma audiência, todas as evidências relevantes serão dadas à pessoa que alegou ter cometido uma quebra e uma audiência respeitando os princípios estabelecidos na Regra 60.3 será realizada dentro de um período não superior a 2 meses após a notificação da acusação. A Filiada deverá informar à IAAF assim que a data da audiência seja marcada e a IAAF terá o direito de comparecer à audiência como observadora. A presença da IAAF na audiência nessas condições, ou outro envolvimento no caso, não afetará o direito de apelação da decisão ao CAS de acordo com as Regras 60.14 e 60.16-17.

(f) Se o órgão de audiência pertinente da Filiada, após ouvir as evidências, decidir que o atleta, o pessoal de apoio ao atleta ou outra pessoa concernente cometeu falta em relação à Regra ou Regulamento pertinente, ele declarará a pessoa inelegível para competições internacionais e domésticas por um período estabelecido nas Normas produzidas pelo Conselho ou determinará outras sanções tais que possam ser apropriadas de acordo com as sanções aprovadas pelo Conselho. Se o atleta, o pessoal de apoio a Atleta ou outra pessoa abrir mão de seu direito a uma audiência, a Filiada declarará a pessoa inelegível para competições internacionais e domésticas por um período estabelecido nas Normas produzidas pelo Conselho ou determinará outras sanções tais que possam ser apropriadas de acordo com as sanções aprovadas pelo Conselho. Na ausência de tais Normas ou outras sanções aprovadas pelo Conselho, o órgão de audiência pertinente ou a Filiada, como apropriado, determinará o período apropriado para a inelegibilidade da pessoa ou outra sanção.

(g) A Filiada informará à IAAF, por escrito, da decisão tomada dentro de 5 dias úteis da data da decisão ter sido tomada (e enviará à IAAF uma cópia das razões escritas que levaram a tal decisão).

6. Quando uma Federação delegar a condução de uma audiência a qualquer órgão, comitê ou tribunal (quer dentro ou fora da Federação), ou quando por qualquer outra razão, qualquer órgão nacional, comitê ou tribunal fora da Federação seja responsável por produzir

para o atleta, equipe de apoio ao atleta ou outra pessoa sua audiência sob estas Regras, a decisão daquele órgão, comitê ou tribunal deverá ser considerada, para os propósitos da Regra 60, ser a decisão da Filiada e a palavra "Federação" em tal Regra deverá então ser interpretada.

Disputas entre a Federação e a IAAF

7. Cada Federação deverá incorporar um dispositivo em seu Estatuto que, a menos que de outro modo estabelecido em uma Regra ou Regulamento específico, todas as disputas que surgirem entre uma Filiada e a IAAF deverão ser encaminhadas ao Conselho. O Conselho deverá determinar um procedimento para julgamento da disputa dependendo das circunstâncias do caso em questão.

8. No caso em que a IAAF busque suspender uma Filiada por uma ruptura nas Regras, deverá ser enviada para a Filiada primeiro uma notificação por escrito dos motivos para suspensão e deverá ser dada uma oportunidade razoável para ser ouvida sobre a questão, de conformidade com os procedimentos estabelecidos no artigo 14.10 do Estatuto.

Disputas entre Filiadas

9 Cada Filiada deverá incorporar um dispositivo em seu Estatuto que todas as disputas com outras Filiadas devem ser encaminhadas ao Conselho. O Conselho deverá determinar um procedimento para julgamento dependendo das circunstâncias do caso em questão.

Apelações de decisões segundo a Regra 60.4

10. Todas as decisões segundo a Regra 60.4 podem ser apeladas de acordo com os dispositivos estabelecidos a seguir. Tais decisões deverão permanecer em efeito enquanto sob apelação, a menos que determinado de outro modo (ver Regras 60.22).

11. O seguinte é uma lista não exaustiva de exemplos de decisões que podem ser sujeitas a apelação segundo a Regra 60.4:
    (a) quando uma Federação tomou a decisão que um atleta, equipe de apoio ao atleta ou outra pessoa cometeu uma infração da Regra 60.4;

(b) quando uma Federação tomou a decisão que um atleta, equipe de apoio ao atleta ou outra pessoa não cometeu uma infração da Regra 60.4;

(c) quando uma Federação tomou a decisão que um atleta, equipe de apoio ao atleta ou outra pessoa cometeu uma infração da Regra 60.4, mas falhou em impor uma sanção de acordo com as Normas aprovadas pelo Conselho;

(d) quando uma Filiada decide que há evidência insuficiente para apoiar a infração segundo a Regra 60.4 [ver Regra 60.5(b)];

(e) quando uma Filiada realizou uma audiência segundo a Regra 60.5 e o atleta, equipe de atleta ou outra pessoa concernente considerar que, na conduta ou conclusão de tal audiência, a Filiada se orientou mal ou de outro modo chegou a uma conclusão errônea;

(f) quando uma Filiada realizou uma audiência segundo a Regra 60.5 e a IAAF considerar que, na conduta ou conclusão de tal audiência, a Filiada se orientou mal ou de outro modo chegou a uma conclusão errônea.

12. Nos casos envolvendo Atletas com Nível Internacional (ou suas equipes de apoio ao atleta), a decisão do órgão pertinente da Filiada pode ser apelada exclusivamente ao CAS de conformidade com as provisões estabelecidas nas Regras 60.23-60.28.

13. Nos casos não envolvendo atletas de Nível Internacional (ou suas equipes de apoio o atleta), a decisão do órgão pertinente da Filiada pode (a menos que se aplique a Regra 60.17) ser apelada ao órgão nacional de apelação de conformidade com as regras da Filiada. Cada Filiada deverá ter um lugar na apelação em nível nacional que respeite os seguintes princípios: uma audiência oportuna perante um órgão para audiência justa, imparcial e independente; o direito de ser representado por um advogado e intérprete (à custa do apelante) e uma decisão oportuna e razoável por escrito. A decisão do órgão nacional de revisão pode ser apelada ao CAS em conformidade com a Regra 60.16.

Partes com direito a apelar das decisões

14. Em qualquer caso envolvendo atletas de Nível Internacional (ou suas equipes de apoio ao atleta), as seguintes partes terão direito de apelar da decisão ao CAS:
    (a) o atleta ou outra pessoa que seja o sujeito da decisão a ser apelada;
    (b) a outra parte para o caso em que a decisão foi apresentada;
    (c) a IAAF; e
    (d) o COI (quando a decisão possa ter um efeito de elegibilidade em relação aos Jogos Olímpicos).

15. Em qualquer caso que não envolva atletas de Nível Internacional (ou sua equipe de apoio) as partes tendo o direito o direito de apelar a decisão do órgão nacional de apelação serão como previsto nas regras da Filiada, mas incluirá no mínimo:
    (a) o atleta ou outra pessoa que é o objeto da decisão sendo apelada;
    (b) a outra parte do caso no qual a decisão foi tomada;
    (c) a Filiada.

A IAAF não terá o direito de apelar de uma decisão ao órgão nacional de apelação, mas terá o direito de assistir a qualquer audiência perante tal órgão como um observador. A presença da IAAF em uma audiência em tal condição não afetará seu direito de apelar da decisão do órgão nacional de apelação ao CAS de acordo com a Regra 60.16.

16. Em qualquer caso não envolvendo atletas com Nível Internacional (ou suas equipes de apoio ao atleta), as seguintes partes terão o direito de apelar da decisão do órgão nacional de apelação ao CAS:
    (a) a IAAF; e
    (b) o COI (quando a decisão possa ter um efeito sobre a elegibilidade em relação aos Jogos Olímpicos).

A IAAF não terá o direito de apelar da decisão do órgão em nível nacional da Federação mas terá o direito de comparecer a qualquer audiência antes da revisão pelo órgão nacional da Federação, como um observador. O comparecimento da IAAF na audiência em tal capacidade não deverá afetar o seu direito de apelar da decisão do órgão de revisão em nível nacional para o CAS de conformidade com a Regra 60.16.

17. Em qualquer caso não envolvendo atletas com Nível Internacional (ou suas equipes de apoio a atletas), a IAAF e o COI (quando a decisão pode ter um efeito sobre elegibilidade em relação aos Jogos Olímpicos) terão o direito de apelar de uma decisão do órgão relevante da Filiada direto ao CAS em qualquer das seguintes circunstâncias:
    (a) A Federação não tem um procedimento funcionando em nível nacional;
    (b) Não há apelação feita ao órgão de apelação de nível nacional da Filiada por qualquer parte, conforme a Regra 60.15;
    (c) Está previsto nas Regras da Filiada.
18. Qualquer parte de uma apelação segundo estas Regras terá o direito a assistência do CAS para obter todas as informações relevantes do órgão cuja decisão está sendo apelada e a informação será fornecida ao CAS se ele assim determinar.

Defensores para a Apelação ao CAS
19. Como uma regra geral, o defensor de uma apelação ao CAS segundo estas Regras será a parte que tomou a decisão que é o objeto da apelação. Quando uma Filiada delegou a conduta de uma audiência segundo estas Regras a outro órgão, comitê ou tribunal de acordo com a Regra 60.6, o defensor para a apelação contra tal decisão será a Filiada.
20. Quando a IAAF é a apelante em qualquer apelação perante o CAS, será permitido juntar um defensor(es) adicional para apelar tal outra parte como for apropriado, incluindo o atleta, pessoal de apoio ao atleta ou outra pessoa que possa ser afetada pela decisão.
21. No caso onde a IAAF não é parte da apelação perante o CAS, ela pode, entretanto, escolher participar como uma parte integrante em uma apelação se ela considerar ser apropriado assim fazer. Quando a IAAF assim escolher participar, o status da IAAF na ape-

lação é de se unir ao defensor, a IAAF terá o direito de juntamente com o defensor indicar um árbitro para a apelação. Se houver qualquer desacordo quanto a quem deve ser o árbitro, a escolha da IAAF deverá prevalecer.

Apelação da IAAF das decisões do CAS
22. A decisão da IAAF se um caso deve ser apelado ao CAS (ou se a IAAF deve participar como parte em uma apelação ao CAS segundo a Regra 60.21) será tomada pelo Conselho ou seu nomeado. O Conselho ou seu nomeado, onde aplicável, determinará ao mesmo tempo se o atleta em questão deverá ser suspenso pendente a decisão do CAS.

Apelação ao CAS
23. A menos que o Conselho determine de outro modo, o apelante terá trinta (30) dias para dar entrada em seu pedido de apelação ao CAS, iniciando a partir da data da comunicação das razões da decisão por escrito a ser apelada (em Inglês ou Francês quando a IAAF for o possível apelante) ou a partir do último dia em que a decisão devia ter sido apelada ao órgão nacional de apelação de acordo com a Regra 60.15. Quando o apelante não for a IAAF, ao mesmo tempo que dá entrada em seu pedido de apelação ao CAS, o apelante enviará uma cópia do requerimento da apelação à IAAF. Dentro de quinze (15) dias da data-limite para o registro de seu requerimento de apelação, o apelante deve protocolizar suas razões de apelação junto ao CAS e, dentro de trinta (30) dias do recebimento das razões de apelação, o apelado deve protocolizar sua resposta ao CAS.
24. Todas as apelações perante o CAS (salvo as especificadas na Regra 60.27) devem tomar a forma de uma nova audiência em razão das questões levantadas sobre o caso e o Painel do CAS deverá ser capaz de substituir sua decisão pela decisão do tribunal pertinente da Federação ou da IAAF, onde considere a decisão do tribunal pertinente da Filiada ou da IAAF como errônea ou processualmente

errônea. O Painel do CAS pode em qualquer caso adicionar para ou aumentar a sanção que foi imposta na decisão contestada.

25. Em todos os casos de apelações envolvendo a IAAF, CAS e o Painel do CAS devem ser limitados pelo Estatuto, Regras e Regulamentos da IAAF. No caso de qualquer conflito entre as regras do CAS atualmente em vigor e o Estatuto, Regras e Regulamentos da IAAF, o Estatuto, Regras e Regulamentos da IAAF devem prevalecer.

26. Em todos os casos de apelação ao CAS envolvendo a IAAF, as leis regentes deverão ser a Lei Monegasca e os julgamentos serão conduzidos em inglês, a menos que as partes concordem de outra forma.

27. O Painel do CAS pode em casos apropriados custear uma parte, ou contribuir com os custos, incorridos na apelação ao CAS.

28. A decisão do CAS será final e obrigatória a todas as partes, e a todas as Filiadas, e nenhum direito a apelação recairá na decisão do CAS. A decisão do CAS terá efeito imediato e todas as Filiadas deverão empregar toda ação necessária para assegurar que seja cumprida. O fato encaminhado ao CAS e a decisão do CAS será especificada na próxima notificação a ser enviada pelo Secretário--geral a todas as Filiadas.

CAPÍTULO 5

Regras técnicas

REGRA 100
Geral

Todas as competições internacionais, como definidas na Regra 1, serão realizadas sob as Regras da IAAF e isto deverá constar em todos os anúncios, propagandas, programas e material impresso.

Em todas as competições, exceto os Campeonatos Mundiais (Outdoor e Indoor) e Jogos Olímpicos, os eventos podem ser realizados em formato diferente daquele constante das Regras Técnicas da IAAF, mas as Regras dando mais direitos aos atletas, além daquele que tenham obtido na aplicação das Regras atuais, não podem ser aplicadas. Estes formatos serão decididos pelos respectivos órgãos que tenham o controle sobre a competição.

Nota: Recomenda-se que as Filiadas adotem as Regras da IAAF para realização de suas próprias competições de atletismo.

Seção I – Oficiais

REGRA 110
Oficiais Internacionais

Em competições organizadas sob a Regra 1.1 (a), (b), (c) e (f) deverão ser indicados, em nível internacional, os seguintes oficiais:

(a) Delegado(s) de Organização.

- (b) Delegado(s) Técnicos(s).
- (c) Delegado Médico.
- (d) Delegado de Controle de Doping.
- (e) Oficiais Técnicos Internacionais/Oficiais Internacionais de Cross-country, Corrida de Rua e Corrida em Montanha/Oficiais Técnicos de Área.
- (f) Árbitros Internacionais de Marcha Atlética/Árbitros de Marcha Atlética de Área.
- (g) Medidor Internacional de Corrida de Rua.
- (h) Árbitro Internacional de Partida.
- (i) Árbitros Internacionais de Foto Finish.
- (j) Júri de Apelação.

O número de oficiais indicados em cada categoria, como, quando e por quem eles serão indicados será determinado nos atuais Regulamentos Técnicos da IAAF (ou de Associação de Área).

Para competições organizadas segundo as Regras 1.1(a) e (e), a IAAF pode indicar um Comissário de Propaganda. Para competições segundo as Regras 1.1(c), (f) e (j), quaisquer indicações serão feitas pela Associação de Área pertinente, para competições segundo a Regra 1.1(b) pelo corpo relevante e para competições segundo as Regras 1.1(d), (h) e (i) pela Filiada da IAAF pertinente.

Nota: Os Oficiais Internacionais deverão usar uniforme ou emblema que os identifique.

As despesas de viagem e hospedagem de cada oficial indicado pela IAAF ou uma Associação de Área segundo esta Regra ou segundo a Regra 3.2 serão pagas ao indivíduo pelos organizadores da competição de acordo com os Regulamentos pertinentes.

REGRA 111
Delegados de Organização

Os Delegados de Organização deverão manter sempre uma estreita ligação com o Comitê Organizador e informar regularmente ao Conselho da IAAF, e tratarão, quando necessário, de questões concernentes aos deveres e responsabilidades financeiras do Comitê Organizador e da Federação Organizadora. Eles deverão cooperar com o(s) Delegado(s) Técnico(s).

REGRA 112
Delegados Técnicos

Os Delegados Técnicos, juntamente com o Comitê Organizador, o qual deverá propiciar-lhes toda a ajuda necessária, são responsáveis por assegurar que todas as providências técnicas estejam em total conformidade com as Regras Técnicas da IAAF e o Manual de Instalações de Pista e Campo da IAAF.

Os Delegados Técnicos deverão apresentar relatório escrito, quando apropriado, sobre os preparativos para a competição e deverão cooperar com o(s) Delegado(s) de Organização. Além disso, os Delegados Técnicos deverão:

(a) Apresentar ao órgão apropriado, propostas de programa horário das provas e índices de inscrição.

(b) Determinar a lista de implementos a serem utilizados e se os atletas podem usar seus próprios implementos ou aqueles providenciados pelo fornecedor oficial.

(c) Assegurar-se de que os Regulamentos Técnicos sejam enviados a todas as Filiadas participantes, antes da competição.

(d) Ser responsável(is) por todos os demais preparativos técnicos necessários para a realização das provas de atletismo.

(e) Controlar as inscrições, com direito a rejeitá-las por razões técnicas ou de acordo com a Regra 146.1. (A rejeição por razões que não sejam técnicas deve resultar de um regulamento da IAAF ou do Conselho de Área apropriado.)

(f) Determinar os índices de qualificação para as provas de campo, e as bases nas quais as rodadas preliminares serão realizadas para provas de pista.
(g) Organizar rodadas preliminares e os grupos para as competições de Provas Combinadas.
(h) Em competições segundo as Regras 1.1(a), (b), (c) e (f), conduzir o Congresso Técnico e orientar os Oficiais Técnicos.

REGRA 113
Delegado Médico

O Delegado Médico terá a autoridade final sobre todas as questões médicas. Ele deverá assegurar que as instalações para exame médico, tratamento e cuidados de emergência estejam disponíveis no local da competição e que assistência médica possa ser providenciada no local onde os atletas estejam hospedados.

REGRA 114
Delegado de Controle de Doping

O Delegado de Controle de Doping manterá contato com o Comitê Organizador para assegurar que sejam providenciadas todas as instalações necessárias para a realização do controle de doping. Ele será responsável por todas as matérias relacionadas ao controle de doping.

REGRA 115
Oficiais Técnicos Internacionais (ITOs) e Oficiais Internacionais de Cross-country, Corrida de Rua e Corrida em Montanha (ICROs)

1. Quando os ITOs forem indicados, os Delegados Técnicos indicarão o Oficial Técnico Internacional-chefe entre os demais ITOs indi-

cados, se um não foi previamente indicado. Sempre que possível o ITO-chefe designará pelo menos um ITO para cada prova do programa. O ITO providenciará todo apoio necessário ao Árbitro-geral da prova.

Os ITOs deverão estar presentes sempre quando uma prova para a qual foram designados estiver em andamento. Eles deverão assegurar que a condução da competição esteja em completa conformidade com as Regras e Regulamentos Técnicos da IAAF, e relevantes decisões sejam tomadas pelos Delegados Técnico.

Se surgir um problema ou for observado qualquer acontecimento que, em suas opiniões, requeiram seu comentários, eles deverão, em primeira instância, deixar esta questão para a decisão do Árbitro-geral da prova e, se necessário, oferecer assessoramento para o que tiver que ser feito. Se a ajuda não for aceita e se houver uma infração clara das Regras e Regulamentos Técnicos da IAAF ou decisões tomadas pelos Delegados Técnicos, o ITO decidirá. Se a questão ainda não for resolvida, deve ser encaminhada ao(s) Delegado(s) Técnicos(s) da IAAF.

Ao término das provas de campo deverão assinar todas as súmulas com os resultados.

Nota (i): Em competições realizadas segundo a Regra 1.1(c) e (f), a Regra acima deve ser igualmente aplicada aos Oficiais Técnicos de Área indicados.

Nota (ii): Na ausência do Árbitro-geral, o ITO trabalhará com o Árbitro-geral pertinente.

2. Em competições de Cross-country, Corrida de Rua e Corrida em Montanha os ICROs indicados deverão fornecer todo o suporte necessário aos organizadores da competição. Ele deverá estar presente sempre quando uma prova para a qual foi indicado estiver em andamento e deverá assegurar o desenrolar da competição em completa conformidade com as Regras e Regulamentos da IAAF e decisões relevantes que sejam tomadas pelos Delegados Técnicos.

REGRA 116
Árbitros Internacionais de Marcha Atlética

Um Painel dos Árbitros Internacionais de Marcha Atlética será estabelecido pelo Comitê de Marcha Atlética da IAAF, utilizando os critérios aprovados pelo Conselho da IAAF.

Os Árbitros de Marcha indicados para competições internacionais segundo a Regra 1.1 (a) devem integrar o Painel de Árbitros Internacionais de Marcha.

Nota: Árbitros de Marcha Atlética indicados para Competições segundo a Regra 1.1 (b), (c), (e)(ii) (f), (g) e (j) devem ser membros do Painel Internacional de Árbitros de Marcha Atlética ou um dos Painéis de Árbitros de Área de Marcha Atlética.

REGRA 117
Medidor Internacional de Corridas de Rua

Em competições organizadas segundo a Regra 1.1, um Medidor Internacional de Corridas de Rua será indicado para verificar os percursos onde as provas de rua são realizadas inteiramente ou parcialmente fora do estádio.

O medidor indicado deverá ser membro do Painel de Medidores Internacionais de Corrida de Corrida da IAAF/AIMS (categoria "A" ou "B").

O percurso deverá ser medido em tempo hábil antes da competição.

O medidor checará e certificará o percurso se achar que está de conformidade com as Regras da IAAF para Corridas de Rua (Regra 240.3 e Notas respectivas).

Ele deverá cooperar com o Comitê Organizador durante os preparativos e testemunhar a condução da corrida para assegurar que o percurso corrido pelos atletas segue o mesmo percurso que foi medido e aprovado. Deverá fornecer um certificado apropriado para o(s) Delegado(s) Técnico(s).

REGRA 118
Árbitro Internacional de Partida e Árbitro Internacional de Foto Finish

Em todas as competições sob a Regra 1.1 (a), (b), (c) e (f) realizadas em estádio, um Árbitro Internacional de Partida e um Árbitro Internacional de Foto Finish deverão ser nomeados respectivamente pela IAAF ou pela Associação de Área pertinente. O Árbitro Internacional de Partida dará a partida nas corridas (e assumirá quaisquer outras obrigações) atribuídas a ele pelo(s) Delegado(s) Técnico(s). O Árbitro Internacional de Foto Finish supervisionará todas as funções de Foto Finish.

REGRA 119
Júri de Apelação

Em todas as competições organizadas sob a Regra 1.1 (a), (b), (c) e (f), será nomeado um Júri de Apelação que deverá constituir-se normalmente de três, cinco ou sete pessoas indicadas. Um de seus membros será o Presidente e outro o Secretário. Se for considerado apropriado, o Secretário poderá ser uma pessoa não inclusa do Júri de Apelação.

Em instâncias onde houver uma apelação relativa à Regra 230, pelo menos um membro do Júri será um membro atual do Painel Internacional (ou Área) de Árbitros de Marcha Atlética.

Os membros do Júri de Apelação não estarão presentes durante quaisquer deliberações do Júri relativas a qualquer apelação que afete, direta ou indiretamente, um atleta filiado com sua própria Federação filiada.

O Presidente do Júri solicitará a qualquer membro implicado por esta Regra a declinar, no caso do membro do Júri assim já não tiver feito.

A IAAF ou outra organização responsável pela competição indicará um ou mais membros alternativos do Júri para substituir qualquer membro(s) do Júri que não esteja apto a participar de uma Apelação.

Além disso, deverá haver igualmente um Júri em outras competições quando os organizadores acharem conveniente ou necessário no interesse da conduta própria das competições.

A função primária do Júri de Apelação será julgar todos os protestos sob a Regra 146 e quaisquer assuntos surgidos durante o desenrolar de uma competição que lhes sejam encaminhados para uma decisão.

REGRA 120
Oficiais de Competição

O Comitê Organizador de uma competição deverá indicar todos os oficiais, sujeitos às regras da Filiada em cujo país a competição se realiza e, no caso de competições sob a Regra 1.1 (a), (b), (c) e (f), sujeitos às Regras e aos procedimentos da organização internacional em questão.

A relação a seguir compreende os oficiais considerados necessários para as principais competições internacionais. O Comitê Organizador pode, entretanto, variá-la de acordo com as circunstâncias locais.

Oficiais de Direção
- Um Diretor de Competição
- Um Coordenador da Competição
- Um Coordenador Técnico
- Um Coordenador de Apresentação da Competição

Oficiais de competição
- Um Árbitro-geral para Câmara de Chamada (ou mais)
- Um Árbitro-geral para provas de pista (ou mais)
- Um Árbitro-geral para provas de campo (ou mais)
- Um Árbitro-geral para provas combinadas (ou mais)
- Um Árbitro-geral para provas fora do estádio (ou mais)
- Um Árbitro-chefe e um número adequado de Árbitros para provas de pista
- Um Árbitro-chefe e um número adequado de Árbitros para cada prova de campo
- Um Árbitro-chefe e cinco Árbitros para cada prova de marcha realizada no estádio

- Um Árbitro-chefe e oito Árbitros para cada prova de marcha realizada fora do estádio
- Outros Oficiais para competições de marcha, se necessário, incluindo Anotador, oficial encarregado do Painel de Advertências etc.
- Um Árbitro-chefe dos Inspetores e um número adequado de Inspetores
- Um Árbitro-chefe de Cronometragem e um número adequado de Cronometristas
- Um Coordenador de Partida e um número adequado de Árbitros de Partida e Confirmadores
- Um (ou mais) Assistente do Árbitro de Partida (verificador)
- Um Chefe e um número adequado de Registradores de Voltas
- Um Secretário da Competição e um número adequado de assistentes
- Um Chefe e um número adequado de Comissários
- Um (ou mais) Anemometristas
- Um Árbitro-chefe de Foto Finish e um número adequado de Auxiliares do Árbitro de Foto Finish
- Um Árbitro-chefe do Sistema de Cronometragem por Transponder (Chip) e um número adequado de assistentes.
- Um (ou mais) Árbitro Mensurador (perito)
- Um Chefe e um número adequado de Árbitros da Câmara de Chamada.

Oficiais adicionais
- Um Anunciador (ou mais)
- Um Estatístico (ou mais)
- Um Comissário de Propaganda
- Um Agrimensor
- Um Médico (ou mais)
- Auxiliares para os competidores, Árbitros e Imprensa.

Árbitros-gerais e Árbitros-chefes devem usar uma braçadeira ou um emblema distinto.

Se considerado necessário, podem ser indicados outros auxiliares. Deve-se, entretanto, ter o cuidado de manter o local de competição com o menor número possível de árbitros.

Quando forem realizadas provas femininas, deverá ser designada uma médica, quando possível.

REGRA 121
Diretor da Competição

O Diretor da Competição planejará a organização técnica da competição, em cooperação com o(s) Delegado(s) Técnico(s), onde aplicável, assegurando que este planejamento será cumprido, e resolver qualquer problema técnico juntamente com o(s) Delegado(s) Técnico(s).

Ele conduzirá a interação entre os participantes na competição e, através de um sistema de comunicação, estará em contato com todos os oficiais.

REGRA 122
Coordenador da Competição

O Coordenador da Competição será responsável pela conduta correta da competição. Ele deverá verificar se todos os oficiais escalados estão em seus postos, designar substitutos quando necessário e terá autoridade para retirar do posto qualquer oficial que não esteja agindo de acordo com as Regras. Em cooperação com o Comissário designado, ele providenciará para que permaneçam nos locais das provas somente pessoas autorizadas.

Nota: Para competições com duração superior a quatro horas ou mais que um dia, é recomendado que o Coordenador da Competição tenha um número adequado de Auxiliares.

REGRA 123
Coordenador Técnico

O Coordenador Técnico será responsável por:

1. Assegurar que a pista, corredores, círculos, arcos, setores, para Provas de Campo e todos os equipamentos e implementos estão de acordo com as Regras.
2. A colocação ou remoção dos equipamentos e implementos de acordo com o planejamento técnico organizacional para a competição, conforme aprovado pelos Delegados Técnicos.
3. Assegurar a apresentação técnica das áreas de competição de acordo com tal planejamento.
4. Conferir e marcar quaisquer implementos permitidos para a competição de acordo com a regra 187.2.
5. Assegurar que ele tenha recebido, antes da competição, a certificação necessária segundo a Regra 135.

REGRA 124
Coordenador de Apresentação da Competição

O Coordenador de Apresentação da Competição planejará, em conjunto com o Diretor da Competição, os preparativos para a apresentação da prova para uma competição, em cooperação com os Delegados Técnicos e de Organização, como e onde aplicáveis. Ele assegurará que o planejamento seja cumprido, resolvendo quaisquer questões relevantes junto com o Diretor de Competição e o respectivo Delegado(s). Ele também conduzirá a interação entre os membros da equipe de apresentação da prova, usando um sistema de comunicação para estar em contato com cada um deles.

REGRA 125
Árbitros-gerais

1. Deverá ser indicado, um (ou mais) Árbitro-geral para a Câmara de Chamada, provas de pista, de campo, para provas combinadas, para corridas e provas de marcha atlética fora do estádio.

   O Árbitro-geral para as provas de pista e para as provas fora do estádio não terá Jurisdição sobre assuntos que estejam dentro das responsabilidades do Árbitro-chefe das provas de Marcha Atlética.

2. Os Árbitros-gerais deverão assegurar que as Regras [e os Regulamentos Técnicos aplicáveis] sejam observadas e decidirão sobre quaisquer questões levantadas durante a competição (incluindo a Área de Aquecimento, Câmara de Chamada e, após a competição, até e incluindo a Cerimônia de Premiação) e para as quais não houver dispositivos nestas Regras (ou quaisquer Regulamentos Técnicos aplicáveis).

   Em caso de uma questão disciplinar, o Árbitro-geral da Câmara de Chamada tem autoridade desde a Área de Aquecimento até o local da competição. Em todas as demais instâncias, o Árbitro-geral pertinente à prova em que o atleta está ou estava competindo tem sua autoridade.

   O Árbitro-geral respectivo para provas de pista e para as provas fora do estádio terá autoridade para decidir as colocações em uma prova somente quando os árbitros de chegada estiverem incapacitados de chegar a uma decisão.

   O Árbitro-geral de pista terá o poder de decidir sobre quaisquer fatos relacionados à partida se ele não concordar com as decisões tomadas pela equipe de árbitros de partida, exceto nos casos relacionados à saída falsa detectada por um equipamento automático de detecção de saída falsa aprovado pela IAAF, a menos que por qualquer razão o Árbitro-geral determine que a informação fornecida pelo aparelho é obviamente imprecisa.

   O Árbitro-geral de Pista designado para supervisionar a partida indicará o Árbitro de Partida.

   O Árbitro-geral não atuará como um Árbitro ou Inspetor, mas tomará qualquer ação ou decisão de acordo com as Regras baseado em suas próprias observações.

3. O Árbitro-geral respectivo deverá verificar todos os resultados finais, solucionará quaisquer pontos duvidosos e, em conjunto com o Árbitro Medidor (Perito), onde indicado, supervisionará as medidas de resultados que tenham sido recordes. Ao fim de cada prova, a súmula será preenchida imediatamente, assinada pelo respectivo Árbitro-geral e entregue ao Secretário da Competição.

4. O Árbitro-geral apropriado decidirá sobre qualquer protesto ou objeções relativas à condução da competição, incluindo qualquer questão levantada na Câmara de Chamada.

5. Ele terá autoridade para advertir ou excluir da competição qualquer competidor culpado de atitude antidesportiva ou de maneira imprópria. Advertências podem ser indicadas ao atleta pela apresentação de um cartão amarelo e uma exclusão por um cartão vermelho. Advertências e exclusões serão registradas na súmula de resultados. Aquelas advertências ou exclusões decididas pelo Árbitro-geral serão comunicadas ao Secretário da Competição e aos outros Árbitros-gerais.

6. O Árbitro-geral pode reconsiderar a decisão (se tomada em primeira instância ou ao considerar um protesto) com base em qualquer evidência disponível, desde que a nova decisão seja ainda aplicável. Normalmente, tal reconsideração somente pode ser tomada antes da Cerimônia de Premiação da referida prova ou qualquer decisão aplicável pelo Júri de Apelação.

7. Se, na opinião do respectivo Árbitro-geral, surgirem circunstâncias em qualquer competição que por justiça exija que uma prova, ou qualquer parte de uma prova, deva ser realizada novamente, ele terá autoridade para declarar a mesma anulada, sendo novamente realizada, quer no mesmo dia ou em outra futura ocasião, conforme ele decidir.

8. O Árbitro-geral de provas combinadas terá Jurisdição sobre a conduta dos eventos de provas combinadas. Terá, igualmente, Jurisdição sobre a condução dos respectivos eventos individuais dentro das provas combinadas.

9. O Árbitro-geral de Corrida de rua, sempre que for praticável, (ex. segundo as Regras 144 ou 240.8), dará uma advertência antes da desqualificação. Se contestado, a Regra 146 será aplicada.

REGRA 126
Árbitros

Geral
1. O Árbitro-chefe para provas de pista e o Árbitro-chefe para cada prova de campo coordenarão o trabalho dos Árbitros em suas respectivas provas. No caso do órgão pertinente não ter determinado previamente os deveres dos Árbitros, eles deverão determiná-los.

Provas de Pista e Prova de Rua
2. Os Árbitros devem colocar-se de um mesmo lado na pista ou percurso e decidir a ordem de chegada dos competidores e, em qualquer caso em que eles não chegarem a uma conclusão, deverão encaminhar a questão ao Árbitro-geral, o qual decidirá.

Nota: Os Árbitros devem ficar colocados no mínimo a cinco metros de distância em uma linha, com a chegada e ficarão em uma plataforma elevada.

Provas de Campo
3. Os Árbitros julgarão e registrarão cada tentativa e medirão cada tentativa válida dos atletas em todas as provas de campo. Nos saltos em altura e com vara devem ser feitas medições precisas sempre que a barra for elevada, particularmente se estiver sendo tentado um recorde. No mínimo dois Árbitros devem fazer o registro de todas as tentativas, confrontando suas anotações após o final de cada série de tentativas.

O Árbitro respectivo indicará a validade ou não de uma tentativa levantando uma bandeira branca ou vermelha, conforme o caso.

REGRA 127
Inspetores (Provas de Corrida e Marcha Atlética)

1. Os Inspetores são auxiliares do Árbitro-geral, mas sem poder de decisão final.

2. Os Inspetores deverão se posicionar no local designado pelo Árbitro-geral, de modo que sua posição permita observar de perto a competição e, no caso de uma falha ou infração das Regras (outra que não a Regra 230.1) por um atleta ou outra pessoa, fazer imediatamente um registro por escrito do ocorrido para o Árbitro-geral.
3. Qualquer infração das regras deve ser comunicada ao Árbitro-geral em questão levantando uma bandeira amarela ou qualquer outro meio confiável, aprovado pelo(s) Delegado(s) Técnico(s).
4. Um número suficiente de Inspetores deve ser também designado para fiscalizar as zonas de passagem do bastão nas corridas de revezamento.

Nota (i): Quando o inspetor observar que o atleta correu em uma raia diferente da sua, ou que a troca de bastão tenha sido realizada fora da zona de passagem, ele deverá imediatamente marcar na pista com material adequado o lugar onde a falta aconteceu.

Nota (ii) O(s) Inspetor(es) relatarão ao Árbitro-geral qualquer quebra das Regras, mesmo se o atleta (ou equipe, para corridas de revezamento) não completarem a corrida.

REGRA 128
Cronometristas, Árbitros de Foto Finish e de Transponders (CHIPS)

1. No caso de cronometragem manual, um número suficiente de cronometristas para o número de atletas inscritos deve ser indicado. Um deles então será designado o Chefe dos Cronometristas. Esses cronometristas devem agir como cronometristas reservas quando equipamento totalmente automático de foto finish ou de cronometragem por transponder (chip) é utilizado.
2. Os cronometristas, árbitros de fotofinish e de cronometragem por transponder (chip) agirão de acordo com a Regra 165.
3. Quando o Sistema de Foto Finish totalmente automático for usado, deverá ser indicado um Árbitro-chefe de Foto Finish e um número adequado de assistentes.

4. Quando um Sistema de Cronometragem com transponder (Chip) for usado, deverá ser indicado um Árbitro-chefe de Cronometragem com transponder (Chip) e um número adequado de assistentes.

REGRA 129
Coordenador de Partida, Árbitro de Partida e Confirmadores

1. O Coordenador de Partida será encarregado das seguintes tarefas:
    (a) Designar as tarefas para a equipe de árbitros de partida.
    No caso de competições segundo a Regra 1.1 (a) e Campeonatos e Jogos de Área, a determinação de quais provas serão designadas aos Árbitros Internacionais de Partida será de responsabilidade dos Delegados Técnicos.
    (b) Supervisionar os deveres a serem desempenhados por cada membro da equipe.
    (c) Informar o Árbitro de Partida, após receber a ordem pertinente do Diretor da Competição, de que tudo está em ordem para iniciar os procedimentos da largada (ex.: que os Cronometristas, Árbitros e, onde aplicável, Árbitro-chefe de Foto Finish e Anemometristas estão prontos).
    (d) Agir como interlocutor entre a equipe técnica da empresa de equipamento de cronometragem e os Árbitros).
    (e) Manter todos os papéis produzidos durante os procedimentos da largada, incluindo todos os documentos contendo os tempos de reações e/ou as imagens gráficas da saída falsa, se disponível.
    (f) Assegurar que seja cumprida a Regra 162.8.
2. O Árbitro de Partida terá total controle sobre os competidores em suas marcas. Quando um equipamento de controle de saída falsa é usado, o Árbitro de Partida e/ou o Confirmador designado deverá usar fones de ouvido para ouvir claramente qualquer sinal acústico emitido no caso de uma saída falsa (ver Regra 161.2).
3. O Árbitro de Partida deverá posicionar-se de tal maneira que tenha o total controle visual de todos os competidores durante o proce-

dimento de largada. É recomendado, especialmente para as saídas escalonadas, que alto-falantes sejam utilizados em raias individuais para transmitir os comandos aos atletas.

Nota: O Árbitro de Partida deve posicionar-se de maneira que todos os participantes estejam em seu ângulo de visão. Para corridas com saídas baixas é necessário que ele então se posicione de modo que possa verificar que todos os participantes estejam corretamente posicionados em seus lugares antes do disparo da pistola ou do aparelho de saída aprovado. (Todos os equipamentos de largada é denominado "revólver" para os fins das Regras). Quando alto-falantes não são usados em corridas com saídas escalonadas, o Árbitro de Partida deverá posicionar-se de maneira que a distância entre ele e cada competidor seja aproximadamente a mesma. Quando, entretanto, o Árbitro de Partida não puder se colocar em tal posição, o revólver ou aparelho de saída aprovado deverá ser colocado na posição correta e disparado por contato elétrico.

4. Um ou mais Confirmadores devem ser designados para auxiliar o Árbitro de Partida.

Nota: Nas corridas de 200 m, 400 m, 400 m com barreiras, Revezamentos 4x100 m, 4x200 m, 4x400 m, deverá haver no mínimo dois Confirmadores.

5. Cada Confirmador deverá colocar-se de tal maneira que possa observar igualmente todos os competidores a seus cuidados.
6. A advertência e a desclassificação citadas na Regra 162.7 só podem ser aplicadas pelo Árbitro de Partida.
7. O Coordenador de Partida deve designar a cada Confirmador sua posição e tarefa específica, os quais estarão obrigados a anular a saída se observarem qualquer infração das regras. Depois da saída anulada ou interrompida, o Confirmador deverá comunicar suas observações ao Árbitro de Partida, que decidirá se uma advertência ou desqualificação será dada (ver também Regras 161.2 e 162.9).
8. Para ajudar nas corridas com saídas baixas, um aparelho de detecção de saídas falsas aprovado pela IAAF como especificado na Regra 161.2 pode ser utilizado.

REGRA 130
Assistentes do Árbitro de Partida

1. Os assistentes do Árbitro de Partida devem conferir se os competidores estão participando em suas séries ou provas corretas e se estão usando seus números corretamente.
2. Eles devem posicionar os competidores nas suas raias ou posições corretas, alinhando-os aproximadamente três metros atrás da linha de saída (no caso de saídas escalonadas, similarmente atrás de cada linha de saída). Quando isto tiver sido concluído eles deverão avisar ao Árbitro de Partida que tudo está pronto. Quando for ordenada uma nova saída, os Assistentes do Árbitro de Partida (verificadores) devem reunir novamente os competidores.
3. Os Assistentes do Árbitro de Partida serão responsáveis pela entrega dos bastões aos primeiros competidores dos revezamentos.
4. Quando o Árbitro de Partida ordenar que os competidores ocupem seus lugares, os Assistentes do Árbitro de Partida devem assegurar-se que as Regras 162.3 e 162.4 estão sendo observadas.
5. No caso de uma saída falsa, os Assistentes do Árbitro de Partida procederão de acordo com a Regra 162.8.

REGRA 131
Registradores de voltas

1. Os Registradores de Voltas deverão registrar as voltas completadas por todos os competidores em corridas acima de 1.500 m. Para corridas a partir de 5.000 m e acima e para as provas de Marcha, será indicado um número de Registradores de Voltas sob a direção do Árbitro-geral e deverão ser providenciadas súmulas próprias para anotar os tempos de cada volta (conforme for transmitido por um Cronometrista Oficial) dos competidores sob sua responsabilidade. Quando tal sistema é utilizado, nenhum Registrador de Voltas deverá controlar mais que quatro atletas (seis para provas de Marcha). Ao invés de anotar as voltas manualmente, um siste-

ma computadorizado, o qual pode envolver um chip carregado por cada atleta, pode ser usado.

2. Um Registrador de Voltas será responsável por manter, na linha de chegada, um placar das voltas que restam. O placar será mudado a cada volta quando o líder entrar na reta que termina na linha de chegada. Além disso, indicação manual deve ser dada, quando apropriado, aos atletas que tenham sido ou estejam para ser ultrapassados.

A volta final de cada atleta é assinalada, normalmente, pelo soar de um sino.

REGRA 132
Secretário da Competição

O Secretário da Competição deverá recolher os resultados completos de cada prova, detalhes os quais devem ser fornecidos pelo Árbitro-geral, o Cronometrista-chefe ou o Árbitro-chefe de Foto Finish e o Anemometrista. Então ele deve imediatamente passar esses detalhes para o Anunciador, registrar os resultados e entregar a súmula ao Diretor da Competição.

Onde for utilizado um sistema de resultados computadorizado, o computador em cada local da Prova de Campo deverá assegurar que os resultados completos de cada prova estão inseridos no sistema de computador. Os resultados de pista serão inseridos sob a orientação do Árbitro-chefe de Foto Finish. O Anunciador e o Diretor da Competição deverão ter acesso aos resultados através de um computador.

Um Centro de Informação Técnica (CIT) será instalado para competições realizadas segundo 1.1.(a), (b), (c), (f) e (g) e é recomendado para outras competições realizadas em mais de um dia. A principal função do CIT é assegurar uma melhor comunicação entre cada delegação, os organizadores, os Delegados Técnicos e a administração da competição e outras questões relacionadas à competição.

REGRA 133
Comissário

O Comissário deverá ter o controle do local da competição e não permitirá a entrada e a permanência de quaisquer pessoas senão os árbitros e competidores aguardando suas provas ou outras pessoas autorizadas com credencial válida.

REGRA 134
Anunciador

O Anunciador deve informar ao público os nomes e os números dos atletas que estejam participando de cada prova e todas as informações importantes, tais como composição das séries, raias ou posições sorteadas e tempos intermediários. O resultado (colocações, tempos, alturas, distâncias e pontos) de cada prova deve ser anunciado no momento mais próximo possível após o recebimento da informação.

Em competições realizadas sob a Regra 1 (a), os Anunciadores de línguas inglesa e francesa serão designados pela IAAF. Em conjunto com o Coordenador de Apresentação da Competição e sob a direção geral do Delegado de Organização e/ou dos Delegados Técnicos, esses Anunciadores serão responsáveis por todos os assuntos relacionados ao protocolo de anúncios.

REGRA 135
Agrimensor Oficial

O Agrimensor Oficial deverá verificar a exatidão das marcas e das instalações e fornecer os certificados correspondentes ao Coordenador Técnico antes da competição.

Ele deverá ter acesso a todas as plantas e especificações do estádio e aos relatórios da última medição para poder realizar a sua verificação.

REGRA 136
Anemometrista

O Anemometrista deve assegurar que o anemômetro esteja situado de acordo com as Regras 163.9 (provas de pista) e 184.5 (provas de campo). Ele deve verificar a velocidade do vento na direção das provas apropriadas e então anotar e assinar a súmula com os resultados obtidos e comunicá-la ao Secretário da Competição.

REGRA 137
Árbitro de Medições (Perito)

Um ou mais Árbitro(s) de Medições deve ser indicado quando for usada Medição de Distância eletrônica ou em Vídeo, ou outro equipamento científico de medição será usado.

Antes do início da competição, ele reunir-se-á com a equipe técnica envolvida e familiarizar-se-á com o equipamento.

Antes de cada evento ele supervisionará o posicionamento dos instrumentos de medição, levando em conta os requerimentos técnicos dados pela equipe técnica.

Para assegurar que o equipamento está operando corretamente, ele deverá, antes e após o evento, supervisionar um conjunto de medições juntamente com os Árbitros e sob a supervisão do Árbitro-geral (e, se possível, o ITO designado para o evento), para confirmar a concordância com os resultados alcançados usando uma trena de aço calibrada certificada.

Um formulário de concordância será emitido e assinado por todos os envolvidos no teste e anexado à súmula dos resultados.

Durante a competição ele deverá permanecer em total controle da operação. Ele entregará um relatório ao Árbitro-geral das Provas de Campo para certificar que o equipamento está preciso.

REGRA 138
Árbitros da Câmara de Chamada

O Árbitro-chefe da Câmara de Chamada deverá supervisionar o trânsito entre a área de aquecimento e a área de competição para assegurar que os atletas, após terem sido checados na Câmara de Chamada, estejam presentes e prontos no local de competição para o início previsto de suas provas.

Os Árbitros da Câmara de Chamada deverão assegurar que os atletas estejam utilizando o uniforme oficial de seu país ou de seu clube aprovados pela sua Federação Nacional, e que os números de competição sejam usados corretamente e correspondam às listas de saída e que os sapatos, número e tamanho dos pregos, propaganda nas bolsas e vestuários dos atletas estejam de acordo com as Regras e Regulamentos e que material não autorizado não seja introduzido na área de competição.

Os Árbitros deverão encaminhar qualquer questão não resolvida ou questões levantadas ao Árbitro-geral da Câmara de Chamada

REGRA 139
Comissário de Propaganda

O Comissário de Propaganda (quando nomeado) supervisionará e aplicará as atuais Regras e Regulamentos de Propaganda e decidirá, em conjunto com o Árbitro-geral da Câmara de Chamada, sobre quaisquer questões ou assuntos não resolvidos na Câmara de Chamada.

Seção II – Regras gerais de competição

REGRA 140
Instalações de Atletismo

Qualquer superfície firme e uniforme, que esteja em conformidade com as especificações no Manual de Instalações de Pista e Campo da

IAAF (IAAF Track and Field Facilities Manual), pode ser usada para o Atletismo. As competições de Atletismo segundo a Regra 1.1 (a) podem ser realizadas somente em instalações de superfície sintética que tenha um Certificado de Instalações de Atletismo Classe 1 da IAAF, aprovado e em vigor.

É recomendado que, quando tais instalações estejam disponíveis, competições segundo a Regra 1 (b) a (j) sejam também realizadas nestas instalações.

Em qualquer caso, um Certificado de Instalações de Atletismo Classe 2 da IAAF será requerido para todas as instalações previstas seu uso para competições sob a Regra 1.1 (b) a (j).

Nota (i): O Manual de Instalações de Pista e Campo da IAAF (IAAF Track and Field Facilities Manual), que está disponível na Secretaria-geral da IAAF, ou pode ser baixado do site da IAAF, contém maiores detalhes e especificações definidas para o planejamento e construção de instalações de Atletismo incluindo diagramas de medidas e marcações da pista.

Nota (ii): Um formulário padrão atual requerido para ser usado para solicitação e relatório de medição de instalação, bem como os Procedimentos do Sistema de Certificação estão disponíveis na Secretaria-geral da IAAF, ou pode ser baixado do site da IAAF;.

Nota (iii): Esta Regra não se aplica aos percursos das provas de Marcha Atlética, Corridas de Rua ou Cross-country (Ver Regras 230.10, 240.2, 240.3, 250.3, 250.4 e 250.5).

REGRA 141
Categorias por faixas etárias e sexo

Faixas etárias
1. Competições segundo estas Regras podem ser divididas em classificações por faixas etárias conforme se segue:
   Menores masculino e feminino: Qualquer atleta de 16 ou 17 anos em 31 de dezembro no ano da competição.

Juvenis masculino e feminino: Qualquer atleta de 18 ou 19 anos em 31 de dezembro no ano da competição.

Máster masculino e Feminino: Qualquer atleta que tenha atingido seu 35° aniversário.

Nota (i): todos os outros assuntos relacionados a competições máster estão previstos no Livro de Regras de Competição Máster da IAAF/WMA, aprovadas pelos Conselhos da IAAF e da WMA.

Nota (ii): elegibilidade, incluindo as idades mínimas par participação em competições da IAAF devem ser previstas nos regulamentos técnicos específicos.

2. Um atleta será elegível para competir em uma competição por faixa etária segundo estas regras se ele estiver dentro do âmbito especificado na classificação por grupo etário relevante. Um atleta deve estar apto a fornecer prova de sua idade através da apresentação de um passaporte válido ou outra forma de evidência conforme permitido pelos regulamentos da competição. Um atleta que falhar ou se recusar a fornecer tal prova não será elegível para competir.

Categorias de sexo

3. A competição segundo estas Regras é dividida em classificações masculina e feminina (a menos que uma Competição Mista for organizada em um dos casos limitados estabelecidos na Regra 147).
4. Um atleta será elegível para competir em competição masculina se ele é reconhecido como um homem perante a lei e é elegível para competir segundo as Regras e Regulamentos.
5. Uma atleta será elegível para competir em uma competição feminina se ela é reconhecida como uma mulher perante a Lei e está elegível para competir segundo as Regras e Regulamentos.
6. O Conselho aprovará Regulamentos para determinar a elegibilidade para competições femininas de
   (a) mulheres que tenham se submetido a redesignação de sexo; e
   (b) mulheres com hiperandrogenismo. Uma atleta que falhe ou se recuse a cumprir os Regulamentos aplicáveis não é elegível para competir.

REGRA 142
Inscrições

1. As competições organizadas sob as Regras são restritas a atletas elegíveis (ver Capítulo 2).
2. A elegibilidade de um atleta para competir fora de seu país é de acordo com o estabelecido na Regra 4.2. Tal elegibilidade será assumida a menos que uma objeção ao seu status seja feita aos Delegados Técnicos. (Ver também Regra 146.1.)

Inscrições Simultâneas

3. Se um atleta estiver inscrito em provas de campo e pista, ou em mais de uma prova de campo sendo realizadas simultaneamente, o Árbitro-geral apropriado pode, em cada série de tentativas, ou em cada tentativa nos salto em altura e com vara, permitir que o atleta realize sua tentativa em ordem diferente da que foi sorteada antes do início da competição. Entretanto, se um atleta, posteriormente, não estiver presente para qualquer tentativa, então será considerado que ele "passou", uma vez que o período permitido tenha se esgotado. No caso do Salto em Altura e Salto com Vara, se um atleta não estiver presente quando todos os outros atletas presentes tenham terminado a prova, o Árbitro deverá considerar que tal(tais) atleta(s) abandonou (abandonaram) a prova, uma vez que o período para uma outra tentativa tenha decorrido.

Falha de Participação

4. Em todas as competições previstas na Regra 1.1 (a), (b), (c) e (f), exceto como previsto a seguir, um atleta será impedido de participar das provas subsequentes na competição, inclusive dos revezamentos, nos casos onde:
   (a) uma confirmação final de sua participação em uma prova tenha sido dada de que o atleta deveria largar em uma prova mas ele deixou de participar;
   (b) tenha se classificado em uma série preliminar de uma prova para sua participação posterior naquela prova, mas ele então falhou para participar depois;

A apresentação de um atestado médico, endossado por um oficial médico indicado ou aprovado pela IAAF e/ou pelo Comitê Organizador, pode ser aceito como motivo suficiente para que o atleta tenha se tornado incapaz para competir após o encerramento das confirmações ou após competir em uma série anterior, mas estará apto a competir nas demais provas no dia seguinte da competição. Outras razões justificáveis (ex.: fatores que independem da ação do atleta, tais como problemas com o sistema oficial de transporte), podem, após confirmação, ser aceitos pelo(s) Delegado(s) Técnico(s).

Nota (i): Deve ser publicada antecipadamente a hora determinada para confirmação final da participação.

Nota (ii): A falha na participação incluir falha em competir honestamente com esforço autêntico. O Árbitro-geral pertinente decidirá neste caso e a referência correspondente deve ser feita nos resultados oficiais. A situação prevista nesta Nota não se aplicará a provas combinadas individuais.

REGRA 143
Uniformes, sapatos e números de atletas

Uniformes
1. Em todas as provas os atletas devem usar um uniforme que esteja limpo e possa ser usado de modo a não sofrer objeções. O uniforme deve ser feito de material que não seja transparente, mesmo se molhado. Um atleta não deve usar uniforme que possa dificultar a visão dos árbitros. As vestimentas dos atletas devem ter a mesma cor na frente e nas costas. Em todas as competições sob a Regra 1.1 (a), (b), (c), (f) e (g), e quando os atletas representando suas Federações Nacionais segundo as Regras 1.1(d) e (h), os atletas deverão participar com o uniforme oficialmente aprovado por sua Federação Nacional. A Cerimônia da Vitória e qualquer volta de honra são consideradas parte da competição para este fim.

Nota: O organismo de controle pode especificar nos regulamentos de uma competição que é obrigatório que os uniformes dos atletas sejam da mesma cor na frente e nas costas.

Sapatos
2. Os atletas podem competir descalços ou calçados em um ou em ambos os pés. A finalidade dos sapatos para competição é dar proteção e estabilidade aos pés e um apoio firme no chão. Entretanto, tais sapatos não devem ser feitos de modo a dar qualquer vantagem adicional desleal ao atleta, incluindo a incorporação de qualquer tecnologia que dê ao usuário qualquer vantagem desleal. É permitido o uso de correia sobre o sapato. Todos os tipos de sapatos de competição devem ser aprovados pela IAAF.

Número de Pregos
3. O solado e o calcanhar dos sapatos deverão ser construídos de modo a permitir o uso de até 11 pregos. Qualquer número de pregos até 11 pode ser usado, mas o número de posições dos pregos não pode exceder 11.

Dimensões dos Pregos
4. Quando uma competição for realizada em pista sintética, a parte do prego que se projeta do solado ou do calcanhar não deve exceder 9 mm, exceto no salto em altura e lançamento do dardo, onde não pode exceder 12 mm. O prego deve ser construído de forma que pelo menos a metade de seu comprimento, próxima da ponta, esteja em quadrado com os lados medindo 4 mm.

A Sola e o Calcanhar
5. O solado e/ou o calcanhar podem ter sulcos, ondulações, denteados ou protuberâncias desde que sejam feitos do mesmo material ou similar ao do solado.

No salto em altura e no salto em distância, o solado deve ter uma espessura máxima de 13 mm e o calcanhar no salto em altura deve ter uma espessura máxima de 19 mm. Em todas as outras provas o solado e/ou calcanhar poderão ter qualquer espessura.

Nota: A espessura da sola e do calcanhar do sapato será medida desde a distância entre o lado interno superior e o lado externo inferior, incluindo os números já mencionados e incluindo qualquer tipo ou forma de palmilha.

Inserções e Adições ao Sapato

6. Os atletas não podem usar, dentro ou fora do sapato, qualquer dispositivo que tenha o efeito de aumentar a espessura da sola acima do máximo permitido, ou que possa dar qualquer vantagem ao usuário que ele não obteria com o tipo de sapato descrito nos parágrafos anteriores.

Números dos atletas

7. Cada atleta deverá receber dois números, que devem ser usados visivelmente no peito e nas costas, durante a competição, exceto no salto com vara e salto em altura, onde somente um número pode ser usado nas costas ou no peito. O número deve corresponder usualmente ao número do atleta na lista de saída ou no programa. No caso do uso de agasalhos durante a competição, os números devem ser usados nos agasalhos de uma maneira similar. Tanto os nomes dos atletas ou outra identificação apropriada nos números serão permitidos ao invés dos números em qualquer ou todos os números de identificação.

8. Esses números devem ser usados como confeccionados e não podem ser cortados, dobrados ou em qualquer forma obscurecidos. Em provas de longa distância esses números podem ser perfurados para permitir a circulação do ar, mas a perfuração não deve ser feita em qualquer das letras ou numerais que neles apareçam.

9. Quando o aparelho de Foto Finish estiver em operação, o Comitê Organizador da competição pode solicitar aos atletas o uso de números adicionais do tipo adesivo na parte lateral de seus calções. A nenhum atleta será permitido participar em qualquer competição sem exibir o(s) número(s) apropriado(s) e/ou identificação.

REGRA 144
Assistência a Atletas

Indicação de Tempos Intermediários
1. Tempos intermediários e extraoficiais dos vencedores podem ser anunciados oficialmente e/ou expostos. De outro modo tais tempos não devem ser comunicados aos atletas por pessoas na área da competição sem a autorização prévia do Árbitro-geral apropriado. Esta aprovação será dada somente quando não houver qualquer placar visível para atletas no ponto relevante e em circunstâncias onde tais tempos irão ser fornecidos a todos os atletas na corrida. A área de competição, que normalmente também tem uma barreira física, é definida para este fim como a área onde a competição está sendo realizada e que tenha um acesso restrito aos atletas que estejam competindo e ao pessoal autorizado, de acordo com as Regras e Regulamentos pertinentes.

Prestação de Assistência
2. Para os fins desta Regra o seguinte será considerado assistência e, portanto, não será permitido:
   (a) ritmo em corridas por pessoas que não estejam participando na mesma corrida, por atletas ultrapassados ou perto de serem ultrapassados ou por qualquer tipo de equipamento técnico [exceto aqueles permitidos segundo a Regra 144.2 (g)].
   (b) posse ou uso de vídeo ou gravadores, rádios, CD, radiotransmissores, telefones móveis ou quaisquer equipamentos similares na arena.
   (c) exceto para sapatos que estejam de acordo com a Regra 143, o uso de qualquer tecnologia ou dispositivo que proporcione ao usuário uma vantagem que ele não teria usando o equipamento especificado nas Regras.

Qualquer atleta que der ou receber assistência dentro da área de competição durante uma prova será advertido pelo Árbitro-geral e avisado de que, se houver qualquer repetição, ele será desqualificado daquela prova. Se um atleta for subsequentemente desqualificado da prova, qualquer performance obtida até aquele momento na mesma rodada daquele prova não será considerada válida. Entretanto, os resultados obtidos em rodadas anteriores daquela prova serão considerados válidos.

O seguinte não será considerado assistência:

(d) comunicação entre os atletas e seus treinadores não posicionados na área de competição. Para facilitar esta comunicação e não perturbar o andamento da competição, um local na arquibancada, próximo ao local de cada prova de campo, deve ser reservado para os treinadores dos atletas.

(e) Exame Médico/tratamento e/ou Fisioterapia necessários para capacitar um atleta a participar ou continuar participando uma vez na área de competição. Tal exame/tratamento e/ou fisioterapia devem ser realizados tanto na área de competição propriamente dita pelos membros da equipe médica oficial indicada pelo Comitê Organizador e claramente identificados por braçadeiras, vestimentas ou um distintivo similar ou em áreas fora da área de competição, por uma equipe médica credenciada aprovada pelo Delegado Médico ou Técnico para esta finalidade. Em nenhum dos casos deverá a intervenção atrasar a condução da competição ou uma tentativa de um atleta na ordem designada. Tais cuidados ou assistência por qualquer outra pessoa, se durante a competição ou imediatamente antes da mesma, uma vez que os atletas tenham deixado a Câmara de Chamada é considerado assistência.

(f) Qualquer tipo de objeto de segurança pessoal (ex.: bandagem, fita, cinto, suporte etc.) para proteção ou fins médicos. O árbitro em conjunto com o Delegado Médico deverá ter autoridade para verificar qualquer caso que ele julgue apropriado (ver também a Regra 187.4).

(g) Equipamentos portados pessoalmente por atletas durante uma corrida, tais como monitores de frequência cardíaca ou de velocidade e distância ou sensores de passada, desde que tais equipamentos não possam ser usados para se comunicar com outra pessoa.

Informação sobre o Vento
3. Uma ou mais birutas devem ser posicionadas em uma posição apropriada em todas as provas de saltos, disco e dardo, para mostrar aos atletas a direção e força aproximadas do vento.

Bebidas/Esponjas
4. Nas provas de pista de 5.000 m ou mais, o Comitê Organizador pode proporcionar água e esponjas aos atletas, se as condições climáticas assim o exigirem.

REGRA 145
Desqualificação

Se um atleta é desqualificado de uma prova por infração a qualquer Regra, uma referência deve ser feita nos resultados oficiais sobre a que foi infringida.

1. Se um atleta é desqualificado em uma prova por uma infração de uma Regra Técnica (exceto segundo a Regra 125.5 ou 162.5) qualquer resultado obtido na mesma rodada ou naquela prova que ocasionou a desqualificação não será considerado válido. Entretanto, resultados obtidos em uma rodada de qualificação anterior daquela prova serão considerados válidos. Tal desqualificação de uma prova não impede o atleta de participar em quaisquer outras provas naquela competição.
2. Se um atleta é desqualificado de uma prova por agir de forma antidesportiva ou de maneira imprópria, deverá ser feita referência nos resultados oficiais dando as razões de tal desqualificação. Se um atleta é advertido por uma segunda vez segundo a Regra 125.5 por agir de uma maneira imprópria e antidesportiva, em uma prova, ou segundo a Regra 162.5, ele será desqualificado daquela prova. Se ocorrer uma segunda advertência em uma prova diferente, ele deve ser desqualificado apenas da segunda prova. Qualquer resultado obtido até aquele momento naquela prova não será considerado

válido. Entretanto, resultados obtidos em uma rodada de qualificação anterior daquela prova, outras provas anteriores ou provas individuais anteriores de uma Prova Combinada será considerado válido. A desqualificação de uma prova por comportamento antidesportivo ou impróprio sujeitará o atleta a ser passível de desqualificação pelo Árbitro-geral de participar das provas subsequentes. Incluindo provas individuais de uma Prova Combinada naquela competição. Se a infração é considerada séria, o Diretor da Competição relatará isto ao organismo nacional apropriado para consideração de outras ações disciplinares de acordo com a Regra 60.4(f).

REGRA 146
Protestos e apelações

1. Os protestos relativos à condição de um atleta para participar de uma competição devem ser apresentados, antes do início de tal competição, ao(s) Delegado(s) Técnico(s). Uma vez que o(s) Delegado(s) Técnico(s) tenha(m) tomado uma decisão, deverá haver o direito de apelar da mesma ao Júri de Apelação. Se a questão não puder ser resolvida satisfatoriamente antes da competição, deve ser permitido que o atleta compita "sob protesto", devendo o assunto ser levado ao Conselho da IAAF.
2. Os protestos relativos a resultados ou condução de uma prova devem ser feitos dentro de 30 minutos do anúncio oficial do resultado daquela prova.

   O Comitê Organizador da competição será responsável por assegurar que a hora do anúncio de todos os resultados seja registrada.
3. Qualquer protesto, deve ser feito verbalmente ao Árbitro-geral pelo próprio atleta ou qualquer pessoa em seu nome ou por um oficial representando uma equipe. Tal pessoa ou equipe somente pode protestar se ele estiver competindo na mesma rodada da prova para a qual o protesto (ou subsequente apelação) se refere (ou estão competindo em uma competição na qual uma posição da equipe por pontos esteja sendo conduzida). Para chegar a uma decisão justa, o

Árbitro-geral deve levar em consideração todas as evidências que julgue necessárias, inclusive filmes ou fotografias produzidos por um equipamento de videoteipe oficial ou qualquer outra evidência de vídeo disponível. O Árbitro-geral pode decidir sobre o protesto ou encaminhá-lo ao Júri. Caso o Árbitro-geral tome uma decisão, dela caberá recurso de apelação para o Júri. Quando o Árbitro-geral não estiver acessível ou disponível, o protesto deve ser feito a ele através do Centro de Informação Técnica.

4. (a) Em uma prova de pista, se um atleta faz um protesto oral imediato contra o fato de lhe ter sido atribuída uma saída falsa, um Árbitro-geral de pista pode permitir que o atleta compita sob protesto a fim de preservar os direitos de todos os envolvidos. Competir sob protesto não será permitido se a saída falsa foi detectada por um equipamento de controle de saída falsa aprovado pela IAAF, a menos que por qualquer razão o Árbitro-chefe determinar que a informação fornecida pelo equipamento esteja obviamente imprecisa.

    Um protesto pode ser baseado na falha do Árbitro de Partida por considerar uma saída falsa. O protesto pode ser feito somente por um atleta que tenha completado a prova, ou outra pessoa em seu nome. Se o protesto é aceito, qualquer atleta que tenha cometido a saída falsa, e que estava sujeito a desqualificação de acordo com a Regra 162.7, será desqualificado. Ocorrendo ou não qualquer desqualificação, o Árbitro-geral terá a autoridade de declarar a prova nula e que ela será realizada novamente, se, em sua opinião, a justiça demandar isto.

Nota: O direito de protesto e apelação (b) se aplicará independente da utilização ou não do equipamento de saída falsa.

5. Em uma prova de campo, se um atleta faz um protesto verbal imediato contra uma tentativa julgada como falha, o Árbitro-geral da prova pode a seu critério, mandar que a tentativa seja medida e o resultado registrado, a fim de preservar os direitos de todos os envolvidos.

Se ocorrer o protesto sobre tentativa:
(a) durante as três primeiras tentativas de uma Prova Horizontal na qual mais de oito atletas estejam competindo, em que o atleta deveria continuar nas três tentativas finais somente se o protesto fosse mantido; ou
(b) em Provas Verticais, onde o atleta deve continuar em uma altura mais alta se o protesto ou a apelação subsequente for mantida, o Árbitro-geral pode permitir que o atleta continue a competir para preservar o direito de todos os competidores. Os resultados do atleta competindo sob protesto e qualquer outro resultado obtido segundo protesto serão válidos somente se uma decisão posterior para aquele efeito é feita pelo Árbitro-geral ou uma apelação ao Júri de Apelação é feita e seja mantida.

6. Uma apelação ao Júri de Apelação deve ser feita dentro de 30 minutos:
   (a) do anúncio oficial do resultado modificado de um evento levantado da decisão tomada pelo Árbitro-geral;
   (b) Ou do aviso dado àqueles que fizeram o protesto, onde não há qualquer alteração de qualquer resultado.

Ela deverá ser por escrito, assinada por um atleta, por alguém agindo em seu nome ou por um oficial representante de uma equipe e será acompanhada de um depósito de US$100,00 ou seu equivalente, que não deverá ser devolvido se a apelação não for procedente. Tal atleta ou equipe somente pode apelar se eles estiverem competindo na mesma rodada da prova para a qual se refere a apelação (ou estão competindo em uma competição na qual a classificação da equipe por pontos esteja sendo conduzida).

Nota: O Árbitro-geral pertinente, após sua decisão sobre um protesto, informará imediatamente ao CIT a hora da decisão. Se o Árbitro estiver impedido de comunicar isto oralmente às equipes/atletas, a hora oficial do anúncio será aquela da divulgação da decisão pelo CIT.

7. O Júri de Apelação consultará todas as pessoas envolvidas. Se o Júri de Apelação estiver em dúvida, outra evidência disponível pode ser

considerada. Se tal evidência, incluindo qualquer evidência em vídeo disponível, não for conclusiva, a decisão do Árbitro ou do Árbitro-chefe de Marcha Atlética será mantida.

8. O Júri de Apelação pode reconsiderar uma decisão se nova evidência conclusiva for apresentada, desde que a nova decisão ainda seja aplicável. Normalmente, tal reconsideração somente pode ser tomada antes da Cerimônia da Vitória para aquela respectiva prova, a menos que o organismo de direção relevante determine que circunstâncias justifiquem de modo diferente.
9. Decisões envolvendo pontos que não são cobertos pelas Regras serão relatadas posteriormente pelo Presidente do Júri ao Secretario-geral da IAAF.
10. A decisão do Júri de Apelação (ou do Árbitro-geral na ausência de um Júri de Apelação) ou se nenhuma apelação for feita ao Júri será final e não haverá qualquer outro direito a uma nova apelação, incluindo ao CAS.

REGRA 147
Competições mistas

Para todas as competições realizadas completamente em estádio, provas mistas entre participantes masculinos e femininos não serão, normalmente, permitidas.

Entretanto, competições mistas em estádio em provas de campo e em corridas de 5.000 metros ou mais longas são permitidas em todas as competições, exceto aquelas realizadas segundo a Regra 1.1(a) a (h). No caso de competições realizadas segundo a Regra 1.1(i) e (j), tais competições mistas serão permitidas em uma competição particular se especificamente permitida pela área ou organização nacional pertinentes.

Nota: Quando competições mistas são conduzidas em provas de campo, devem ser usadas súmulas de resultados separadas e os resultados declarados para cada sexo.

REGRA 148
Medições

Para as provas de pista e campo em competições sob a Regra 1.1(a), (b), (c) e (f), todas as medições devem ser efetuadas com uma trena de aço certificada ou uma barra de medição ou um equipamento científico de medição. A trena de aço, barra ou equipamento científico de medição devem ser certificados pela IAAF e a precisão do equipamento de medição usado na competição deverá ser verificada por uma organização apropriada credenciada pela autoridade nacional de Medidas, de tal forma que todas as medidas sigam os padrões de medições nacionais e internacionais.

Em outras competições que não sejam da Regra 1.1(a), (b), (c) e (f), trenas de fibra de vidro também podem ser utilizadas.

Nota: No que se refere à aceitação de recordes, ver Regra 260.26(a).

REGRA 149
Validade dos resultados

1. Nenhum resultado conseguido por um atleta será considerado válido a menos que tenha sido obtido durante uma competição oficial realizada em conformidade com as Regras da IAAF.
2. Resultados feitos fora de instalações tradicionais de atletismo (como aquelas realizadas em praças públicas, outras instalações esportivas, praias etc.) somente serão válidos e reconhecidos para todos os fins, se eles estiverem sujeitos a todas as seguintes condições:
   (a) o respectivo órgão de direção conforme previsto nas Regras 1 a 3 tenha emitido uma autorização para o evento;
   (b) um painel qualificado de Oficiais Técnicos Nacionais seja nomeado e atue no evento;
   (c) onde aplicável, os equipamentos e implementos usados estejam em conformidade com as Regras; e
   (d) a prova seja realizada em um local do evento ou instalações que estejam em conformidade com as Regras e em relação aos quais

um certificado nos termos do artigo 135 é emitido por uma Agrimensor Oficial com base em medições realizadas no dia do evento.

REGRA 150
Gravações em vídeo

Em competições realizadas sob a Regra 1.1(a), (b) e (c) e sempre que possível em outras competições, uma gravação oficial em vídeo de todas as provas, para satisfação do(s) Delegado(s) Técnico(s) pode ser feita. Isto deve ser suficiente para demonstrar a precisão dos resultados e uma infração das Regras.

REGRA 151
Pontuação

Em um torneio onde o resultado seja determinado por pontos, o método de pontuação deve ser aprovado por todos os países participantes antes do início do torneio.

Seção III – Provas de Pista

As Regras 163.2, 163.6 (exceto sob 230.11 e 240.9), 164.2 e 165 também se aplicam às Seções VII, VIII e IX.

REGRA 160
Medidas da pista

1. O comprimento de uma pista oficial de corrida deve ser de 400 m. Ela consistirá de duas retas paralelas e duas curvas com raios iguais. A parte interna da pista terá uma borda de material apropriado, de

aproximadamente 5 cm de altura e um mínimo de 5 cm de largura e deve ser pintada de branco. A borda nas duas retas será omitida e uma linha de 5 cm de largura substituída.

Se uma parte da borda tiver que ser removida temporariamente para provas de campo, seu lugar será marcado por uma linha branca de 5 cm de largura e por cones ou bandeiras, com altura mínima de 20 cm posicionados na linha branca de maneira que a borda da base do cone ou o mastro da bandeira coincida com a borda da linha branca mais próxima da pista, colocados em intervalos que não excedam 4 m; as bandeiras devem ser colocadas na linha, para prevenir que nenhum atleta corra sobre a linha (as bandeiras deverão ser colocadas num ângulo de 60° com o solo a partir da pista). Isto será também aplicado à parte da pista para provas de obstáculos onde os atletas saem da pista principal para efetuar o salto sobre fosso, até a metade externa da pista no caso das largadas de acordo com a Regra 162.10 e opcionalmente para as retas, neste último caso, a intervalos que não excedam 10 m.

2. A medição da pista deve ser feita a 30 cm de sua borda interna ou, na falta dela, a 20 cm da linha que marca o seu limite interno.

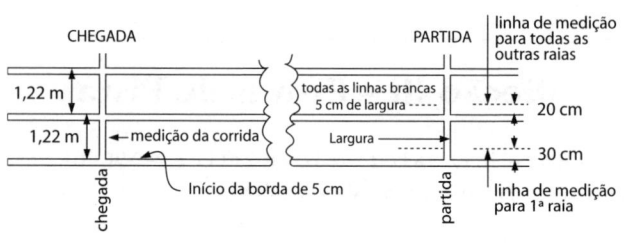

FIGURA 5.1 – Medidas da pista (vista do campo).

3. A distância da corrida será medida a partir da borda da linha de saída mais afastada da linha de chegada até a borda da linha de chegada mais próxima da de saída.
4. Em todas as corridas até e inclusive 400m, cada atleta deve ter uma raia separada, com uma largura máxima de 1,22 m +/-0,01m,

incluindo as linhas das raias, marcadas por linhas brancas de 5cm de largura. Todas as raias deverão ter a mesma largura. A raia interna será medida conforme a Regra 160.2, mas todas as demais raias serão medidas a 20 cm da borda externa das linhas.

Nota: Para todas as pistas construídas antes de 1º de janeiro de 2004 para todas as corridas, a linha deverá ter uma largura de 1,25m.

5. Nas competições internacionais realizadas sob a Regra 1.1 (a), (b) (c) e (f), a pista terá oito raias, no mínimo.
6. A inclinação lateral permitida das pistas não pode exceder 1:100 e a inclinação total na direção da corrida não poderá exceder 1:1000 para baixo.

Nota: Recomenda-se que, para pistas novas, a inclinação lateral se dirija para a raia interna.

7. A informação técnica completa sobre a construção de pistas de Atletismo, sua disposição e marcação está contida no "IAAF Track & Field Facilities Manual". Esta Regra dá os princípios básicos que devem ser respeitados.

REGRA 161
Blocos de partida

1. Os blocos de partida devem ser usados em todas as corridas até e inclusive 400 m (incluindo a primeira etapa dos revezamentos 4x200 e 4x400 m) e não devem ser usados para qualquer outra corrida. Quando em posição na pista, nenhuma parte do bloco de partida deve ultrapassar a linha de saída ou estender-se até outra raia. Os blocos de partida devem obedecer às seguintes especificações gerais:
   (a) Eles devem ser inteiramente rígidos em sua construção e não devem oferecer nenhuma vantagem ao atleta.

(b) Eles devem ser fixados na pista por um número de pinos ou pregos, dispostos de modo a causar o mínimo possível de danos à pista. A disposição deve permitir a sua rápida e fácil remoção. O número, a espessura e a largura dos pinos ou pregos dependem da construção da pista. A base não deve permitir movimento algum durante a saída efetiva.

(c) Quando o atleta utiliza seu próprio bloco de partida, ele deve obedecer às Regras 161 (a) e (b). Ele pode ser de qualquer desenho ou construção, desde que não interfira nos outros atletas.

(d) Quando os blocos de partida forem fornecidos pelo Comitê Organizador, também devem estar de acordo com as seguintes especificações:

- os blocos de partida consistirão de dois tacos, contra os quais os pés do atleta farão pressão na posição de saída. Os tacos devem estar adaptados a uma armação rígida que não obstrua os pés do atleta quando eles deixarem os blocos. Os tacos devem ser inclinados para adaptar-se à posição de saída do atleta, e podem ser planos ou ligeiramente côncavos. A superfície dos tacos deve ser preparada com ranhuras ou ressaltos ou coberta com material adequado, para acomodar os pregos dos sapatos dos atletas;
- a colocação dos tacos na armação rígida dos blocos pode ser ajustável sem permitir qualquer movimento no impulso da saída. Em todos os casos, os tacos devem ser ajustáveis para frente ou para trás, um em relação ao outro. Os ajustes devem ser feitos através de fixadores firmes ou parafusos que possam ser fácil e rapidamente manejados pelo atleta.

2. Em competições realizadas segundo a Regra 1.1 (a), (b), (c) e (f) e para quaisquer resultados submetidos para ratificação como um Recorde Mundial, os blocos de partida serão conectados a um equipamento detector de saídas falsas aprovado pela IAAF. O Árbitro de Partida e/ou Confirmador determinado deverá

utilizar fones de ouvido que lhe permitam escutar claramente o sinal acústico emitido pelo equipamento de controle quando detecta uma saída falsa (exemplo: quando o tempo de reação é inferior a 100/1000 de um segundo). Assim que o Árbitro de Partida e/ou o Confirmador determinado ouvirem o sinal acústico, e se o revólver foi disparado, ou o equipamento de partida foi ativado, deverá haver uma nova chamada e o Árbitro de Partida examinará imediatamente os tempos de reação no equipamento detector de saída falsa a fim de confirmar qual(is) atleta(s) é(são) o(s) responsável(is) pela saída falsa. Este sistema é fortemente recomendado para todas as demais competições.

Nota: Além disso, um sistema automático de nova chamada, dentro das Regras, pode também ser usado.

3. Nas competições previstas na Regra 1.1(a) a (f), os atletas deverão usar blocos de partida fornecidos pelo Comitê Organizador do evento. Em outras competições, em pista de piso sintético o Comitê Organizador deve insistir para que somente os blocos fornecidos por eles sejam usados.

REGRA 162
Partida

1. A partida de uma corrida deve ser marcada por uma linha branca de 5 cm de largura. Em todas as corridas em raia livre, a linha de saída será curva, de maneira que todos os atletas percorram a mesma distância da saída à chegada. As posições de saída nas provas em todas as distâncias serão numeradas da esquerda para a direita, no sentido de direção da corrida.

Nota: No caso de eventos com saída fora do estádio a linha de largada pode ser de até 30 cm de largura e de qualquer cor contrastando distintamente com a superfície da área de chegada.

2. Em todas as Competições Internacionais, exceto conforme observado a seguir, os comandos do Árbitro de Partida em sua própria língua, em inglês ou em francês:
   (a) em corridas até e inclusive 400 m [incluindo 4x200 m, 4x400 m e Revezamento Medley conforme a Regra 170.1], será "Às suas marcas" e "Prontos".
   (b) Em corridas acima de 400 m, o comando será "Às suas marcas". Todas as corridas serão iniciadas pelo disparo do revólver do Árbitro de Partida, com a arma para cima.

Nota: Em competições segundo as Regras 1.1(a), (b), (c), (e) e (i), os comandos do Árbitro de Partida são dados somente em inglês.

3. Em corridas até e inclusive os 400 m (incluindo a primeira etapa dos 4x200 m, 4x400 m e Revezamento Medley), é obrigatória a saída em posição agachada e o uso de blocos de partida. Após o comando "Às suas marcas", um atleta deverá se aproximar da linha de largada, assumir uma posição completamente dentro de sua raia designada e atrás da linha de largada. Um atleta não poderá tocar a linha de largada nem o solo em frente à mesma com suas mãos ou seus pés quando estiver em suas marcas. Ambas as mãos e pelo menos um joelho deverá estar em contato com o solo e ambos os pés em contato com os pedais do bloco de partida. Ao comando de "Prontos", um atleta deve, imediatamente, se levantar para sua posição final de partida, mantendo o contato das mãos com o solo e os pés nos pedais dos blocos. Após o Árbitro de Partida ter constatado que todos os atletas estão prontos e na posição correta de partida, o revólver será disparado.

4. Em corridas acima de 400 m (exceto o 4x200 m, Revezamento Medley e o 4x400 m), todas as partidas serão realizadas a partir de uma posição parada. Após o comando "Às suas marcas", um atleta deverá se aproximar da linha de largada e assumir uma posição de largada atrás da linha de largada (completamente dentro de sua raia designada em corridas iniciadas em raias). Um atleta não deverá

tocar qualquer parte do solo com sua mão ou mãos e/ou a linha de largada ou o solo em frente com seus pés em suas marcas. Após o Árbitro de Partida ter constatado que todos os atletas estão prontos e na posição correta de partida, o revólver será disparado.

5. Ao comando "Às suas marcas" ou "Prontos", conforme for o caso, todos os atletas deverão, uma vez e sem demora, assumir sua total e final posição de partida. Se, por qualquer razão, o Árbitro não ficar satisfeito quanto à posição dos competidores para a partida, depois dos atletas estarem em suas marcas, ele deverá ordenar que todos os atletas deixem suas marcas e os Assistentes do Árbitro de Partida os colocarão novamente em seus postos. (Ver também Regra 130).

Quando um atleta, no julgamento do Árbitro de Partida,
(a) após o comando "Às suas marcas" ou "Prontos", e antes do disparo do revólver, abortar a saída, por exemplo, levantando uma mão e/ou ficando de pé ou se sentando, no caso de uma largada agachada, sem uma razão plausível (tal razão a ser avaliada pelo Árbitro-geral em questão); ou
(b) falhar em atender os comandos "Às suas marcas" ou "Prontos", conforme apropriado, ou não se colocar em sua posição final de largada após um tempo razoável; ou
(c) após o comando "Às suas marcas" ou "Prontos", perturbar outros atletas na corrida através de som ou outro modo.

O Árbitro-geral pode advertir o atleta por conduta imprópria (desclassificar em caso de uma segunda infração à Regra durante a mesma competição), de acordo com as Regras 125.5 e 145.2. Neste caso, quando uma razão estranha foi considerada ser a causa da largada ter sido abortada, ou o Árbitro-geral não concorda com a decisão do Árbitro de Partida, um cartão verde deverá ser mostrado a todos os atletas para indicar que nenhum atleta cometeu uma saída falsa.

Saída Falsa
6. Um atleta, após assumir uma total e final posição, não poderá iniciar sua partida até o momento em que ouve o disparo do revólver. Se,

no julgamento do Árbitro de Partida ou dos Confirmadores, ele inicia seu movimento antes, será considerada uma saída falsa.

Nota: Quando um equipamento de controle de saída falsa aprovado pela IAAF estiver em operação (ver Regra 161.2 para detalhes operacionais do equipamento), a evidencia deste equipamento deverá ser aceita normalmente pelo Árbitro de Partida como conclusiva.

7. Exceto nas provas combinadas, qualquer Atleta responsável por uma saída falsa será desqualificado. Em Provas Combinadas, qualquer atleta responsável por uma saída falsa será advertido. Somente uma saída falsa por corrida será permitida sem a desqualificação do(s) atleta(s) responsável(eis) pela saída falsa. Qualquer atleta responsável por outras saídas falsas na corrida será desqualificado [ver também Regra 200.9 (c)].

8. No caso de uma saída falsa, os Assistentes do Árbitro de Partida procederão como se segue:
    - Exceto em Provas Combinadas, o(s) atleta(s) responsável(eis) pela saída falsa será(ão) desqualificado(s) e um cartão com as cores vermelha e preta (divididas diagonalmente), deverá ser levantado à sua frente e uma indicação correspondente mostrada sobre a(s) respectiva(s) marca(s) da raia;
    - Em Provas Combinadas, no caso de uma primeira saída falsa, o atleta(s) responsável(eis) pela saída falsa será(ão) advertido(s) com um cartão com as cores amarela e preta (divididas diagonalmente), que será levantado à sua frente e uma indicação correspondente mostrada sobre a(s) respectiva(s) marca(s) da raia. Ao mesmo tempo, todos os atletas que tomarem parte na corrida serão advertidos com um cartão amarelo e preto.
    - O sistema básico [levantando um cartão em frente ao(s) atleta(s) responsável(eis) pela saída falsa] também será permitido no caso dos marcadores de raia não estarem sendo usados.

Nota: Na prática, quando um ou mais atletas cometem uma saída falsa, outros, instintivamente, tendem a segui-lo e, teoricamente falando, qualquer atleta que assim proceda também comete uma saída falsa. O Árbitro de Partida deve advertir ou desqualificar somente aquele ou aqueles que, em sua opinião, foram os responsáveis pela saída falsa. Isso pode resultar em que mais de um atleta seja advertido ou desqualificado. Se a saída falsa não for devida a qualquer atleta, nenhuma advertência deve ser dada e um cartão verde será mostrado a todos os atletas.

9. Quando o *Árbitro de Partida*, ou o *Confirmador*, for de opinião de que a saída não foi correta, ele chamará de volta os atletas através do disparo do revolver.

1.000 m, 2.000 m, 3.000 m, 5.000 m e 10.000 m.

10. Quando houver mais de 12 atletas em uma corrida, podem-se dividir em dois grupos, ficando um grupo com aproximadamente 65% dos atletas sobre a linha curva normal de saída e o outro grupo sobre a linha de saída separada também curvada, que esteja marcada na metade exterior da pista. O outro grupo deve correr até o final da primeira curva pelo lado externo da metade da pista, que deve ser marcada por cones ou bandeiras, conforme descrito na Regra 160.1. Uma linha de saída em curva separada será posicionada de tal modo que todos os atletas corram a mesma distância.

A linha de raia livre para os 800 m descrita na Regra 163.5 indica o local onde os atletas do grupo externo em 2.000 e 10.000 metros podem reunir-se com os atletas que utilizaram a linha de saída normal. A pista será marcada na entrada da reta de chegada para as saídas em grupos de 1.000, 3.000 e 5.000 m para indicar onde os atletas que saem no grupo exterior podem reunir-se com os atletas usando a saída normal. Esta marca pode ser de 5 x 5 cm sobre a linha entre as raias 4 e 5 (raias 3 e 4 para uma pista de 6 raias) sobre a qual um cone ou uma bandeira será colocada até que os dois grupos se reúnam.

REGRA 163
Corridas

1. A direção da corrida e marcha atlética em uma pista oval será com o lado esquerdo do atleta voltado para a borda interna. As raias

devem ser numeradas da esquerda para a direita, com a raia interior sendo numerada como a raia 1.

Obstrução

2. Qualquer atleta que empurrar ou obstruir outro atleta, de modo a impedir sua progressão, estará passível de desqualificação nessa prova. O Árbitro-geral terá autoridade para ordenar que a prova seja corrida novamente, excluindo qualquer atleta desqualificado ou, no caso de uma série preliminar, permitir a quaisquer atletas seriamente afetados pelo empurrão ou obstrução (outro que não seja o atleta desqualificado), competir em uma rodada subsequente da prova. Normalmente tal atleta terá terminado a prova com esforço autêntico.

    Sem levar em conta se houve uma desqualificação, o Árbitro-geral, em circunstâncias excepcionais, terá também autoridade para ordenar que uma prova seja disputada novamente, se considerar isso razoável e justo.

Corridas em Raias

3. (a) Em todas as corridas realizadas em raias marcadas, cada atleta deverá manter-se em sua raia designada do início ao fim. Isso se aplica a qualquer parte de uma prova corrida em raias marcadas.

    (b) Em todas as corridas (ou qualquer parte das corridas) não disputadas em raias marcadas, um atleta correndo em uma curva, na metade da parte externa da pista, conforme a Regra 162.10, ou no desvio da pista para o fosso da corrida com obstáculos, não pisará ou correrá sobre ou na parte interna da margem ou linha marcando a borda aplicável (a parte interna da pista, a metade externa da pista, ou o desvio da pista para o fosso da corrida com obstáculos).

    Exceto como descrito na Regra 163.4, se o Árbitro-geral estiver satisfeito com as informações de um Árbitro ou Inspetor ou de outro modo, que um atleta tenha violado esta Regra, ele será desqualificado.

4. Um atleta não será desqualificado se ele
   (a) É empurrado ou forçado por outra pessoa a correr fora de sua raia ou sobre ou na parte interna da borda ou linha marcando a borda aplicável; ou
   (b) pisar ou correr fora de sua raia, na reta ou fora da linha externa de sua raia na curva, sem que nenhuma vantagem material tenha sido ganha por isso e nenhum outro atleta tenha sido empurrado ou obstruído de modo que venha impedir o seu progresso.

Nota: Vantagem material inclui melhora na posição por qualquer meio, incluindo remover-se de uma posição "encaixotada" na corrida por ter pisado ou corrido dentro da borda interna da pista.

5. Nas competições realizadas segundo a Regra 1 (a), (b), (c) e (f), a prova de 800 m será corrida em raias marcadas até o plano vertical da extremidade mais próxima da linha de raia livre marcada depois da primeira curva, lugar de onde os corredores podem deixar as suas respectivas raias.

   A linha de raia livre será um arco de curva, de 5 cm de largura cruzando todas as raias além da raia 1. Para auxiliar os atletas a identificarem a linha de raia livre, pequenos cones ou prismas, de 5 cm x 5 cm e com altura máxima de 15 cm, preferencialmente de cores diferentes da linha de raia livre e das linhas das raias, serão colocados nas linhas das raias imediatamente antes das interseções de cada raia com a linha de raia livre.

Nota: Em torneios internacionais, os países podem, de comum acordo, decidir pela não utilização das raias.

Abandono da Pista
6. A um atleta, após voluntariamente deixar a pista, não será permitido continuar na corrida.

Marcas na Pista

7. Exceto quando todos ou a primeira parte da corrida de revezamento está sendo realizada em raias, os atletas não podem fazer marcas ou colocar objetos sobre ou ao longo da pista para auxiliá-los.

Medição da Velocidade do Vento

8. Todos os anemômetros devem ter sido certificados pela IAAF e a precisão do anemômetro usado será verificada por uma organização competente credenciada pela autoridade nacional de Medidas, de forma que todas as medições sigam os padrões de medições nacionais e internacionais.
9. Anemômetros não mecânicos deverão ser usados em Competições Internacionais segundo as Regras 1.1(a) a (h) e para qualquer resultado submetido a ratificação como um Recorde Mundial.

    O anemômetro mecânico deve ter uma proteção apropriada para reduzir o impacto de qualquer vento cruzado. Quando tubos são usados, seu comprimento de cada lado do aparelho deve ser no mínimo duas vezes o diâmetro do tubo.
10. Para as provas de pista o Anemômetro será colocado ao lado da reta adjacente à raia 1 a 50 m da linha de chegada. Ele será posicionado a 1,22 m de altura e não mais de 2 m da pista.
11. O Anemômetro deve ser disparado e parado automaticamente e/ou remotamente e a informação enviada diretamente ao sistema de computação da competição.
12. Os períodos para os quais a velocidade do vento será medida a partir da chama do tiro de partida são os seguintes:

Tabela 5.1 – Medição da velocidade do vento

	Segundos
100 m	10
100 m com barreiras	13
110 m com barreiras	13

Na prova de 200m, a velocidade do vento será medida por um período de 10 segundos começando quando o primeiro corredor entrar na reta.

13. O registro do Anemômetro se fará em metros por segundo, arredondado até o seguinte decímetro superior, a menos que o segundo decimal seja zero, em sentido positivo. (Exemplo: um registro de +2,03 metros por segundo se anotará como +2,1; um registro de -2,03 metros por segundo se anotará como -2,0). Os anemômetros que produzem registros digitais expressos em decímetros por segundo deverão ser construídos de maneira que atendam esta Regra.

REGRA 164
Chegada

1. A chegada de uma corrida deve ser marcada por uma linha branca de 5 cm de largura.

Nota: No caso de eventos chegando fora do estádio, a linha de chegada deve ser de até 30 cm de largura e possivelmente de uma cor contrastante distintamente da superfície da área de chegada.

2. Os atletas devem ser classificados na ordem em que qualquer parte de seu corpo (ou seja, tronco, ficando excluídos cabeça, pescoço, braços, pernas, mãos ou pés) atinja o plano vertical que passa pela borda anterior da linha de chegada, conforme definido anteriormente.
3. Em qualquer corrida que seja decidida pela distância percorrida em determinado tempo, o Árbitro de Partida deve dar um tiro exatamente um minuto antes do término da prova, para avisar aos atletas e árbitros que a corrida está próxima do seu final. O Árbitro de Partida orientado diretamente pelo Cronometrista-chefe, exatamente no tempo apropriado após a saída, deve assinalar o fim da prova com um novo tiro. No momento em que o revólver é disparado no final da corrida, os Árbitros encarregados devem marcar o ponto exato em que cada atleta toca a pista pela última vez, ou simultaneamente com o tiro que encerra a prova.

A distância percorrida deve ser medida até o metro mais próximo atrás dessa marca. Antes do início da prova deve ser designado pelo menos um Árbitro para cada atleta, com a incumbência de marcar a distância percorrida.

REGRA 165
Cronometragem e Foto Finish

1. Três métodos alternativos de cronometragem são reconhecidos como oficiais:
   (a) Manual.
   (b) Elétrico totalmente automático obtido por um sistema de Foto Finish.
   (c) Sistema de transponder (chips) para competições realizadas somente segundo as Regras 230 (corridas não realizadas totalmente no estádio), 240 e 250.
2. O tempo será marcado no momento em que qualquer parte do corpo do atleta (quer dizer, o tronco, excluindo-se cabeça, pescoço, braços, pernas, mãos ou pés) alcance o plano vertical da borda mais próxima da linha de chegada.
3. Os tempos de todos os finalistas devem ser anotados. Além disso, quando possível, os tempos parciais em corridas de 800 m e acima, e os tempos intermediários a cada 1.000 m em corridas de 3.000 m e acima, devem ser registrados.

Cronometragem Manual
4. Os cronometristas devem estar alinhados com a chegada e do lado externo da pista e, onde possível, eles devem se posicionar a pelo menos 5 m da raia externa da pista. Para que todos possam ter uma boa visão da linha de chegada, uma plataforma elevada deve ser providenciada.
5. Os cronometristas devem usar o cronômetro eletrônico operado manualmente com leitura digital. Tais aparelhos são chamados "relógios" para os propósitos das Regras.

6. A volta e os tempos intermediários, conforme a Regra 165.3, devem também ser registrados pelos membros da equipe de cronometristas designados, utilizando relógios capazes de tomar mais de um tempo, ou por cronometristas adicionais.
7. O tempo será marcado a partir do flash/fumaça do revólver.
8. Três cronometristas oficiais (um dos quais deverá ser o Cronometrista-chefe) e um ou dois cronometristas adicionais tomarão o tempo do vencedor de cada prova. [Para Provas Combinadas, ver Regra 200.9(b)]. Os tempos registrados pelos relógios dos cronometristas adicionais não serão considerados, a menos que um ou mais relógios dos cronometristas oficiais falhem em registrar o tempo corretamente, caso em que os cronometristas adicionais serão chamados em ordem decidida previamente, de modo que em todas as corridas três relógios registrem o tempo oficial do vencedor.
9. Cada cronometrista agirá independentemente e sem mostrar seu relógio ou discutir seu tempo com qualquer outra pessoa, deverá anotar seu tempo no formulário oficial e, depois de assinar, entregar em mãos ao Cronometrista-chefe, que examinará os relógios para verificar os tempos registrados.
10. Em todas as corridas de pista cronometradas manualmente, os tempos devem ser lidos e registrados como se segue:
    (a) para corridas na pista, a menos que o tempo seja um exato 1/10° de um segundo, o tempo será lido e registrado para o próximo 1/10° de um segundo.
    (b) Para Corridas realizadas parcial ou totalmente fora do estádio, a menos que o tempo seja um segundo inteiro exato, o tempo deve ser convertido e registrado para o próximo segundo inteiro maior, por exemplo: 2:09:44:3 na Maratona será registrado como 2:09:45.

Todos os tempos que não terminem em zero no segundo decimal se converterão ao próximo décimo de segundo maior, por exemplo: 10.11 será registrado como 10.2.

11. Se, após converter como indicado acima, dois dos três relógios oficiais marcarem um mesmo tempo e o terceiro for diferente, o tempo

registrado por aqueles dois será o oficial. Se os três estiverem em desacordo, o intermediário será oficial. Se somente dispuser de dois tempos e ambos forem distintos, o oficial será o maior dos dois.

12. O Cronometrista-chefe, agindo de acordo com as Regras mencionadas, decidirá o tempo oficial para cada atleta e entregará o resultado ao Secretário da Competição para publicação.

Sistema de Cronometragem Totalmente Automático e Foto Finish

13. Equipamento de Cronometragem Totalmente Automático e Sistema de Foto Finish aprovados pela IAAF devem ser usados em todas as competições.

O Sistema

14. O Sistema será aprovado pela IAAF, baseando-se numa comprovação de sua exatidão feita nos quatro anos anteriores à competição. Deve ser disparado automaticamente pela pistola do Árbitro de Partida ou aparelho de saída aprovado, de maneira que o tempo total entre a detonação na boca do cano do revólver ou sua indicação visual equivalente e o disparo do sistema de cronometragem seja constante e igual ou inferior a um milésimo de segundo.

15. Um sistema de cronometragem que opera automaticamente, na saída ou na chegada, mas não em ambas, não será considerado como manual nem como totalmente automático e, portanto, não deverá ser usado para obter tempos oficiais. Neste caso, os tempos lidos no filme não serão, sob qualquer circunstância, considerados como oficiais, mas o filme pode ser usado como um apoio válido para determinar as colocações e ajustar os intervalos de tempo entre os atletas.

Nota: Se o mecanismo de cronometragem não é iniciado pelo disparo da pistola do Árbitro de Partida, a escala de tempos no filme deve indicar esse fato automaticamente.

16. O Sistema deve registrar a chegada através de uma câmera com uma régua vertical, posicionada ao longo da linha de chegada, produzindo

uma imagem contínua. A imagem deve também ser sincronizada com uma escala de tempo marcada uniformemente em 1/100 s.

De forma a confirmar se a câmera está corretamente alinhada e para facilitar a leitura do filme de Foto Finish, a interseção das linhas das raias e da linha de chegada deverá ser pintada de preto de uma maneira adequada. Qualquer desenho dessa natureza deve somente estar limitado à interseção, por não mais de 2 cm acima, e não se estender antes, até a borda principal da linha de chegada.

17. Os tempos e colocações dos atletas serão identificados a partir da imagem por meio de um cursor assegurando a perpendicularidade entre a escala de tempo e a linha de leitura.
18. O Sistema deve determinar e registrar automaticamente os tempos de chegada dos atletas e deve ser capaz de produzir uma imagem impressa que mostre o tempo de cada atleta.

Operação

19. O Árbitro-chefe de Foto Finish será responsável pelo funcionamento do Sistema. Antes do início da competição, ele reunirá a equipe técnica envolvida e se familiarizará com o equipamento. Em cooperação com o Árbitro-geral e o Árbitro de Partida, ele fará um teste de controle zero, antes do início de cada sessão, para assegurar que o equipamento é iniciado automaticamente pelo revólver do Árbitro de Partida dentro do limite identificado na Regra 165.14 (por exemplo, igual a ou inferior a 1/1000 segundo). Ele supervisionará o teste do equipamento e assegurará que a(s) câmera(s) esteja(m) corretamente alinhada(s).
20. Deverá haver pelo menos duas câmaras de Foto Finish em ação, uma de cada lado. Preferencialmente, estes sistemas de cronometragem devem ser tecnicamente independentes, por exemplo, com fontes de fornecimento de energia diferentes e gravando e recebendo o sinal do revólver do Árbitro de Partida, por equipamentos e cabeamentos separados.

Nota: Quando duas ou mais câmeras de Foto Finish forem usadas, uma deve ser designada como oficial pelo Delegado Técnico (ou Árbitro Internacional de Foto Finish, quando nomeado) antes do início da competição. Os tempos e colocações fornecidos pelas imagens de outra(s) câmera(s) não deverão ser considerados, a menos que existam razões para duvidar da acurácia da câmera oficial ou se houver necessidade de uso de imagens suplementares para resolver dúvidas na ordem de chegada (por exemplo: atletas total ou parcialmente obscurecidos na imagem pela câmera oficial).

21. Em conjunto com os dois Assistentes, o Árbitro-chefe de Foto Finish determinará os tempos dos atletas e suas respectivas colocações. Ele assegurará que esses resultados estão corretamente inseridos no sistema de resultados da competição e encaminhados ao Secretário da Competição.
22. Os tempos do Sistema de Foto Finish serão considerados como oficiais a menos que, por alguma razão, o árbitro respectivo decida que eles estão obviamente incorretos. Se este for o caso, os tempos obtidos pelos cronometristas manuais, se possível ajustados com base nas informações das diferenças de tempo obtidas pela imagem do Foto Finish serão os oficiais. Tais resultados dos Cronometristas reservas devem ser indicados quando houver qualquer possibilidade de falha do sistema de cronometragem.
23. Os tempos da fotografia do Foto Finish devem ser lidos e registrados da seguinte forma:
    (a) Para todas as corridas até e incluindo 10.000 m, o tempo deve ser lido e anotado em 1/100 de segundo. A menos que o tempo seja exato 1/100 de segundo, ele deverá ser lido 1/100 do segundo superior.
    (b) Para todas as corridas na pista acima de 10.000m, os tempos serão lidos em 1/100 de segundo e registrados em 1/10 de um segundo. Todos os tempos não terminados em zero serão convertidos e anotados a 1/10 de segundo superior; por exemplo: para 20.000 m, um tempo de 59:26.32 será registrado 59:26.4.
    (c) Para todas as corridas realizadas parcial ou inteiramente fora do estádio, o tempo será lido em 1/100 de segundo. Todos os tempos não terminados em dois zeros serão convertidos ao segundo superior; por exemplo, para Maratona, 2:09:44.32 será registrado 2:09:45.

Sistema de Cronometragem por Chip

24. A utilização de um sistema de cronometragem com chips em eventos realizados somente segundo as Regras 230 (corridas não realizadas completamente no estádio), 240 e 250 são permitidas desde que:

(a) Nenhum dos equipamentos utilizados na largada, ao longo do percurso ou na linha de chegada se constitua em significante obstáculo ou barreira ao progresso de um atleta.

(b) O peso do chip e seu modo de colocação no uniforme do atleta, número ou sapato não sejam significantes.

(c) O Sistema seja iniciado pelo revólver do Árbitro de Partida ou sincronizado com o sinal de partida.

(d) O Sistema não requer qualquer ação por um atleta durante a competição, na chegada ou em qualquer estádio, no processamento do resultado.

(e) A resolução seja 1/10 de um segundo (ex.: ele é capaz de separar a chegada dos atletas com 1/10 de segundo de diferença). Para todas as corridas, o tempo será lido para 1/10 de segundo e registrado para o segundo completo. Todos os tempos lidos que não terminem em zero serão convertidos e registrados para o segundo maior, ex.: para a Maratona, 2:09:44.3 será registrado como 2:09.45.

Nota: O tempo oficial será o tempo corrido entre o tiro do revólver de partida e a chegada do atleta na linha de chegada mais próxima da linha de largada. Entretanto, o tempo decorrido entre um atleta cruzando a linha de largada e a de chegada pode ser informado a ele, mas não será considerado um tempo oficial.

(f) Quando a determinação da ordem de chegada e os tempos podem ser considerados oficiais, Regras 164.2 e 165.2 podem ser aplicadas quando necessário.

Nota: Recomenda-se que os árbitros e/ou registros em vídeo sejam também providenciados para ajudar na determinação da ordem de chegada.

25. O Árbitro-chefe de Cronometragem com Transponder (Chip) será o responsável pelo funcionamento do Sistema. Antes do início da

competição, ele reunirá o pessoal técnico envolvido e se familiarizará com o equipamento. Ele supervisionará o teste do equipamento e assegurará que a passagem do chip pela linha de chegada registrará o tempo de chegada do atleta. Juntamente com o Árbitro-geral, ele assegurará, quando necessário, o requerido no dispositivo da Regra 165.24(f).

REGRA 166
Seriação, sorteios e qualificação em provas de pista

Séries e Eliminatórias
1. Serão realizadas fases preliminares (séries) nas provas de pista nas quais o número de atletas seja muito grande para permitir que a competição seja realizada satisfatoriamente em uma fase única (final). Quando rodadas preliminares forem realizadas, todos os atletas deverão competir nelas e se qualificarem através delas, todas estas rodadas, exceto no caso em que, a critério do órgão que tem o controle sobre a competição, segundo a Regra 1.1.(a), (b), (c) e (f), possa haver uma rodada de qualificação que é limitada a atletas que não tenham alcançado os índices de qualificação para a competição.
2. As séries eliminatórias serão montadas pelos Delegados Técnicos indicados. Se nenhum Delegado Técnico tiver sido indicado, elas serão montadas pelo Comitê Organizador.

As seguintes tabelas serão, na ausência de circunstâncias extraordinárias, usadas para determinar o número de fases e o número de séries em cada fase a ser realizada e os procedimentos de classificação, a seguir C por colocação e T por tempo, para cada fase das provas de pista:

Tabela 5.2 – 100 m, 200 m, 400 m, 100 m c/barreiras, 110 m c/ barreiras, 400 m c/ barreiras

Partici-pantes Inscritos	1ª Fase de Qualificação			2ª Fase de Qualificação			Semifinais		
	Séries	C	T	Séries	C	T	Séries	C	T
9–16	2	3	2						
17-24	3	2	2						
25-32	4	3	4				2	3	2
33-40	5	4	4				3	2	2
41-48	6	3	6				3	2	2
49-56	7	3	3				3	2	2
57-64	8	3	8	4	3	4	2	4	
65-72	9	3	5	4	3	4	2	4	
73-80	10	3	2	4	3	4	2	4	
81-88	11	3	7	5	3	1	2	4	
89-96	12	3	4	5	3	1	2	4	
97-104	13	3	9	6	3	6	3	2	2
105-112	14	3	6	6	3	6	3	2	2

Tabela 5.3 – 800 m, 4x100 m - 4x400 m

Partici-pantes Inscritos	1ª Fase de Qualificação			2ª Fase de Qualificação			Semifinais		
	Séries	C	T	Séries	C	T	Séries	C	T
9–16	2	3	2						
17-24	3	2	2						
25-32	4	3	4				2	3	2
33-40	5	4	4				3	2	2
41-48	6	3	6				3	2	2
49-56	7	3	3				3	2	2
57-64	8	2	8				3	2	2
65-72	9	3	5	4	3	4	2	4	
73-80	10	3	2	4	3	4	2	4	
81-88	11	3	7	5	3	1	2	4	
89-96	12	3	4	5	3	1	2	4	
97-104	13	3	9	6	3	6	3	2	2
105-112	14	3	6	6	3	6	3	2	2

Tabela 5.4 – 1.500 m, 3.000 m - 3.000 m c/ obstáculos

Participantes Inscritos	1ª Fase de Qualificação			Semifinais		
	Séries	C	T	Séries	C	T
16-30	2	4	4			
31-45	3	6	6	2	5	2
46-60	4	5	4	2	5	2
61-75	5	4	4	2	5	2

Tabela 5.5 – 5.000m

Participantes Inscritos	1ª Fase de Qualificação			Semifinais		
	Séries	C	T	Séries	C	T
20-40	2	5	5			
41-60	3	8	6	2	6	3
61-80	4	6	6	2	6	3
81-100	5	5	5	2	6	3

Tabela 5.6 – 10.000m

Participantes Inscritos	1ª Fase de Qualificação		
	Séries	C	T
28-54	2	8	4
55-81	3	5	5
82-108	4	4	4

Sempre que possível, representantes de cada país ou equipe e os atletas com melhores resultados devem ser colocados em séries diferentes em todas as rodadas da competição. Ao aplicar esta Regra após a primeira rodada, a troca de atletas entre as séries deve ser feita normalmente somente quando os atletas são de um ranking similar, conforme a Regra 166.3.

Nota (i): Ao organizar as séries recomenda-se que o máximo possível de informações sobre os resultados de todos os atletas seja considerado e as séries sorteadas de uma maneira que, normalmente, os que tenham melhores resultados cheguem à final.

Nota (ii): Para os Campeonatos Mundiais e Jogos Olímpicos, tabelas alternativas podem ser incluídas nos respectivos Regulamentos Técnicos.

Ranking e Composição das Séries

3. Após a primeira fase, os atletas devem ser colocados nas séries das fases subsequentes, utilizando a distribuição em zigue-zague de acordo com a disposição determinada pela lista relevante de resultados validos alcançados durante o período predeterminado.

Após a primeira rodada, os atletas serão colocados nas séries das rodadas subsequentes de acordo com os seguintes procedimentos:

(a) para provas de 100 a 400 m inclusive, e revezamento até e inclusive 4x400 m, a distribuição será baseada nas colocações e tempos de cada série anterior. Para esse fim, os atletas serão ranqueados como se segue:
- O vencedor da série mais rápida
- O vencedor da segunda série mais rápida
- O vencedor da terceira série mais rápida etc.
- O segundo colocado mais rápido
- O próximo segundo colocado mais rápido
- O terceiro segundo colocado mais rápido etc.
  (Concluindo com)
- O primeiro qualificado por tempo
- O segundo qualificado por tempo
- O terceiro qualificado por tempo etc.

(b) para outras provas, serão usadas as listas iniciais de resultados para a distribuição, modificadas somente pela melhora dos resultados obtidos nas séries anteriores.

Os atletas serão então colocados nas séries em ordem de distribuição por zigue-zague, por exemplo, três séries consistirão da seguinte ordem:

A	1	6	7	12	13	18	19	24
B	2	5	8	11	14	17	20	23
C	3	4	9	10	15	16	21	22

Em todos os casos, a ordem em que as séries serão corridas será determinada por sorteio após a composição das séries ter sido decidida.

Sorteio das Raias

4. Para as provas de 100 a 800 m, inclusive, e os revezamentos até e incluindo 4x400 m, quando há várias séries sucessivas de rodadas de uma corrida, as raias serão sorteadas da seguinte forma:
   (a) Na primeira fase a ordem de raias se determinará por sorteio.
   (b) Nas fases seguintes, os atletas serão ranqueados após cada fase de acordo com o procedimento mostrado na Regra 166.3 (a) ou no caso dos 800 m, 166.3 (b).
   Três sorteios serão realizados:
      (i) um para os quatro atletas ou equipes com melhores colocações, para determinar seus lugares nas raias 3, 4, 5 e 6.
      (ii) outro para o quinto e sexto atletas ou equipes ranqueados para determinar as posições nas raias 7 e 8.
      (iii) o outro para os dois atletas ou equipes em últimas colocações para determinar as posições nas raias 1 e 2.

Nota (i): Quando houver menos que oito raias se seguirá o sistema acima com as necessárias modificações.

Nota (ii): Em competições segundo a Regra 1.1 (d) a (j), a prova de 800 m pode ser realizada com um ou dois atletas em cada raia, ou em grupo utilizando a saída atrás da linha curva. Em competições realizadas segundo a Regra 1.1 (a), (b) (c) e (f), isto deve ser normalmente aplicado somente na primeira fase, a menos que devido a empates ou classificação determinada pelo Árbitro-geral, haja mais atletas na série de uma fase subsequente que foram antecipadas.

Nota (iii): em qualquer corrida de 800 metros, incluindo a final, quando, por qualquer razão, houver mais atletas competindo do que o número de raias disponíveis, o(s) Delegado(s) Técnico(s) determinará(ão) em que raias mais de um atleta será sorteado.

5. Um atleta não pode competir em uma série diferente da que lhe foi destinada, exceto em circunstâncias as quais, na opinião do Árbitro-geral, justificam uma alteração.
6. Em todas as fases preliminares, pelo menos o primeiro e o segundo colocados de cada série devem participar das séries seguintes,

recomendando-se que, onde possível, pelo menos três de cada série sejam qualificados.

Exceto quando se aplica a Regra 167, qualquer outro atleta pode qualificar-se por colocação ou por tempo de acordo com a Regra 166.2, o regulamento específico da competição, ou conforme determinado pelo(s) Delegado(s) Técnico(s). Quando os atletas forem classificados de acordo com os seus tempos, somente um sistema de cronometragem pode ser aplicado.

7. Os seguintes tempos mínimos devem ser permitidos, quando praticável, entre a última série de qualquer fase e a primeira série de uma fase subsequente ou final:

Tabela 5.1 – Tempos mínimos

Até e inclusive 200 m	45 minutos
Acima de 200 m a 1000 m inclusive	90 minutos
Acima de 1000 m	Não no mesmo dia

Final direta

8. Em competições sob a Regra 1.1(a), (b), (c) e (f), para provas acima de 800 m, revezamentos acima de 4x400 m e qualquer prova onde haja somente uma fase (final), as raias/posições serão sorteadas.

REGRA 167
Empates

1. Se os Árbitros ou Árbitros de Foto Finish não puderem separar os atletas para qualquer lugar de acordo com as Regras 164.2, 165.15, 165.21 ou 165.24 (onde possa ser aplicável), os empates permanecerão.
2. Ao determinar se houve um empate entre atletas em diferentes séries para uma posição no ranking de acordo com a Regra 166.3(a) ou para uma posição de qualificação para uma fase subsequente baseada em tempo, o Árbitro-chefe de Foto Finish deverá considerar os tempos reais obtidos pelos atletas em 1/1000 de um segundo.

Se desse modo (ou de acordo com a Regra 167.1) determinar que houve empate, os atletas empatados para uma posição no ranking, será feito o desempate através de sorteio. Quando houver um empate para uma posição de classificação para uma fase subsequente com base em tempo ou posição, os atletas empatados serão colocados na fase seguinte ou, se isto não for possível, eles serão sorteados para determinar quem será colocado na fase seguinte.

REGRA 168
Corridas com barreiras

1. Distâncias. As distâncias padrão são as seguintes:

Masculino – Adultos, Juvenis e Menores:	110 m, 400 m
Feminino – Adultos, Juvenis e Menores:	100 m, 400 m

Devem ser colocadas dez barreiras em cada raia, de conformidade com o especificado na seguinte tabela:

Tabela 5.8 – Masculino – Adultos, Juvenis e Menores

Distância da Prova	Distância da Linha de Saída à 1ª Barreira	Distância entre as Barreiras	Distância da Última Barreira à linha de Chegada
110 m	13,72 m	9,14 m	14,02 m
400 m	45 m	35 m	40 m

Tabela 5.9 – Feminino – Adultos, Juvenis e Menores

Distância da Prova	Distância da Linha de Saída à 1ª Barreira	Distância entre as Barreiras	Distância da Última Barreira à linha de Chegada
100 m	13 m	8,50 m	10,50 m
400 m	45 m	35 m	40 m

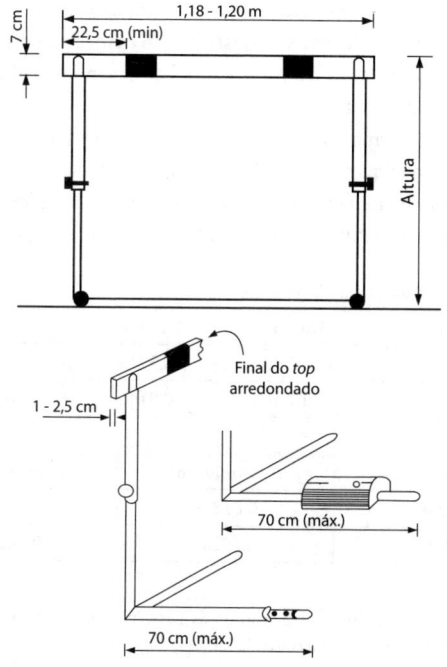

Figura 5.2 – Exemplo de barreira.

Cada barreira será colocada na pista de maneira que as suas bases fiquem no lado em que o atleta se aproxima. A barreira será colocada de forma que a borda da barra de madeira coincida com a marca na pista mais próxima do atleta.

2. Construção. As barreiras devem ser feitas de metal ou outro material adequado, com a barra superior de madeira ou outro material apropriado. Devem consistir de duas bases e duas hastes sustentando o quadro retangular reforçado por uma ou mais barras transversais, ficando as hastes fixas nas extremidades de cada base. A barreira deve ser feita de tal forma que para derrubá-la seja necessária uma força pelo menos igual ao peso de 3.6 kg aplicada horizontalmente para o centro da borda de cima da barra superior. A

barreira deve ser ajustável quanto à altura exigida para cada prova. Os contrapesos devem ser ajustáveis de maneira que sempre seja necessária uma força de, no mínimo, 3,6 kg e, no máximo 4 kg para derrubar a barreira.

O desvio máximo horizontal do topo da barra de uma barreira (incluindo qualquer desvio das hastes) quando sujeito a uma força central aplicada é igual ao peso de 10 kg e não excederá 35 mm.

3. Dimensões. As alturas padrão das barreiras são as seguintes:

Tabela 5.10 – Altura das barreiras

Masculino	Adulto	Juvenil	Menores
110 m	1.067 m	0,991 m	0,914 m
400 m	0.914 m	0,914 m	0,838 m

Feminino	Adulto/Juvenil	Menores
100 m	0,838 m	0,762 m
400 m	0,762 m	0,762 m

Nota: Devido a variações de fabricantes, as barreiras até 1,000 m são também aceitáveis nos 110 m com barreiras Juvenil.

Em cada caso haverá uma tolerância permitida de 3mm, acima e abaixo das alturas padrão, para permitir a variação na fabricação.

A largura das barreiras será de 1,18 m a 1.20 m. O comprimento máximo das bases será de 70 cm. O peso total das barreiras não deverá ser inferior a 10 kg.

4. A altura da barra superior deve ser de 7 cm ± 5 mm. A espessura desta barra deve ser entre 1 cm e 2,5 cm, e as bordas superiores deverão ser arredondadas. A barra deve ser firmemente fixada nas extremidades.
5. A barra superior deve ser pintada em preto e branco ou com cores fortemente contrastantes (e também em contraste com o ambiente) de modo que as cores mais claras fiquem na extremidade de cada barra e que tenha 22,5 cm, pelo menos, de largura na parte externa.

6. Todas as corridas devem ser disputadas em raias marcadas e cada atleta deverá manter-se em sua própria raia durante todo o percurso, exceto conforme o previsto na Regra 163.4.
7. Cada atleta saltará cada barreira. A falha em assim fazê-lo resultará em desqualificação.

    Além disso, um atleta será desqualificado se ele:
    (a) passar seu pé ou perna abaixo do plano horizontal da parte superior de alguma barreira, no momento da passagem, em ambos os lados.
    (b) na opinião do Árbitro-geral, derrubar, deliberadamente, qualquer barreira.
8. Exceto como especificado na Regra 168.7(b), a queda de barreiras não resultará em desqualificação nem o impedirá de estabelecer um recorde.
9. Para o estabelecimento de um Recorde Mundial todas as barreiras devem estar de acordo com as especificações desta Regra.

REGRA 169
Corridas com obstáculos

1. As distâncias padrão serão 2.000 m e 3.000 m
2. Haverá 28 saltos sobre obstáculos e 7 sobre o fosso de água na prova de 3.000 m e 18 saltos sobre obstáculos e 5 sobre o fosso de água na prova de 2.000 m.
3. Para as provas com obstáculos, haverá 5 saltos por volta após a linha de chegada ter sido passada pela primeira vez, sendo a passagem do fosso o quarto dos mesmos. Os saltos estarão distribuídos de forma regular, de maneira que a distância entre eles seja aproximadamente a quinta parte do comprimento normal de uma volta.

Nota: Na prova de 2.000 m, se o fosso de água estiver no lado interno da pista, a linha de chegada terá que ser passada duas vezes antes da primeira volta com cinco saltos.

4. Na prova de 3.000 m, a distância da saída ao começo da primeira volta não deve incluir nenhum salto, devendo ser removidos os obstáculos até que os atletas tenham iniciado a primeira volta. Na prova de 2.000 m, o primeiro salto é o terceiro obstáculo de uma volta normal. Os obstáculos anteriores serão removidos até que os atletas tenham passado por ele pela primeira vez.
5. Os obstáculos devem ter 91,4 cm para provas masculinas e 76,2 cm para provas femininas (± 3 mm ambos) de altura e, pelo menos, 3,94 m de largura. A seção superior do travessão, inclusive do obstáculo do fosso, deve ser um quadrado de 12,7 cm de lado.

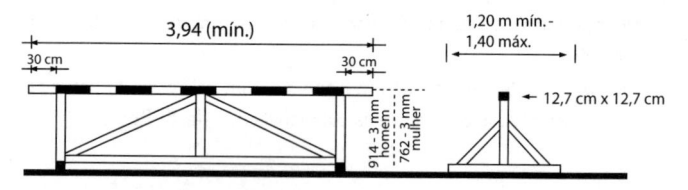

Figura 5.3 – Exemplo de obstáculo.

O obstáculo no fosso deve ter 3,66 m ± 0,02 m de largura, e deve ser fixado firmemente no solo, de maneira que nenhum movimento horizontal seja possível.

As barras superiores serão pintadas com faixas em branco e preto, ou em outras cores fortemente contrastantes (e também em contraste com o ambiente), de tal modo que as faixas mais claras, que terão o comprimento de 22,5 cm no mínimo, fiquem nas extremidades.

Cada obstáculo deve pesar entre 80 kg e 100 kg. Cada obstáculo deverá ter em cada lado uma base de 1,2 m a 1,4 m de comprimento. (ver Figura 3).

O obstáculo deve ser colocado na pista de forma que 30 cm de seu travessão superior penetrem no campo pela borda interna da pista.

Nota: Recomenda-se que o primeiro obstáculo a ser transposto tenha no mínimo 5 m de largura.

6. O fosso d'água, incluindo o obstáculo, deve ter 3,66 m (± 0,02 m) de comprimento e o tanque deve ter 3,66 m (± 0,02 m) de largura. O fundo do tanque deve consistir de um revestimento sintético, ou esteira, de uma espessura suficiente para assegurar uma queda segura, e permitir maior firmeza nos sapatos de pregos. A profundidade do fosso mais próximo ao obstáculo deve ser de 70 cm por 30 cm aproximadamente. Deste ponto em diante, o fundo deve ter uma inclinação uniforme até o nível da pista no lado mais distante do tanque. No início da corrida, a superfície de água deve estar nivelada com a superfície da pista dentro da margem de 2 cm.

Nota: A profundidade da água do tanque a partir do nível da superfície deve ser reduzida de 70 cm até 50 cm. A inclinação uniforme da parte mais baixa da água será mantida como mostrado no desenho a seguir. Recomenda-se que todos os novos tanques sejam construídos com a nova profundidade deste a superfície.

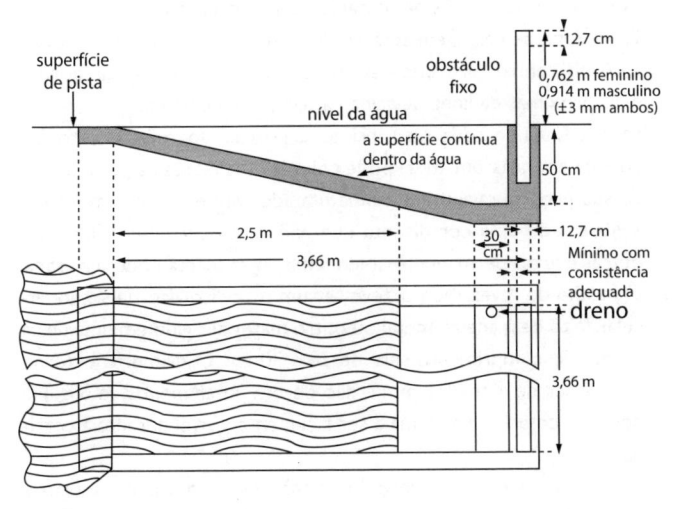

FIGURA 5.4 – Fosso d'água.

7. Cada atleta deverá ultrapassar cada obstáculo e passar por cima ou pela água. A falha em assim fazê-lo resultará em uma desqualificação.

Além disso, um atleta será desqualificado se ele:
(a) pisar em um lado ou outro do fosso; ou
(b) passar seu pé ou perna abaixo do plano horizontal da parte superior do obstáculo no instante da passagem.

Desde que siga esta Regra, um atleta pode ultrapassar cada obstáculo de qualquer maneira.

REGRA 170
Corridas de revezamentos

1. As distâncias oficiais serão: 4x100 m, 4x200 m, 4x400 m, 4x800 m, Revezamento Medley 100 m-200 m-300 m-400 m, 4x1500 m.
2. Linhas de 5 cm de largura deverão ser pintadas na pista para marcar as distâncias das zonas de passagem e a linha central.
3. Cada zona de passagem será de 20 m de distância, tendo o ponto zero no centro. As zonas devem começar e terminar nas bordas mais próximas da linha de saída na direção da corrida.
4. Marcas. Quando toda ou a primeira porção do revezamento for corrida em raias, um atleta pode colocar uma marca na pista dentro de sua própria raia, usando uma fita adesiva de, no máximo, 5 cm x 40 cm, de uma cor distinta que não possa ser confundida com outras marcas permanentes. Nenhuma outra marca pode ser usada.
5. O bastão de revezamento deve ser um tubo liso oco, de seção circular, feito de madeira, metal ou outro material rígido em uma única peça, cujo comprimento será de 28 a 30 cm. O diâmetro externo deverá ser de 4 cm ± 2 mm e não deverá pesar menos de 50g. Ele deve ser colorido de forma a ser facilmente visível durante a corrida.
6. O bastão deverá ser carregado na mão durante a corrida. Não é permitido aos atletas o uso de luvas ou a colocação de material [exceto aqueles permitidos pela Regra 144.2(f)] ou substâncias em suas mãos a fim de obter uma melhor pegada do bastão. Se derrubado, ele deve ser recuperado pelo atleta que o derrubou. Ele pode

deixar sua raia para recuperar o bastão desde que ele, ao assim fazê-lo, não encurte a distância a ser percorrida. Além disso, quando o bastão é derrubado de maneira que ele se mova para os lados ou para a frente na direção da corrida (incluindo após a linha de chegada), o atleta que o derrubou, após recuperá-lo, deve retornar pelo menos ao ponto onde ele estava em sua mão, antes de continuar a corrida. Desde que estes procedimentos sejam adotados, onde aplicável, e nenhum outro atleta esteve impedido, a queda do bastão não resultará em desqualificação. De outro modo, se um atleta não obedecer a esta Regra sua equipe será desqualificada.

7. O bastão deve ser passado dentro da zona de passagem. A passagem do bastão começa quando ele é primeiro tocado pelo atleta que o recebe e é completado no momento em que está somente na mão do atleta que o recebe. Em relação à zona de passagem, esta é a única posição do bastão que é decisiva. Passar o bastão fora da zona de passagem resultará em desqualificação.

8. Os atletas, antes de receber e/ou após passar o bastão, devem manter-se em suas raias ou manter suas posições até que o curso esteja livre para evitar obstrução de outros atletas. As Regras 163.3 e 163.4 não se aplicam a esses atletas. Se um atleta, deliberadamente, impede um membro de outra equipe por correr fora de sua posição ou raia no final de seu estágio, sua equipe será desqualificada.

9. Ajuda por empurrar ou por outro método resultará em desqualificação.

10. Cada membro de uma equipe de revezamento somente pode correr uma perna. Qualquer dos quatro atletas dentre aqueles inscritos para a competição, se para aquele ou outro evento, pode ser usado na composição da equipe de revezamento para qualquer rodada. Entretanto, uma vez que uma equipe de revezamento tenha iniciado em uma competição, somente dois atletas adicionais podem ser usados como substitutos na composição da equipe. Se uma equipe não seguir esta Regra ela será desqualificada.

11. A composição de uma equipe e a ordem de corrida para um revezamento será oficialmente declarada o mais tardar uma hora antes da publicação da primeira chamada para a primeira série de cada rodada da competição. Alterações adicionais devem ser verificadas por

um oficial médico nomeado pelo Comitê Organizador e podem ser feitas somente até o momento da chamada final para a série em particular na qual a equipe esteja competindo. Se uma equipe não seguir esta Regra ela será desqualificada.

12. A prova de Revezamento 4x100 m será corrida totalmente em raias.
13. A prova de Revezamento 4x200 m pode ser corrida em qualquer uma das formas abaixo:
    (a) quando possível, inteiramente em raias (quatro curvas em raias);
    (b) em raias nas duas primeiras pernas, bem como aquela parte da terceira perna até a borda mais próxima da linha de raia livre descrita na Regra 163.5, onde atletas podem deixar suas respectivas raias (três curvas em raias).
    (c) em raias para a primeira perna até a borda mais próxima da linha de raia livre descrita na Regra 163.5, onde os atletas podem deixar suas respectivas raias (uma curva em raias).

Nota: Quando não houver mais de quatro equipes competindo, a opção (c) pode ser usada.

14. A prova de Revezamento Medley deve ser corrida em raias para as duas primeiras pernas, assim como parte da terceira perna até a borda mais próxima da linha de raia livre descrita na Regra 163.5, onde atletas podem deixar suas respectivas raias (duas curvas em raias).
15. A prova de Revezamento 4x400 pode ser corrida em qualquer uma das formas abaixo:
    (a) em raias na primeira perna, bem como aquela parte da segunda perna até a borda mais próxima da linha de raia livre descrita na Regra 163.5, onde os atletas podem deixar suas respectivas raias (três voltas em raias),
    (b) em raias para a primeira perna até a borda mais próxima da linha de raia livre descrita na Regra 163.5, onde atletas podem deixar suas respectivas raias (uma curva em raias).

Nota: Quando não houver mais de quatro equipes competindo, recomenda-se que a opção (b) seja usada.

16. A prova de revezamento 4x800 m pode ser corrida em qualquer das seguintes formas:
    (a) em raias para a primeira perna até a borda mais próxima da linha de raia livre descrita na Regra 163.5, onde atletas podem deixar suas respectivas raias (uma curva em raias).
    (b) sem o uso de raias.
17. A prova de Revezamento 4x1500 m deve ser corrida sem o uso de raias.
18. Nas provas de Revezamento 4x100 m e 4x200 m, os membros de uma equipe, exceto o primeiro corredor, e no Revezamento Medley o segundo e o terceiro, podem começar a correr de uma distância não superior a 10 m fora da zona de passagem (ver Regra 170.3). Deverá ser feita uma marca em cada raia para demarcar o limite deste prolongamento. Se um atleta não obedecer esta Regra sua equipe será desqualificada.
19. Nas provas de Revezamento 4x400 m, 4x800 m e 4x1500 m, e para a última passagem do bastão no Revezamento Medley, os atletas não podem começar a correr fora de suas respectivas zonas de passagem e deverão começar a correr dentro desta zona. Se um atleta não obedecer esta Regra sua equipe será desqualificada.
20. Na prova de Revezamento 4x400 m os atletas que correm a terceira e quarta pernas e no Revezamento Medley, os atletas correndo a perna final deverão, seguindo a direção de um oficial designado, se colocar em suas posições de espera na mesma ordem (de dentro para fora) como a ordem dos membros de suas respectivas equipes quando eles passam o ponto de 200 m a partir do final de suas pernas. Uma vez que os atletas que estão vindo passem por este ponto, os atletas que estão aguardando deverão manter suas ordens, e não podem trocar as posições no início da zona de passagem. Se um atleta não obedecer esta Regra sua equipe será desqualificada.

Nota: Na prova de Revezamento 4x200 m (se este evento não for corrido totalmente em raias) os atletas na quarta perna deverão se alinhar na ordem da lista de largada (de dentro para fora).

21. Em qualquer prova, quando não são corridas em raias, incluindo, quando aplicável, nas provas de Revezamento 4x200 m, 4x400 m e

Revezamento Medley, os atletas que estão aguardando podem tomar uma posição interna na pista enquanto os membros da equipe estão se aproximando, desde que eles não empurrem ou obstruam outro atleta de modo a impedir seu progresso. Nas provas de Revezamento 4x200 m, 4x400 m e Revezamento Medley, os atletas que estão aguardando devem manter a ordem de acordo com a Regra 170.20. Se um atleta não obedecer a esta Regra sua equipe será desqualificada.

Seção IV – Provas de Campo

REGRA 180
CONDIÇÕES GERAIS

Aquecimento na Área de Competição
1. Na área de competição e antes do início da prova, cada atleta pode realizar várias tentativas. Nas provas de arremessos e lançamentos, as tentativas deverão ser feitas na ordem de sorteio e sempre sob a supervisão de árbitros.
2. Uma vez que a competição tenha começado, não será permitido aos atletas usar para treinamento, conforme apropriado:
   (a) o corredor ou a área de impulsão;
   (b) varas;
   (c) implementos;
   (d) círculos ou a área dentro do setor, com ou sem implementos.

Marcas
3. (a) Em todas as provas de campo onde se utilize um corredor poderão ser colocadas marcas ao longo do mesmo, exceto no Salto em Altura, onde as marcas poderão ser colocadas dentro da área de impulsão. Um atleta pode colocar uma ou duas marcas (fornecidas ou aprovadas pelo Comitê Organizador) para auxiliá-lo

em sua corrida e impulsão. Se tais marcas não forem fornecidas, ele pode usar uma fita adesiva, que não seja giz ou similar, nem qualquer outra substância que deixe marcas permanentes.

(b) Para lançamentos a partir de um círculo, um atleta pode usar somente uma marca. Esta marca pode ser colocada no solo ou na área imediatamente atrás ou adjacente ao círculo. Ela deve ser temporária, em posição somente para a duração da tentativa do próprio atleta e não poderá impedir a visão do árbitro. Nenhuma marca pessoal (além daquelas previstas na Regra 187.21) pode ser colocada dentro ou ao lado da área de queda.

Ordem de Competição

4. Os atletas deverão competir em uma ordem feita por sorteio. A falha em assim fazê-lo resultará na aplicação das Regras 125.5 e 145.2. Se houver uma rodada preliminar, haverá um novo sorteio para a final (ver também Regra 180.5).

Tentativas

5. Em todas as provas de campo, exceto para o Salto em Altura e Salto com Vara, onde houver mais de oito atletas, cada atleta terá direito a três tentativas e os oito atletas com os melhores resultados válidos terão direito a três tentativas adicionais. Exceto para o Salto em Altura e Salto com Vara, nenhum atleta terá direito a mais de uma tentativa registrada em qualquer fase da competição.

Em caso de empate na última colocação, este se resolverá de acordo com o disposto na Regra 180.19.

Quando houver oito atletas ou menos, cada atleta terá direito a seis tentativas. Se mais de um atleta falhar em obter uma tentativa válida durante as primeiras três rodadas, tais atletas competirão nas rodadas subsequentes antes daqueles com tentativas válidas, na mesma ordem relativa de acordo com a ordem original.

No caso de haver menos de 8 atletas competindo e ocorrer empate após as 3 primeiras tentativas, os atletas empatados mantêm a ordem original estabelecida (ordem da lista de saída) para suas tentativas seguintes.

Em ambos os casos:
(a) a ordem das **três últimas** rodadas das tentativas deverá ser na ordem inversa do ranking registrado após as três primeiras rodadas de tentativas.
(b) Quando uma ordem de competição for modificada e houver um empate para qualquer posição, aqueles que estiverem empatados competirão na mesma ordem relativa, de acordo com a sequência original.

Nota(i): Para Saltos Verticais, ver Regra 181.2.

Nota (ii) Se um ou mais atletas são permitidos pelo arbitro geral para continuar a competir sob protesto, de acordo com a Regra 146.4 (b), tais atletas competirão em todas as rodadas subsequentes se mais de um, na mesma ordem relativa de acordo com a distribuição original.

Nota (iii): É permissível, para o controle do organizador, especificar nos Regulamentos que onde houver mais de oito atletas em um evento, todos os atletas podem ter quatro tentativas.

Conclusão das Tentativas
6. O árbitro não levantará uma bandeira branca para indicar uma tentativa válida até que ela tenha sido concluída.
   A conclusão de uma tentativa válida será determinada como se segue:
   (a) No caso de saltos verticais, somente o árbitro pode determinar que não há falha de acordo com as Regras 182.2, 183.2 ou 183.4.
   (b) No caso de saltos horizontais, uma vez que o atleta deixe a área de queda de acordo com a Regra 185.1
   (c) No caso de provas de lançamentos, uma vez que o atleta deixe o círculo ou o corredor de acordo com a Regra 187.17.

Provas de Qualificação
7. Uma fase de qualificação será realizada em provas de campo nas quais o número de atletas seja muito grande para permitir que a competição seja conduzida satisfatoriamente em uma única fase (final). Quando uma fase de qualificação é realizada, todos os atletas

devem participar dela e se qualificarão através dela. Resultados obtidos na fase de qualificação não serão considerados parte da final.

8. Os atletas serão normalmente divididos em dois ou mais grupos, aleatoriamente, mas quando for possível, que representantes de cada nação ou equipe sejam colocados em grupos diferentes. A menos que haja instalações para que os grupos compitam ao mesmo tempo e sob as mesmas condições, cada grupo deve iniciar seu aquecimento imediatamente após o grupo anterior ter competido.

9. É recomendado que, em competições com duração superior a três dias, seja reservado um dia de descanso entre as competições de qualificação e as finais nas provas de saltos verticais.

10. As condições para qualificação, o índice de qualificação e o número de atletas na final será decidido pelo(s) Delegado(s) Técnico(s). Se um Delegado(s) Técnico(s) não for indicado, as condições serão decididas pelo Comitê Organizador. Para competições conduzidas sob a Regra 1.1(a), (b) ,(c) e (f), deverá haver no mínimo 12 atletas na final.

11. Em uma competição de qualificação, com exceção dos Saltos em Altura e com Vara, cada atleta terá direito a três tentativas. Uma vez que o atleta conseguiu o índice para qualificação, ele não poderá mais participar daquela competição de qualificação.

12. Na competição de qualificação para o Salto em Altura e o Salto com Vara, os atletas que forem não eliminados após três saltos nulos consecutivos continuarão a competir de acordo com a Regra 181.2 até o final da última tentativa, na altura estipulada como Índice de Qualificação, a menos que o número de atletas para a final tenha sido obtido conforme definido na Regra 180.10.

13. Se nenhum atleta, ou menos que o mínimo requerido de atletas, atingir o índice de qualificação predeterminado, o grupo de finalistas será expandido para o número de atletas adicionados, de acordo com seus resultados. Os empates na última colocação nos índices de qualificação da competição serão decididos de acordo com a Regra 180.19 ou a Regra 181.8, como apropriado será aplicado. Se assim for determinado que houve um empate, os atletas empatados serão colocados na final.

14 Quando uma competição de qualificação para o Salto em Altura e o Salto com Vara é realizada em dois grupos simultâneos, é recomendado que a barra seja elevada a cada altura ao mesmo tempo em cada grupo. É também recomendado que os dois grupos tenham nível técnico aproximadamente igual.

Obstrução

15. Se, por qualquer motivo, um atleta é prejudicado em uma tentativa, o Árbitro-geral terá autoridade para conceder-lhe uma tentativa extra.

Atrasos

16. Um atleta em uma prova de campo que sem razão retarda a realização de uma tentativa, torna-se passível de ter aquela tentativa anulada e registrada como uma falta. É um assunto para o Árbitro-geral decidir, tendo considerado todas as circunstâncias sobre o que seja um atraso sem razão.

O Árbitro responsável indicará ao atleta que tudo está pronto para o início da tentativa e o período permitido para essa tentativa começará naquele momento. Se um atleta posteriormente decidir não efetuar uma tentativa, será considerado uma falta uma vez que o período permitido para a tentativa tenha passado.

Para as provas de Salto com Vara, o tempo começará quando os postes tiverem sido ajustados de acordo com o desejo prévio do atleta. Tempos adicionais não serão permitidos para maiores ajustes. Se o tempo permitido findar no momento em que o atleta iniciou sua tentativa, aquela tentativa não pode ser anulada.

Os seguintes tempos não devem ser normalmente excedidos:

Tabela 5.11 – Prova Individual

	Número de atletas ainda competindo		
	SA	SV	Outra
mais que 3	1 min	1 min	1 min
2 ou 3	1,5 min	2 min	1 min
1	3 min	5 min	-
Tentativas consecutivas	2 min	3 min	2 min

Tabela 5.12 – Provas Combinadas

Número de atletas ainda competindo			
	SA	SV	Outra
mais que 3	1 min	1 min	1min
2 ou 3	1,5 min	2 min	1min
1 ou tentativas consecutivas	2 min	3 min	2 min

Nota (i): Um relógio, o qual deve ser visível, mostrará o tempo restante permitido ao atleta. Além disso, um árbitro deve erguer e manter erguida uma bandeira amarela, ou indicar de outra maneira, quando restarem 15 segundos do tempo permitido.

Nota (ii): No Salto em Altura e Salto com Vara, qualquer mudança no período de tempo permitido para uma tentativa não será aplicada até que a barra seja elevada a uma nova altura, exceto aquela que o tempo especificado para as tentativas consecutivas, sempre que qualquer atleta tenha duas ou mais tentativas consecutivas.

Nota (iii): Para a primeira tentativa de qualquer atleta, após entrar na competição, o tempo permitido para tal tentativa será de um minuto.

Nota (iv): Quando do cálculo do número de competidores restantes na competição devem-se incluir aqueles atletas que podem estar envolvidos em um desempate para o primeiro lugar.

Ausência durante a competição
17. Em Provas de Campo, um atleta pode, com a permissão de, e acompanhado por um Árbitro, deixar a área da prova durante o progresso da competição.

Mudança do local ou horário da competição
18. O Delegado Técnico ou o Árbitro-geral apropriado terá autoridade para mudar o horário ou local da competição se, em sua opinião, as condições justificarem a mudança. Tal mudança será feita somente após o término de uma rodada.

Nota: A força do vento e sua mudança de direção não são condições suficientes para mudar a hora ou o local da competição.

Empates

19. Nas provas de campo, exceto para o Salto em Altura e Salto com Vara, o segundo melhor resultado dos atletas empatados decidirá o empate. Se necessário, o terceiro melhor, e assim por diante.

    Exceto em Saltos Verticais, no caso de um empate para qualquer lugar, incluindo o primeiro lugar, o empate deverá permanecer.

Nota: Para Saltos Verticais, ver Regra 181.8 e 181.9.

Resultado

20. A cada atleta será creditado o melhor de seus resultados, incluindo aqueles conseguidos no desempate do primeiro lugar.

A. Saltos Verticais

REGRA 181
Condições gerais

1. Antes do início da competição, o Árbitro-chefe anunciará aos atletas a altura inicial e as subsequentes para as quais a barra será elevada ao fim de cada fase até que haja somente um atleta ainda competindo que tenha vencido a prova ou haja um empate para primeiro lugar.

Tentativas

2. Um atleta pode começar a saltar em qualquer altura previamente anunciada pelo Árbitro-chefe e pode saltar, à sua escolha, em qualquer altura subsequente. Três falhas consecutivas, independentemente da altura na qual tais falhas ocorreram, desclassificam o competidor para outros saltos, exceto no caso de um empate no primeiro lugar.

    O efeito desta Regra é que um atleta pode rejeitar sua segunda ou terceira tentativa em uma particular altura (após falhar pela primeira ou segunda vez) e ainda saltar em uma altura subsequente.

Se um atleta rejeita uma tentativa em uma certa altura, ele não pode saltar qualquer tentativa subsequente naquela altura, exceto no caso de empate no primeiro lugar.

No caso do Salto em Altura e Salto com Vara, se um atleta não se apresentar quando todos os demais que estão presentes tenham terminado de competir, o Árbitro-geral julgará que tal atleta(s) abandonou a competição, uma vez que o período para uma nova tentativa já expirou.

3. Mesmo após todos os outros atletas terem falhado, um atleta tem o direito de continuar saltando até que tenha perdido esse direito de continuar competindo.
4. A menos que reste somente um atleta e que ele tenha vencido a competição:
   (a) a barra nunca será elevada em menos de 2 cm no Salto em Altura e 5 cm no Salto com Vara, após cada fase; e
   (b) nunca deverá ser aumentada a medida pela qual a barra está sendo elevada.

Esta Regra 181.4 (a) e (b) não será aplicada uma vez que os atletas que ainda estejam competindo concordem em elevar a barra diretamente à altura de um Recorde Mundial.

Após um atleta ter vencido a competição, a altura ou alturas para a qual a barra será elevada deve ser decidida pelo atleta, após consulta com o Árbitro ou Árbitro-geral.

Nota: Isto não se aplica em Competições de Provas Combinadas.

Nas Competições de Provas Combinadas realizadas sob a Regra 1.1 (a), (b), (c) e (f), cada elevação da barra será uniformemente de 3 cm no Salto em Altura e de 10 cm no Salto com Vara durante toda a competição.

Medidas

5. Todas as medidas devem ser feitas em centímetros redondos perpendicularmente do piso à parte mais baixa do lado superior da barra.

6. Qualquer medida de uma nova altura deve ser feita antes dos atletas iniciarem suas tentativas em tal altura. Em todos os casos de recordes, os Árbitros devem verificar a medida quando a barra é colocada na altura do recorde e eles devem checar novamente a medida antes de cada tentativa subsequente se a barra for tocada desde a última medição.

Barra Transversal

7. A barra transversal deve ser feita de fibra de vidro, ou outro material apropriado que não seja metal, circular na seção transversal, exceto nas extremidades. O comprimento total da barra transversal será de 4,00 m (± 2 cm) no Salto em Altura e 4,50 m (± 2 cm) no Salto com Vara. O peso máximo da barra será de 2kg no Salto em Altura e 2,25kg no Salto com Vara. O diâmetro da parte circular da barra será de 30mm (± 1mm).

A barra transversal consistirá de três partes - a barra circular e duas peças nas extremidades, cada uma medindo 30-35mm de largura e 15-20cm de comprimento com o objetivo de apoiar nos suportes dos postes.

Estas extremidades devem ser circulares ou semicirculares com superfície achatada definida claramente na qual a barra se apóia no suporte da barra transversal. Esta superfície achatada não pode ser mais alta que o centro da seção vertical da barra transversal. Elas devem ser duras e lisas.

Elas não devem ser cobertas com borracha ou qualquer outro material que tenha o efeito de aumentar o atrito entre elas e os suportes. A barra transversal não deverá ter nenhuma inclinação e, quando estiver em seu lugar, poderá vergar um máximo de 2cm no Salto em Altura e 3cm no Salto com Vara.

Controle de Elasticidade: Pendure um peso de 3kg no centro da barra transversal quando estiver em sua posição. Ela deve vergar um máximo de 7 cm no Salto em Altura e 11 cm no Salto com Vara.

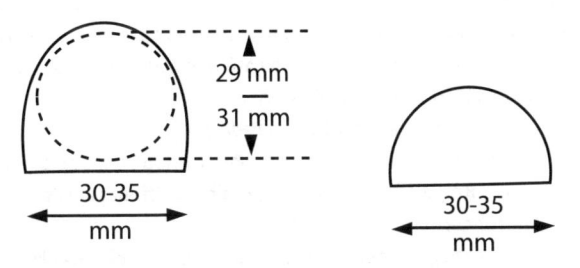

Figura 5.5 – Alternativa de ponteiras para barra transversal.

Colocações

8. Se dois ou mais atletas ultrapassarem a mesma altura final o, procedimento, para decidir as colocações serão os seguintes:
   (a) O atleta com o número menor de saltos na altura onde ocorrer o empate será considerado o de melhor colocação.
   (b) Se os atletas permanecerem na posição, após a aplicação da Regra 181.8(a), o atleta com o menor número total de saltos falhos em toda a prova até e incluindo a última altura ultrapassada será considerado o de melhor colocação.
   (c) Se os atletas ainda estiverem empatados após a aplicação da Regra 181.8(b), o atleta em questão será considerado a mesma posição, a menos que seja relativo ao primeiro lugar.
   (d) Se relativo ao primeiro lugar, um salto extra entre estes atletas será conduzido de acordo com a Regra 181.9, a menos que decidido de outro modo, tanto antecipadamente de acordo com os Regulamentos Técnicos aplicados à competição ou durante a mesma, mas antes do início da competição pelo Delegado Técnico ou Árbitro-geral, se nenhum Delegado Técnico tiver sido indicado. Se nenhum salto extra for realizado, incluindo quando os atletas pertinentes em qualquer fase decidirem não saltar mais, o empate para o primeiro lugar permanecerá.

Nota: Esta Regra (d) não se aplicará a Provas Combinadas.

Saltos Extras

9. (a) Os atletas em questão devem saltar em todas as alturas até que uma decisão seja alcançada ou até que todos os atletas concernentes decidam não mais saltar.
   (b) Cada atleta terá um salto em cada altura.
   (c) A tentativa iniciará na próxima altura determinada de acordo com a Regra 181.1 após a última altura ultrapassada pelos atletas concernentes.
   (d) Se não chegar a nenhuma decisão a barra será elevada se mais de um atleta envolvido for bem-sucedido, ou abaixada se todos eles falharem, de 2 cm para o Salto em Altura e 5cm para o Salto com Vara.
   (e) Se um atleta não saltar em uma altura ele automaticamente abriu mão de qualquer direito a uma posição mais alta. Se somente um outro atleta então permanecer ele será declarado o vencedor, independentemente dele ter tentado aquela altura.

Salto em altura – Exemplo

Tabela 5.13– Alturas anunciadas pelo Árbitro-chefe no início da competição: 1,75 m; 1,80 m; 1,84 m; 1,88 m; 1,91 m; 1,94 m; 1,97 m; 1,99 m...

Atleta	Alturas							Nulos	Saltos Extras			Pos.
	1,75 m	1,80 m	1,84 m	1,88 m	1,91 m	1,94 m	1,97 m		1,91 m	1,89 m	1,91 m	
A	O	XO	O	XO	X-	XX		2	X	O	X	2
B	-	XO	-	XO	-	-	XXX	2	X	O	O	1
C	-	O	XO	XO	-	XXX		2	X	X		3
D	-	XO	XO	XO	XXX			3				4

O = ultrapassou   X = falhou   - = não saltou

A, B, C e D todos ultrapassam a altura 1,88 m.

A regra de empate entra em uso agora; os Árbitros somam o número total de falhas, até e incluindo a última altura ultrapassada, ou seja, 1,88 m.

"D" falhou mais vezes que "A", "B" e "C", e por isso ganhou o 4° lugar. "A", "B" e "C" continuam empatados e como se refere ao 1° lugar, eles terão mais um salto de 1,91 m, que é a próxima altura depois da última ultrapassada pelos atletas empatados.

Como todos os atletas falharam, a barra foi baixada para 1,89 m para outro salto. Como somente "C" falhou ao passar 1,89 m, os outros dois empatados "A" e "B" terão direito a um terceiro salto de 1,91 m, onde somente "B" ultrapassou, sendo assim considerado vencedor.

Forças Externas

10. Quando estiver claro que a barra foi deslocada por uma força não associada ao atleta (por exemplo: uma rajada de vento):
    (a) se tal deslocamento ocorrer após o atleta ultrapassar claramente sem tocar a barra, então a tentativa deve ser considerada válida; ou
    (b) se tal deslocamento ocorrer sob quaisquer outras circunstâncias, uma nova tentativa será concedida.

REGRA 182
Salto Em Altura

A Competição

1. O atleta deve impulsionar-se em um só pé.
2. O atleta falha se:
    (a) Após o salto, a barra não permanecer nos suportes devido à ação do atleta enquanto salta, ou
    (b) ele tocar o solo, incluindo a área de queda além da borda mais próxima do plano dos postes, dentro ou fora deles com qualquer parte do seu corpo, sem ter ultrapassado a barra primeiro. Entretanto, se quando ele saltar, o atleta tocar a área de queda com seu pé e, na opinião do árbitro, nenhuma vantagem foi obtida, o salto não será considerado falho por aquela razão.

Nota: Para auxiliar na aplicação da regra, uma linha branca de 50 mm de largura deve ser feita (normalmente por uma fita adesiva ou material similar) entre pontos de 3 metros fora de cada poste, na borda mais próxima da linha desenhada ao longo do plano vertical através da borda mais próxima da barra.

O Corredor e a Área de Impulsão

3. O comprimento mínimo do corredor será de 15 m, exceto em competições realizadas sob a Regra 1.1(a), (b), (c) e (f), onde o mínimo será de 20 m.

   Onde as condições permitirem, o comprimento mínimo será de 25 m.

4. A inclinação máxima do corredor nos últimos 15 m do corredor e da área de impulsão, não deverá exceder 1:250 no sentido de qualquer raio do centro da área semicircular entre os postes e ter um raio mínimo especificado na Regra 182.3 A área de queda deve ser colocada de forma que a aproximação do atleta seja acima da inclinação.

5. A área de impulsão deverá ser nivelada ou qualquer inclinação deverá estar de acordo com os requisitos da Regra 182.4 e o Manual de Instalação de Pista e Campo da IAAF.

Aparelhos

6. Postes. Podem ser usados quaisquer tipos de postes desde que sejam rígidos.

   Eles deverão ter suportes para a barra firmemente fixados a eles.

   Deverão ter altura suficiente para exceder a altura atual em que a barra está elevada em, pelo menos, 10 cm.

   A distância entre os postes não deverá ser menor que 4,00 m nem maior que 4,04 m.

7. Os postes não deverão ser removidos durante a competição, a menos que o Árbitro-geral considere que as áreas de impulsão e queda estejam impraticáveis.

   Neste caso a mudança só será feita após uma fase ter sido completada.

8. Suportes para a barra. Os suportes serão planos e retangulares, com 4 cm de largura e 6 cm de comprimento. Eles devem ser fixados firmemente aos postes e imóveis durante os saltos e ficarão de frente para o poste oposto. As extremidades da barra repousarão

sobre eles de tal modo que, se a barra for tocada por um atleta, ela cairá facilmente no chão tanto para frente quanto para trás.

Os suportes não podem ser cobertos com borracha ou com outro material que tenha o efeito de aumentar o atrito entre eles e a superfície da barra, nem poderão ter qualquer tipo de mola.

Os suportes deverão ser da mesma altura acima da área de queda imediatamente abaixo de cada extremidade do sarrafo.

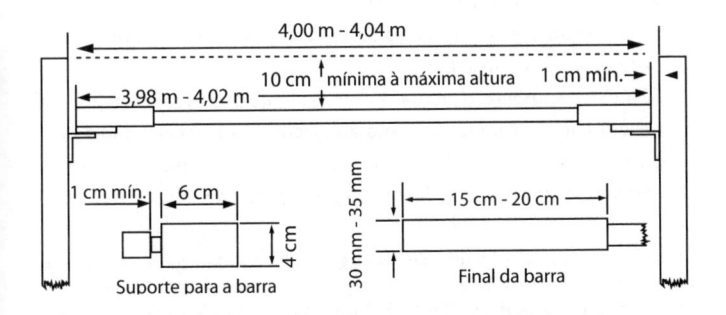

FIGURA 5.6 – Postes do salto em altura e barra transversal.

9. Deverá haver um espaço de pelo menos 1 cm entre as extremidades da barra e os postes.

Área de Queda

10. A área de queda deverá medir não menos que 5 m x 3 m atrás do plano vertical da barra. É recomendado que a área de queda seja no mínimo de 6 m x 4 m x 0,7 m.

Nota: Os postes e a área de queda deverão ser projetados de modo que haja um espaço entre eles de, pelo menos, 10 cm quando em uso, para evitar o deslocamento da barra caso haja um contato da área de queda com os postes pelo movimento daquela.

REGRA 183
Salto com vara

A Competição

1. Os atletas podem ter a barra movida somente na direção da área de queda, de maneira que a borda da barra mais próxima ao atleta possa ser posicionada em qualquer ponto a partir da parte superior do encaixe (ponto 0) até 80 cm na direção da área de queda.

    Um atleta informará ao Árbitro responsável, antes do início da prova, a posição que deseja para a barra na sua primeira tentativa e essa posição será registrada.

    Se posteriormente o atleta quiser fazer quaisquer alterações, ele deverá informar imediatamente ao Árbitro responsável antes de a barra ter sido fixada de acordo com seu pedido inicial. Caso isso não seja feito, será iniciada a contagem do tempo-limite.

Nota: Será feita uma linha de 1 cm de largura e de cor distinguível, ao nível da borda superior interna do encaixe em ângulo reto com o eixo do corredor, na linha com a parte posterior final do encaixe (linha "zero"). Uma linha similar deverá aparecer na superfície da área de queda e será prolongada até o limite externo dos postes.

2. Um atleta falha se:
    (a) após o salto, a barra não permanece nos suportes devido à ação do atleta durante o salto; ou
    (b) ele tocar o solo, inclusive a área de queda além do plano vertical passando pela parte superior do encaixe até a parte posterior final do encaixe com qualquer parte de seu corpo ou com a vara, sem primeiro ultrapassar a barra; ou
    (c) após deixar o solo, colocar a mão mais baixa acima da mais alta ou mover a mão de cima para um ponto mais alto na vara.
    (d) durante o salto um atleta move ou recoloca a barra com sua(s) mão(s).

Nota (i): Não é falha se um atleta corre por fora das linhas brancas que delimitam o corredor de saltos em qualquer ponto.

Nota (ii): Não é considerado falha se a vara toca o colchão durante uma tentativa, após ter sido devidamente apoiada no encaixe.

3. É permitido aos atletas, durante a competição, colocar substâncias em suas mãos ou na vara, de modo a obter uma melhor pegada.
4. Após o atleta ter soltado a vara, a ninguém, incluindo o atleta, será permitido tocar a vara, a não ser que ela esteja caindo para fora da barra ou postes. Se ela for tocada, entretanto, e o Árbitro-geral for de opinião que, não fora pela intervenção, a barra seria derrubada, o salto será considerado falho.
5. Se, ao efetuar uma tentativa, a vara do atleta quebrar, isso não será considerado como um salto falho e uma nova tentativa deve ser concedida ao saltador.

O Corredor
6. O comprimento mínimo para o corredor será de 40 m e, quando as condições permitirem, 45 m. Ele deverá ter uma largura máxima de 1,22 m ± 0,01 m e será marcado com linhas brancas de 5 cm de largura.

Nota: Para todas as pistas construídas antes de 1º de janeiro de 2004, o corredor poderá ter uma largura máxima de 1,25 m.

7. A inclinação lateral máxima permitida para o corredor deverá ser de 1:100 e nos últimos 40 m do corredor a inclinação total na direção da corrida não poderá exceder 1:1000.

Aparelhos
8. Encaixe. A impulsão no Salto com Vara será a partir de um encaixe. Ele será construído de um material adequado, e será enterrado no nível do corredor, preferivelmente com as bordas superiores circulares. Ele terá 1 m de comprimento, medido ao longo da parte interna do fundo do encaixe, 60 cm de largura na extremidade anterior e estreitando para 15 cm no fundo do encaixe. O comprimento da caixa no nível do corredor e a profundidade do apoio são determinados por um ângulo de 105° formado pela base e o

fundo. A base do encaixe inclinar-se-á no nível do corredor a uma distância vertical abaixo do nível do chão de 20 cm no ponto onde ela encontra o fundo. O encaixe deverá ser construído de tal modo que os lados sejam inclinados para fora e findem próximo ao fundo em um ângulo de aproximadamente 120° com a base.

Se o encaixe for construído de madeira, o fundo deverá se revestido com uma folha de metal de 2,5mm por uma distância de 80 cm a partir da parte frontal do encaixe.

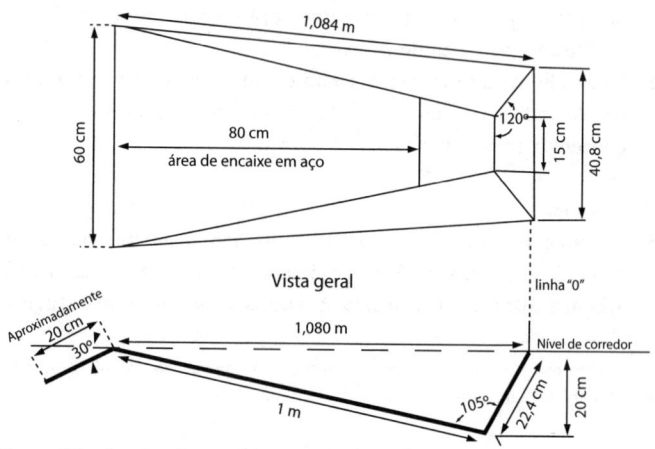

FIGURA 5.7 – Encaixe da vara (vista aérea e lateral).

9. Postes. Podem ser usados quaisquer tipos de postes, desde que eles sejam rígidos. A estrutura metálica da base dos postes e a parte mais baixa dos mesmos devem ser cobertas com um acolchoado feito de material apropriado para fornecer proteção aos atletas e às varas.
10. Suportes para a barra. A barra deve se apoiar em tarugos de forma que, se for tocada por um atleta ou sua vara, ele cairá facilmente em direção à área de queda. Os tarugos não devem ter entalhes ou saliências de qualquer tipo, terão espessura uniforme em todo o seu prolongamento e não terão mais que 13 mm de diâmetro.

Eles não devem estender-se mais que 55 mm dos braços do suporte, os quais devem estender-se de 35 a 40 mm acima dos tarugos.

A distância entre os tarugos não será menor que 4,30 m nem maior que 4,37 m.

Os tarugos não podem ser recobertos com borracha ou qualquer outro material que tenha o efeito de aumentar o atrito entre eles e a superfície da barra, nem terão qualquer tipo de mola.

Nota: Para reduzir a possibilidade de contusão de um atleta por cair nos pés dos postes, os tarugos apoiando a barra podem ser colocados em braços extensores permanentemente seguros aos postes, permitindo assim que os mesmos sejam colocados mais separados sem aumentar o comprimento da barra. (Ver figura 5.8)

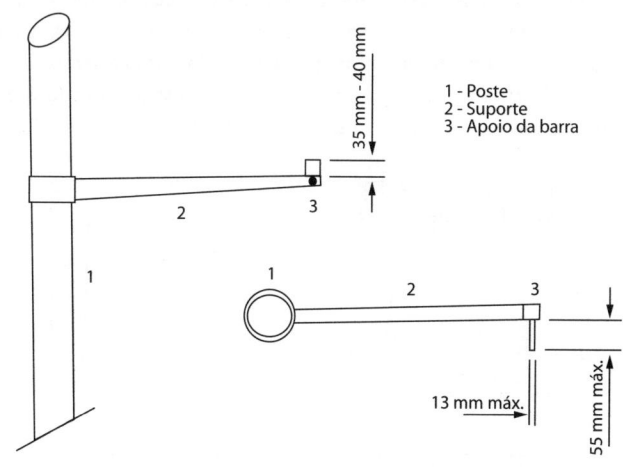

FIGURA 5.8 – Suporte da barra (vista frontal da área de queda e vista aérea).

Varas

11. Os atletas podem usar suas próprias varas. Nenhum atleta tem permissão para usar a vara de outro atleta, sem o consentimento do mesmo.
A vara pode ser feita de qualquer material ou combinação de materiais e de qualquer comprimento ou diâmetro, mas a superfície básica deve ser lisa.
A vara pode ter camadas de fita na extremidade da empunhadura (para proteger a mão) e a fita e/ou outro material apropriado na extremidade inferior (para proteger a vara). Nenhuma fita na extre-

midade da empunhadura deve ser uniforme exceto por superposição acidental e não deve resultar em qualquer mudança brusca no diâmetro, como a criação de qualquer "anel" na vara.

Área de Queda

12. Para as competições segundo a Regra 1.1 (a), (b) ,(c), (e) e (f), a área de queda não deve ser menor que 6 m de comprimento (atrás da linha zero, excluindo as peças frontais) x 6 m de largura x 0,8 m de altura. As peças frontais devem ter 2 m de comprimento.

    Para outras competições, a área de queda deve medir não menos que 5 m de comprimento (excluindo as peças frontais) x 5 cm de largura. Os lados da área de queda mais próximos do encaixe serão colocados de 10 a 15 cm a partir do encaixe e inclinará para fora do encaixe em um ângulo de aproximadamente 45° (ver Figura 5.9).

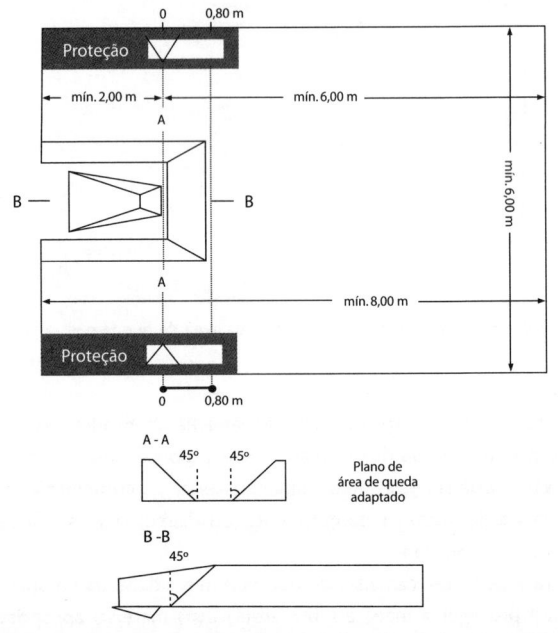

FIGURA 5.8 – Suporte da barra (vista frontal da área de queda e vista aérea).

B. Saltos Horizontais

REGRA 184
Condições gerais

O Corredor
1. O comprimento mínimo do corredor, medido a partir da respectiva linha de impulsão será de 40 m e onde as condições permitirem, 45 m. Ele deve ter uma largura de 1,22 m ± 0,1 m e deve ser marcada por linhas brancas de 5 cm de largura.

Nota: para todas as pistas construídas antes de 1º de janeiro de 2004, o corredor pode ter uma largura máxima de 1,25 m.

2. A inclinação lateral máxima do corredor será de 1:100 e nos últimos 40 m do corredor a inclinação total descendente na direção da corrida não poderá exceder 1:1000.

Tábua de Impulsão
3. A impulsão deverá ser marcada por uma tábua enterrada no mesmo nível do corredor e a superfície da área de queda. A borda da tábua que está mais próxima da área de queda será a linha de impulsão. Imediatamente após a linha de impulsão deverá ser colocada uma placa indicativa de plasticina para assistência aos Árbitros.
4. Construção: a tábua de impulsão deverá ser retangular, feita de madeira ou outro material rígido apropriado no qual os pregos dos sapatos dos atletas se prendem e não escorregam e deve medir 1,22m ± 0,01 m de comprimento, 20 cm (± 2 mm) de largura e não mais de 10 cm de profundidade. Ela deve ser branca.
5. Tábua indicativa de plasticina: ela deve consistir de uma placa rígida, com 10 cm (± 2 mm) de largura e 1,22 m ± 0,01 m de comprimento, feita de madeira ou qualquer outro material apropriado e deve ser pintada com uma cor contrastante com a da tábua de impulsão.

Quando possível, a plasticina dever ter uma terceira cor contrastante. A tábua deverá ser montada em um recesso ou gaveta no corredor, ao lado da tábua de impulsão mais próximo da área de queda. A superfície deverá ser elevada do nível da tábua de impulsão a uma altura de 7 mm (± 1mm). As bordas deverão também ser inclinadas a um ângulo de 45° com a borda mais próxima do corredor, coberta com uma camada de plasticina ao longo de seu comprimento com 1 mm de espessura ou será cortada de modo que o recesso, quando preenchido com plasticina, possa inclinar a um ângulo de 45° (ver Figura 5.10).

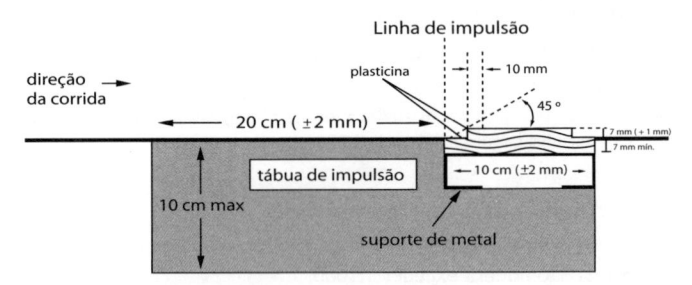

Figura 5.10 – Tábula de impulsão com indicador de plasticina.

A parte superior da tábua indicadora deverá ser coberta por uma camada de plasticina nos primeiros 10 mm aproximadamente e ao longo de todo o seu comprimento.

Quando montada na depressão, o conjunto deve ser suficientemente rígido para suportar toda a força do impulso do pé do atleta.

A superfície da tábua abaixo da plasticina deverá ser de um material ao qual se agarrem os pregos das sapatilhas, não podendo ser escorregadio.

A camada de plasticina poderá ser alisada por meio de um rolo ou espátula de forma adequada para remover as marcas deixadas pelos pés dos atletas.

Nota: Será considerado muito útil se ter várias tábuas de reposição de plasticina disponíveis, de maneira que enquanto a marca dos pés esteja sendo eliminada, a competição não seja atrasada.

Área de Queda

6. A área de queda deve ter a largura mínima de 2,75 m e máxima de 3 m. E, se possível, estar localizada de forma que o centro do corredor, quando prolongado, coincida com o centro da caixa.

Nota: Quando o eixo do corredor não estiver em linha com o centro da área de queda, deverá ser colocada uma fita, ou se necessário duas, no prolongamento da área de queda de modo que se possa alcançar o descrito anteriormente (ver Figura 11).

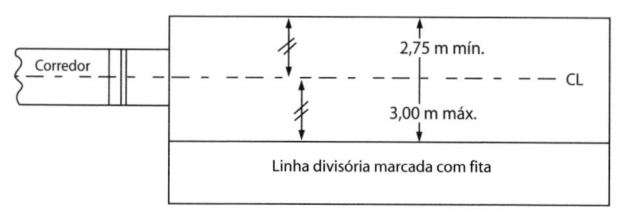

```
                    ┌─────────────────────────────────┐
                    │         ↕ 2,75 m mín.           │
 Corredor ═══╡├─ ─ ─│─ ─ ─ ─ ─ ─ ─ ─ ─ ─ ─ ─ ─ ─ ─ ─ ─│─ ─ ─ CL
                    │         ↕ 3,00 m máx.           │
                    ├─────────────────────────────────┤
                    │   Linha divisória marcada com fita │
                    └─────────────────────────────────┘
```

Figura 5.11 – Área de queda centralizada para Distância Triplo.

7. A área de queda deve ser preenchida com areia molhada e fofa, a superfície deverá estar nivelada com a tábua de impulsão.

Medição das Distâncias

8. A medição de cada salto deve ser feita imediatamente após a tentativa. Todos os saltos devem ser medidos a partir da marca mais próxima da área de queda feita por qualquer parte do corpo para a linha de queda, ou linha estendida da área de queda [ver Regra 185.1(f)]. A medição será feita perpendicular à linha de impulsão ou sua extensão.

9. Em todos os saltos horizontais, as distâncias deverão ser registradas a 0,01 m mais próximo abaixo da distância medida se a distância medida não for em centímetro inteiro.

Medição do Vento

10. A velocidade do vento deverá ser medida por um período de 5 segundos da hora em que um atleta passa a marca colocada ao longo

do corredor, para o Salto em Distância 40 m da linha de impulsão e para o Salto Triplo 35 m. Se um atleta corre menos de 40 m ou 35 m, conforme apropriado, a velocidade do vento deverá ser medida a partir da hora em que ele comece sua corrida.

11. O anemômetro deve ser colocado a 20 m da linha de impulsão. Ele deverá ser posicionado a 1,22 m de altura e não mais de 2 m afastado do corredor.

12. O anemômetro deverá ser o mesmo conforme descrito na Regra 163.8 e 163.9. Ele deverá ser operado e lido como descrito na Regra 163.11 e 163.12 e lido como na Regra 163.13.

REGRA 185
Salto em Distância

A Competição

1. Um atleta falha se:
   (a) ao dar impulsão ele toca o solo além da linha de impulsão com qualquer parte de seu corpo, quer passe correndo sem saltar quer no ato de saltar; ou
   (b) der impulso fora da tábua de impulsão tanto fora quanto no final da tábua à frente ou atrás da extensão da linha de impulsão; ou
   (c) ele emprega qualquer forma de salto mortal enquanto estiver correndo ou no ato de saltar; ou
   (d) após a impulsão, mas antes do primeiro contato com a área de queda, ele toca o corredor ou o solo fora do corredor ou fora da área de queda; ou
   (e) no curso da aterrissagem, ele toca o solo fora da área de queda mais próximo à linha de impulsão do que a marca mais próxima feita na areia; ou
   (f) quando ele deixar a área de queda, o seu primeiro contato dos pés com o solo fora da área de queda é mais próximo à linha de impulsão do que a marca mais próxima feita na areia ao cair, incluindo qualquer marca feita ao desequilibrar-se durante a queda que é completamente dentro da área de queda mas mais próximo da linha de impulsão do que a marca inicial feita ao cair.

Nota (i): Não é considerado falha se um atleta corre por fora das linhas brancas que delimitam o corredor, em qualquer ponto.

Nota (ii): Não é considerado falha segundo a Regra 185.1(b) se uma parte do sapato/pé do atleta tocar o solo fora tanto no final da tábua de impulsão, antes da linha de impulsão.

Nota (iii): Não é considerado falha se, ao aterrissar, o atleta tocar, com qualquer parte do seu corpo, o solo fora da área de queda, a menos que tal contato contrarie a Regra 185.1(d) ou (e).

Nota (iv): Não é considerado falha se um atleta caminha de volta pela área de queda após tê-la deixado de forma correta.

Nota (v): Exceto o descrito na Regra 185.1(b), se um atleta toma impulsão antes de alcançar a tábua, não será, por aquele motivo, contado com uma falha.

2. Quando deixar a área de queda, o primeiro contato de um atleta com os pés na borda ou no solo do lado de fora, deverá ser o mais afastado da linha de impulsão do que a marca mais próxima na areia [ver Regra 185.1(f)].

Nota: Este primeiro contato é considerado a saída da área de queda.

Tábua de Impulsão
3. A distância entre a linha de impulsão e o final da caixa de areia deverá ser de pelo menos 10 m.
4. A linha de impulsão deverá ser colocada entre 1 m e 3 m da borda mais próxima da área de queda.

REGRA 186
Salto Triplo

As Regras 184 e 185 se aplicam ao Salto Triplo, com as seguintes variações:

A Competição
1. O Salto Triplo consistirá de um salto com impulsão em um só pé, uma passada e um salto, nesta ordem.

2. O Salto com impulsão em um só pé será feito de modo que o atleta caia primeiro sobre o mesmo pé que deu a impulsão; na passada ele cairá com o outro pé do qual, consequentemente, o salto é realizado. Não será considerado como falha se um atleta, ao saltar, tocar o solo com a sua perna "passiva".

Nota: A Regra 185.1 (d) não se aplica às quedas normais quando das fases do salto com um pé só e da passada.

Tábua de Impulsão

3. A distância entre a linha de impulsão para homens e a borda mais distante da caixa de areia deverá ser pelo menos 21 m.
4. Em Competições Internacionais, recomenda-se que a linha de impulsão não esteja a menos de 13 m para homens e 11 m para mulheres a partir da borda mais próxima da caixa de areia. Nas demais competições, tal distância será adequada para o nível da competição.
5. Entre a tábua de impulsão e a área de queda, para a realização das fases de passo e salto, haverá uma área de impulsão de 1,22 ± 0,01 m de largura, proporcionando uma pisada sólida e uniforme.

Nota: Para todas as pistas construídas antes de 1° de janeiro de 2004, esta área de impulsão poderá ter uma largura de um máximo de 1,25 m

C. Lançamentos

REGRA 187
Condições gerais

Implementos Oficiais
1. Em todas as Competições Internacionais, os implementos utilizados devem cumprir as especificações definidas pela IAAF. Somente implementos que apresentarem certificado de homologação da IAAF

válido poderão ser utilizados. A seguinte tabela mostra os implementos a serem usados por cada grupo etário:

Tabela 5.14 – Implementos de acordos com o grupo etário

Implementos	Feminino Menor	Feminino Juvenil e Adulto	Masculino Menor	Masculino Juvenil	Masculino Adulto
Peso	3,000 kg	4,000 kg	5,000 kg	6,000 kg	7,260 kg
Disco	1,000 kg	1,000 kg	1,500 kg	1,750 kg	2,000 kg
Martelo	3,000 kg	4,000 kg	5,000 kg	6,000 kg	7,260 kg
Dardo	500 g	600 g	700 g	800 g	800 g

Nota: Os formulários padrão atuais requeridos para uso para certificação e renovação de pedido, assim como os Procedimentos do Sistema de Certificação, estão disponíveis na Secretaria-geral da IAAF, ou podem ser baixados do website da IAAF.

2. Exceto como descrito a seguir, todos os implementos devem ser fornecidos pelo Comitê Organizador. O(s) Delegado(s) Técnico(s) pode(m), baseado(s) nos regulamentos técnicos pertinentes a cada competição, permitir que atletas utilizem seus próprios implementos ou aqueles fornecidos por um fornecedor, desde que tais implementos sejam certificados pela IAAF, conferidos e marcados como aprovados pelo Comitê Organizador antes da competição e estejam disponíveis a todos os atletas. Tais implementos não serão aceitos se o mesmo modelo já estiver na lista daqueles fornecidos pelo Comitê Organizador.
3. Nenhuma modificação deverá ser feita a qualquer implemento durante a competição.

Assistência

4. (a) Um atleta não poderá usar qualquer dispositivo de qualquer tipo, por exemplo, atar dois ou mais dedos ou usar pesos atados ao corpo – , que de algum modo ajude o atleta quando no ato de uma tentativa. Se for usada fita nas mãos e nos dedos, isto poderá ser

feito desde que resulte que nem dois ou mais dedos sejam unidos de forma que não possam se mover individualmente. A cobertura deverá ser mostrada ao Árbitro-chefe antes do início da prova.

(b) Não é permitido o uso de luvas, exceto no Lançamento do Martelo. Neste caso, as luvas devem ser lisas nas costas e na frente e as pontas dos dedos devem ficar expostas, com exceção do polegar.

(c) A fim de obter uma melhor pegada, um atleta pode usar uma substância apropriada em suas mãos somente ou no caso dos lançadores do martelo em suas luvas. Os arremessadores de peso podem usar tais substâncias no pescoço. Além disso, no Arremesso do Peso e Lançamento do Disco os atletas podem colocar, em seus implementos, giz ou uma substância similar que seja facilmente removida e que não cause qualquer contaminação.

Círculo de Arremesso

5. Os aros dos círculos serão feitos de ferro, aço ou outro material adequado, cuja borda superior deve estar no nível do terreno externo. O piso em volta do círculo deve ser de concreto, material sintético, asfalto, madeira ou qualquer outro material apropriado.

   O interior do círculo pode ser de concreto, asfalto ou outro material firme mas não escorregadio. A superfície de seu interior deve estar nivelada em 2 cm ± 6 mm abaixo da borda superior do aro do círculo. No Arremesso do Peso, permite-se um círculo portátil que reúna essas condições.

6. O diâmetro interno do círculo deve medir 2,135 m (± 5 mm) no Arremesso do Peso e Lançamento do Martelo, e 2,50m (± 5 mm) no Lançamento do Disco.

   A borda superior do aro deve ter no mínimo 6 mm de espessura e deve ser branca.

   O martelo pode ser lançado de um círculo para disco, desde que o diâmetro desse círculo seja reduzido de 2,50 m para 2,135 m colocando-se um aro circular na parte interna.

Nota: O aro circular deve ser preferencialmente colorido de cor diferente da branca de modo a que as linhas brancas requeridas pela Regra 187.7 sejam claramente visíveis.

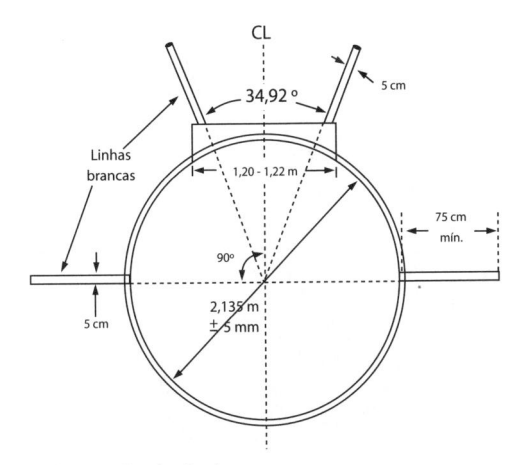

Figura 5.12 – Layout do círculo do peso.

7. Deve haver uma linha branca de 5 cm de largura, traçada a partir da parte superior do aro metálico e estendendo-se pelo menos 75 cm para cada lado do círculo. Ela pode ser pintada ou feita de madeira ou outro material adequado. O lado posterior dessa linha branca deve passar, teoricamente, pelo centro do círculo formando um ângulo reto com o eixo central do setor de queda.

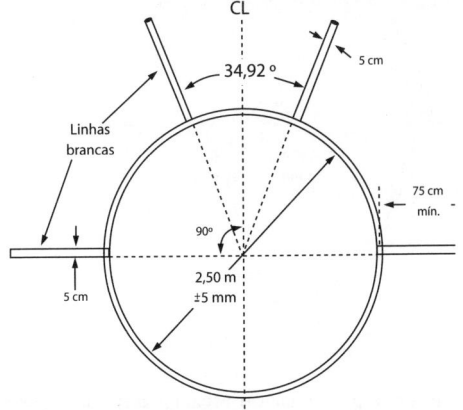

Figura 5.13 – Layout do círculo do disco.

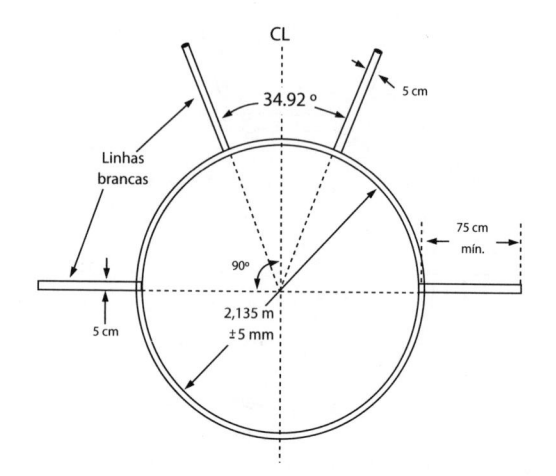

FIGURA 5.14 – Layout do círculo do martelo.

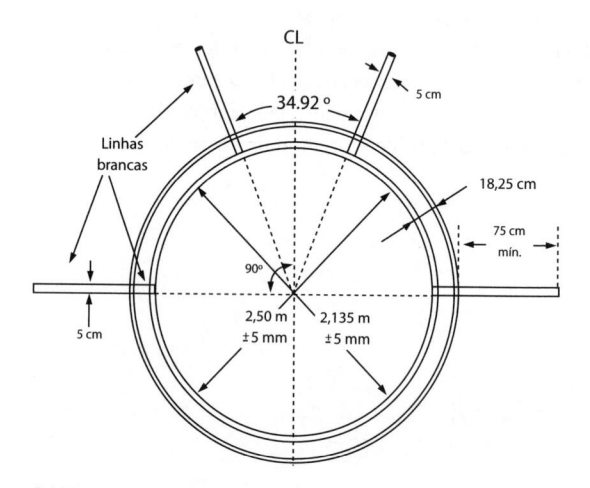

FIGURA 5.15 – Layout do círculo concêntrico para disco e martelo.

8. Um atleta não pode pulverizar ou espalhar qualquer substância no círculo ou nos sapatos ou tornar áspera a superfície do círculo.

Corredor de Lançamento do Dardo

9. Na Prova de Lançamento do Dardo o comprimento mínimo do corredor será de 30 m. Onde as condições permitirem, o comprimento mínimo será de 33,5 m. Ele será marcado com duas linhas paralelas de 5 cm de largura e afastadas 4 m uma da outra. O lançamento será feito de trás do arco de um círculo traçado com um raio de 8 m. O arco consistirá de uma faixa pintada ou feita de madeira com 7 cm de largura ou outro material não corrosivo como o plástico. Ele será branco e ficará no nível do solo. Serão traçadas linhas a partir das extremidades do arco fazendo ângulos retos com as linhas paralelas marcando o corredor. Essas linhas serão brancas, com 75 cm de comprimento e 7 cm de largura. O máximo permitido para inclinação lateral do corredor será de 1:100 e nos últimos 20 m do corredor a inclinação total do corredor no sentido da corrida será de no máximo 1:1000.

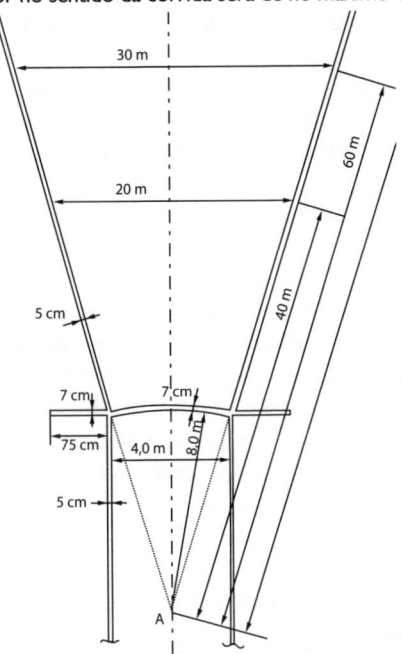

Figura 5.16 – Corredor do dardo e área de queda (fora de escala).

Setor de Queda

10. O setor de queda será de carvão ou grama, ou de outro material adequado em que o implemento deixe marca.
11. A inclinação máxima permitida do setor de queda não excederá 1:1000 na direção do lançamento
12. (a) Exceto para o Lançamento do Dardo, o setor de queda deve ser marcado com linhas brancas de 5 cm de largura formando um ângulo de 34,92°, de tal modo que a borda mais interna das linhas, se prolongadas, passaria pelo centro do círculo.

Nota: O setor de 34,92° pode ser marcado com exatidão, estabelecendo-se uma distância de 12 m (20 x 0,60 m) entre dois pontos situados sobre cada linha do setor, a 20 m do centro do círculo. Para cada um metro do centro do círculo, a distância aumenta em 60 cm.

(b) No Lançamento do Dardo, o setor de queda será marcado com duas linhas brancas de 5 cm de largura, de tal modo que se a borda interna das linhas for prolongada, passará pela interseção das bordas do arco, e as linhas paralelas que delimitam o corredor e que se cruzam no centro do círculo do qual o arco faz parte (ver Figura 5.16). O setor terá, assim, um ângulo de 29°.

Tentativas

13. No Peso, Disco e Martelo, os implementos serão arremessados/lançados de dentro do círculo, e o Dardo, de um corredor. No caso das tentativas feitas dentro do círculo, um atleta deve começar sua tentativa a partir de uma posição estacionária dentro do círculo. É permitido a um atleta tocar a parte interna do aro. No Arremesso do Peso, é também permitido tocar a parte interna do anteparo conforme descrito na Regra 188.2.
14. Será um arremesso/lançamento falho se o atleta, no decorrer de uma tentativa:
    (a) soltar o Peso ou o Dardo de maneira não permitida pelas Regras 188.1 e 193.1;

(b) após ter entrado no círculo e ter iniciado sua tentativa, tocar com qualquer parte de seu corpo na parte superior do aro ou no solo fora do círculo;

(c) No Arremesso do Peso, tocar com qualquer parte de seu corpo em qualquer parte do anteparo além de seu lado interno (excluindo seu lado superior que é considerado como parte superior);

(d) No Lançamento do Dardo, tocar com qualquer parte de seu corpo as linhas demarcatórias do corredor ou a área externa.

Nota: Não será considerado falha se o disco ou qualquer parte do martelo bater na gaiola após ser lançado, desde que nenhuma outra regra tenha sido infringida.

15. Desde que, no decorrer de uma tentativa, as Regras relativas a cada arremesso/lançamento não tenham sido infringidas, um atleta pode interromper uma tentativa que já tenha iniciado, colocar o implemento dentro ou fora do círculo ou corredor e deixá-los.
Ao deixar o círculo ou corredor, ele deve fazê-lo conforme determinado na Regra 187.17, antes de retornar ao círculo ou corredor e iniciar uma nova tentativa.

Nota: Todos os movimentos permitidos nesse parágrafo serão incluídos no tempo máximo para uma tentativa dada na Regra 180.16

16. Será considerado falho se o peso, o disco, a cabeça do martelo ou a ponta metálica do dardo, ao tocar o solo no primeiro contato, tocar a linha do setor ou fora deste.

17. Um atleta não pode sair do círculo ou corredor do dardo até que o implemento tenha tocado o solo.
    (a) Para arremessos/lançamentos feitos dentro do círculo, ao deixar o círculo, o primeiro contato com a parte superior do aro ou do terreno fora do círculo deve ser completamente atrás da linha branca traçada fora do círculo e que passa, teoricamente, pelo centro do mesmo.

Nota: O primeiro contato com a parte superior do aro de ferro ou com o solo fora do círculo ou corredor é considerado como saída.

(b) No caso do Lançamento do Dardo, quando um atleta deixar o corredor, seu primeiro contato com as linhas paralelas ou o solo fora do corredor deve ser completamente atrás da linha branca dos ângulos retos do arco até as linhas paralelas. Uma vez que o implemento tenha tocado o solo, também será considerado que o atleta tenha deixado o corredor após fazer contato com ou atrás de uma linha marcada (pintada ou imaginária e indicada por marcadores ao lado do corredor) desenhada cruzando o corredor, quatro metros atrás a partir dos pontos-limite do arco de lançamento. Caso um atleta esteja atrás da linha e dentro do corredor no momento em que o implemento toca o solo, será também considerado que ele deixou o corredor.

18. Após cada tentativa, os implementos devem ser trazidos para a área próxima ao círculo ou corredor, e nunca lançados de volta.

Medidas

19. Em todas as provas de arremessos/lançamentos, as distâncias devem ser registradas até 0,01 m abaixo da distância alcançada se a distância medida não for um centímetro inteiro.
20. A medida de cada arremesso/lançamento será feita imediatamente após cada tentativa:
    (a) a partir do primeiro ponto de contato feito pela queda do peso, disco e cabeça do martelo, até o interior da circunferência do círculo, ao longo da linha do centro do círculo.
    (b) no Lançamento do Dardo, a partir do local onde a ponta da cabeça do dardo tocar o solo pela primeira vez até à borda interna do arco, ao longo de uma linha do centro do círculo cujo arco faz parte.

Marcas

21. Deverá ser providenciada uma bandeira ou outro marcador para assinalar o melhor arremesso/lançamento de cada atleta, a qual deverá ser colocada ao longo, e fora das linhas que limitam o setor.
    Será também providenciada uma bandeira ou outro marcador para assinalar a existência de Recorde Mundial e, quando for o caso, o Recorde Continental, Nacional ou Meeting.

REGRA 188
Arremesso do peso

A Competição

1. O peso deve ser arremessado partindo do ombro com uma só mão. No momento em que um atleta assumir uma posição no círculo para começar um arremesso, o peso deverá tocar ou estar bem próximo ao pescoço ou ao queixo e a mão não deverá ser abaixada dessa posição durante a ação do arremesso. O peso não deve ser arremessado de trás da linha dos ombros.

Nota: Técnicas que utilizem movimento de estrela ou mortal à frente ("Cartwheeling") não são permitidas.

Anteparo

2. Construção. O anteparo será branco e feito de madeira ou outro material apropriado, com a forma de um arco cuja borda interna coincida com a borda interna do círculo e é perpendicular à superfície do círculo. Ele será colocado de forma que seu centro coincida com a linha do centro do setor de queda (ver Regra 187.6, Figura 12) e será firmemente fixado no chão ou ao concreto em volta do círculo.

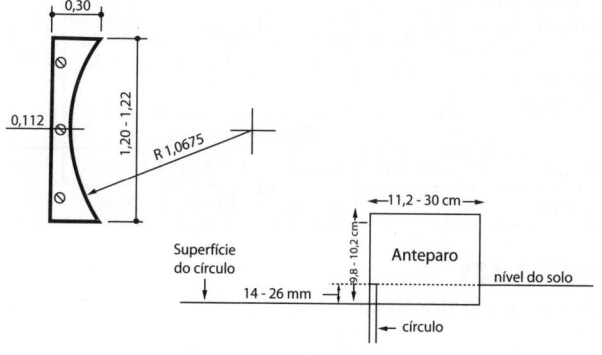

Figura 5.17 – Anteparo do peso (vista áerea e lateral).

Nota: As especificações 1983/84 da IAAF para anteparos permanecem aceitáveis.

3. Medidas. O anteparo medirá 11,2 cm a 30 cm de largura, com uma corda de 1,21 m ± 0,01 m de comprimento do interior para um arco igual ao círculo e 10 cm ± 0,2 cm de altura em relação ao nível do interior do círculo.

O Peso

4. Construção. O peso deve ser de ferro maciço, latão ou qualquer outro metal, desde que não mais maleável que latão, ou um invólucro de qualquer desses metais cheio de chumbo ou outro material. Deve ter forma esférica e sua superfície não deve ter nenhuma aspereza, sendo totalmente lisa. Para ser lisa a superfície deve ter uma altura não menor que 1,6 micras, ou seja, aspereza número N7 ou menos.
5. O peso deve satisfazer as seguintes especificações:

Tabela 5.15 – Especificações do peso

Peso	Feminino	Feminino Menores	Menores Masculino	Juvenil Masculino	Adulto Masculino
Peso mínimo para ser admitido em competição e homologação de recorde	3,000 kg	4,000 kg	5,000 kg	6,000 kg	7,260 kg
Informação para fabricantes: Variação para fornecer equipamento de competição	3,005 kg 3,025 kg	4,005 kg 4,025 kg	5,005 kg 5,025 kg	6,005 kg 6,025 kg	7,265 kg 7,285 kg
Diâmetro					
Mínimo	85 mm	95 mm	100 mm	105 mm	110 mm
Máximo		110 mm	110 mm	120 mm	125 mm

REGRA 189
Lançamento do disco

O Disco

1. Construção. O corpo do disco pode ser sólido ou oco e será de madeira ou outro material adequado, com um aro de metal cujas

bordas sejam circular. A borda deve ser arredondada em um círculo perfeito e o seu raio será de 6mm aproximadamente. O disco deve ter placas metálicas circulares cravadas no centro de suas faces. Alternativamente, o disco pode ser construído sem as placas metálicas, desde que haja uma área plana equivalente e que suas medidas e peso total correspondam com as especificações.

Cada lado do disco deve ser igual e não pode conter reentrâncias, saliências ou bordas agudas. Os lados devem afastar-se gradualmente em linha reta a partir do princípio da curva do aro até um círculo com raio de 25mm a 28,5mm do centro do disco.

O perfil do disco será desenhado da seguinte forma: a partir do início da curva da borda, a espessura do disco aumentará regularmente até uma espessura máxima D. O valor máximo será obtido a partir de uma distância de 25mm a 28,5mm a partir do eixo Y do disco. A partir deste ponto até o eixo Y, a espessura do disco será constante. As partes superiores e inferiores do disco devem ser idênticas, e o disco também deve ser simétrico em relação ao eixo Y, no que se refere à rotação.

O disco, incluindo a superfície do aro, não deverá ter qualquer aspereza e sua superfície deverá ser lisa (ver Regra 188.4) e completamente uniforme.

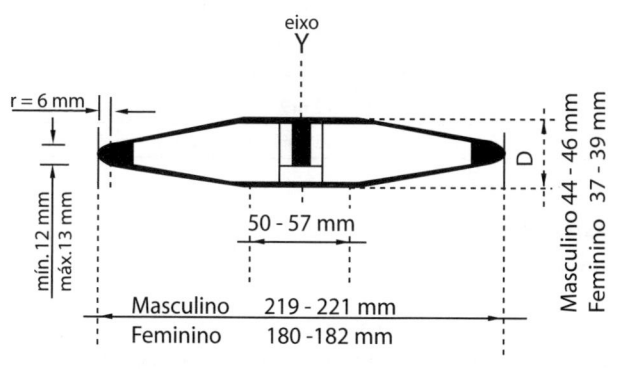

Figura 5.18 – Disco.

2. O disco deve ter as seguintes especificações:

Tabela 5.16 – Especificações do disco

Disco	Feminino	Menores Masculino	Juvenil Masculino	Adulto Masculino
Peso mínimo para ser admitido em competição e homologação de recorde:	1,000 kg	1,500 kg	1,750 kg	2,000 kg
Informação para fabricantes: Variação para fornecer equipamento de competição	1,005 kg 1,025 kg	1,505 kg 1,525 kg	1,755 kg 1,775 kg	2,005 kg 2,025 kg
Diâmetro externo do aro de metal				
Mínimo	180 mm	200 mm	210 mm	219 mm
Máximo	182 mm	202 mm	212 mm	221 mm
Diâmetro da placa de metal ou parte central plana				
Mínimo	50 mm	50 mm	50 mm	50 mm
Máximo	57 mm	57 mm	57 mm	57 mm
Espessura das placas de metal ou área central plana				
Mínimo	37 mm	38 mm	41 mm	44 mm
Máximo	39 mm	40 mm	43 mm	46 mm
Espessura do aro de metal (6mm da borda)				
Mínimo	12 mm	12 mm	12 mm	12 mm
Máximo	13 mm	13 mm	13 mm	13 mm

REGRA 190
Gaiola do disco

1. Todos os lançamentos do disco devem ser efetuados dentro de uma proteção ou gaiola para garantir a segurança dos espectadores, árbitros e atletas. A gaiola especificada nesta Regra deve ser usada quando

a prova é realizada em uma área onde outras provas estão sendo realizadas ao mesmo tempo ou quando o evento é realizado fora da arena com espectadores presentes. Onde isso não se aplicar, e especialmente em áreas de treinamento, podem ser usadas construções mais simples que sejam satisfatórias. Mediante solicitação, os órgãos nacionais ou escritório da IAAF poderão oferecer orientações.

Nota: A proteção para o lançamento do martelo especificada na Regra 192 pode também ser usada para o lançamento do disco, quer instalando círculos concêntricos de 2,135/2,50 m, ou usando uma ampliação daquela gaiola com um segundo círculo do disco à frente do círculo do martelo.

2. A gaiola deve ser desenhada, construída e conservada para ser capaz de suportar o impacto de um disco de 2 kg movendo-se a uma velocidade de até 25 m/s. A disposição deve ser tal que não haja perigo de ricochete ou retorno sobre o atleta, ou saída sobre a parte superior da gaiola. Podem ser usados quaisquer tipos de construção para as proteções, desde que satisfaçam as exigências desta Regra.
3. A gaiola deve ter a forma de um "U" plano, como mostra a Figura 19. A abertura de saída deve ter 6 m e estar distante 7 m à frente do centro do círculo. Os pontos extremos da abertura de saída de 6m serão a extremidade interna da rede da gaiola. A altura dos painéis das redes ou disposição das redes no menor ponto deve ser de pelo menos 4 m.

Devem ser tomadas precauções quanto à construção a fim de impedir que o disco passe pelos pontos de articulação dos painéis, fure a rede ou passe por baixo dela.

Nota (i): A disposição dos painéis ou da rede na parte de trás não é importante, desde que a rede esteja colocada a no mínimo 3,00 m do centro do círculo.

Nota (ii): Desenhos inovadores que ofereçam o mesmo grau de proteção e não aumentem a zona de perigo comparado aos desenhos convencionais podem ser certificados pela IAAF.

Nota (iii) O lado da gaiola particularmente ao longo da pista deve ser estendido e/ou aumentado em altura de modo a promover uma proteção maior aos atletas que estejam competindo na pista próxima durante uma prova de disco.

4. A rede para a gaiola pode ser confeccionada com corda de fibra natural ou sintética apropriada ou, alternativamente, arame de aço de alta ou média tensão. As malhas da rede devem ter, no máximo, 50 mm quando for usado o arame e 44 mm para a corda.

Nota: Maiores especificações sobre a rede e procedimentos de inspeção de segurança estão disponíveis no Manual de Construção de Pista da IAAF.

5. O setor de maior perigo para o lançamento do disco com essa gaiola é de aproximadamente 69°, para lançadores canhotos ou destros. Da posição e doalinhamento da gaiola no campo depende, portanto, o seu uso com segurança.

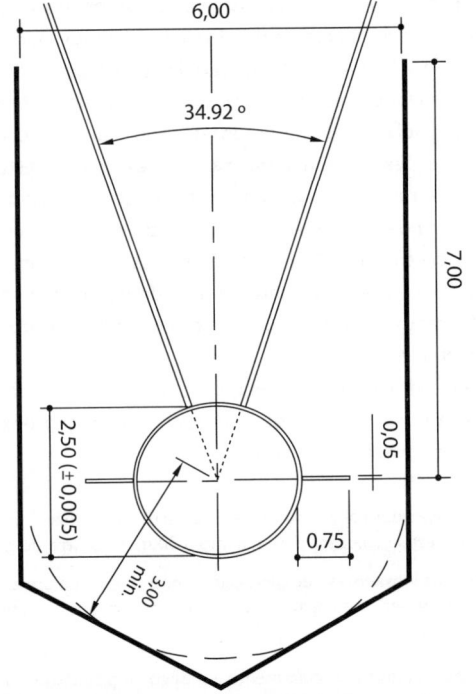

Figura 5.19 – Gaiola exclusiva para disco (dimensões em m).

REGRA 191
Lançamento do martelo

A Competição
1. É permitido a um atleta, em sua posição inicial até seus balanços preliminares ou giros, colocar a cabeça do martelo no solo na parte interior ou exterior do círculo.
2. Não é considerada falha a tentativa em que a cabeça do martelo toca o solo dentro ou fora do círculo ou a parte superior da borda do aro. O atleta pode parar e começar seu lançamento novamente, desde que nenhuma outra regra tenha sido quebrada.
3. Se o martelo se quebrar durante o lançamento ou no ar, a tentativa não é considerada falha, desde que tenha sido efetuada de acordo com esta Regra. Se, em virtude disso, o atleta perder o seu equilíbrio e cometer uma infração em qualquer parte desta Regra, isto não deve ser considerado como falha e uma nova tentativa deve ser concedida ao atleta.

O Martelo
4. Construção. O martelo se compõe de três partes: cabeça de metal, cabo e empunhadura.
5. Cabeça. A cabeça deve ser de ferro maciço ou outro metal que não seja mais macio que o latão ou um invólucro de quaisquer desses metais, cheio de chumbo ou de outro material sólido.
   Se for usado um enchimento, este deve ser colocado de tal maneira que fique fixo internamente e que o centro de gravidade não varie mais que 6 mm em relação ao centro da esfera.
6. Cabo. O cabo deve ser feito inteiriço de arame de aço para molas com diâmetro mínimo de 3 mm, e que não possa esticar sensivelmente durante a execução do lançamento. O cabo pode ter alça em uma ou ambas as extremidades como meio de conexão.
7. Empunhadura. A empunhadura deverá ser rígida e sem qualquer tipo de conexão articulada. A deformação total da empunhadura sob uma tensão de sobrecarga de 3,8 kN não poderá exceder 3 mm. Deve ser presa ao cabo em um anel de tal maneira que não

possa virar na conexão com o cabo para aumentar o comprimento total do martelo.

A empunhadura deve ter um desenho simétrico e pode ter um cabo curvo ou reto com o comprimento máximo de 110mm.

A força mínima da empunhadura deverá ser de 8 kN (800 kgf).

Nota: Outros desenhos que estejam de acordo com as especificações serão aceitos.

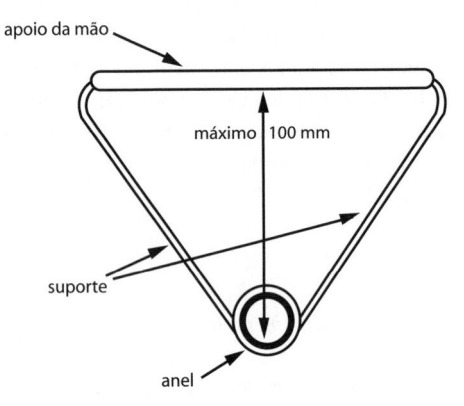

FIGURA 5.20 – Desenho genérico para empunhadura do marcelo.

8. Conexões para o cabo. O cabo deve estar conectado à cabeça por meio de uma conexão rotativa que pode ser tanto plana ou de esferas. A empunhadura deve estar conectada ao cabo por uma argola. Uma argola móvel não pode ser usada.

9. O martelo deve ter as seguintes especificações:

Tabela 5.17 – Especificações do martelo

	Martelo Feminino	Menores Masculino	Juvenil Masculino	Adulto Masculino
Peso mínimo para admissão em competição e homologação de recorde	3,000 kg	4,000 kg	5,000 kg	6,000 kg	7,260 kg
Informação para fabricantes: Variação para suprir equipamento de competição	3,005 kg 3,025 kg	4,005 kg 4,025 kg	5,005 kg 5,025 kg	6,005 kg 6,025 kg	7,265 kg 7,285 kg
Comprimento do martelo a partir da parte interna da empunhadura:					
Máximo	1195 mm	1195 mm	1200 mm	1215 mm	1215 mm
Nenhuma outra tolerância se aplica ao comprimento máximo.					
Diâmetro da cabeça					
Mínimo	85 mm	95 mm	100 mm	105 mm	110 mm
Máximo	100 mm	110 mm	120 mm	125 mm	130 mm

Centro de Gravidade da Cabeça

Não pode ter mais que 6 mm do centro da esfera, ou seja, deve ser possível que a cabeça possa ficar equilibrada, sem o cabo e a empunhadura, sobre um orifício horizontal de borda circular com 12 mm de diâmetro (ver Figura 5.21).

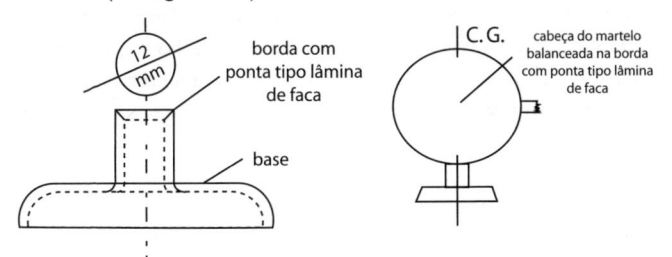

Figura 5.21 – Sugestão de aparelho para testar o centro de gravidade da cabeça do martelo.

REGRA 192
Gaiola do martelo

1. Todos os lançamentos do martelo devem ser efetuados de dentro de uma proteção ou gaiola para garantir a segurança dos espectadores, oficiais e atletas. A gaiola especificada nesta Regra deve ser usada quando a prova é realizada dentro do estádio com outras provas sendo realizadas ao mesmo tempo ou quando a prova é realizada fora da arena, com espectadores presentes. Onde isso não puder ser feito e especialmente em áreas de treinamento, podem ser usadas construções mais simples que sejam satisfatórias. Mediante solicitação, os órgãos nacionais e a secretaria da IAAF poderão oferecer orientação.

2. A gaiola deve ser desenhada, construída e conservada para ser capaz de suportar o impacto de um martelo de 7,260 kg, movendo-se a uma velocidade de até 32 m/s. A disposição deve ser tal que não haja perigo de ricochete ou retorno sobre o atleta ou saída sobre a parte superior da gaiola. Podem ser usados quaisquer tipos de construção para as gaiolas, desde que satisfaçam as exigências desta Regra.

3. A gaiola deve ter a forma de um "U" plano, como mostra a Figura 22. A abertura de saída deve ser de 6 m, posicionada 7 m à frente do centro do círculo. As extremidades de abertura de 6 m, deverão corresponder às bordas internas da rede da gaiola. A altura dos painéis ou redes deve ser de pelo menos 7 m no menor ponto dos painéis/redes na parte de trás da gaiola e de pelo menos 10 m para os últimos painéis de 2,80 m, adjacentes aos portões da gaiola.

   Devem ser tomadas precauções quanto ao desenho e à construção da gaiola, a fim de evitar que o martelo em sua trajetória force passagem através das malhas ou das juntas da gaiola ou passe por baixo da rede.

Nota: A disposição dos painéis ou redes na parte de trás não é importante desde que a rede seja colocada a um mínimo de 3,5 m afastada do centro do círculo.

4. Devem ser providenciadas duas redes móveis com 2 m de largura para a frente da gaiola para serem usadas uma de cada vez. A altura mínima desses painéis deve ser 10 m.

Nota (i): Essas redes móveis devem ser usadas alternadamente, a esquerda para os lançadores destros e a direita para os canhotos. Tendo em vista a possível necessidade de troca de um painel para outro durante a competição, quando houver, numa mesma prova, atletas destros e canhotos, é importante que essa troca requeira o menor trabalho possível e o mínimo de tempo.

Nota (ii): A posição final de ambos os painéis é mostrada no desenho mesmo que na competição somente um painel esteja fechado em qualquer momento durante a competição.

Nota (iii): Quando estiverem sendo utilizadas, as redes devem ser colocadas exatamente na posição mostrada. Providências, portanto, devem ser tomadas no desenho de seus painéis móveis para fechá-los quando estiverem em uso. Recomenda-se marcar (tanto temporária ou permanentemente) a posição de operação dos painéis no solo.

Nota (iv): A construção dessas redes e sua operação dependem do projeto da gaiola e podem ser por deslizamento, articulação através de dobradiças sobre eixos verticais ou horizontais ou desmonte. A única exigência é que a rede em operação seja capaz de suportar o impacto de qualquer martelo sobre ela e que não haja perigo de que um martelo tenha condições de forçar seu caminho entre as redes fixas e as móveis.

Nota (v): Desenhos inovadores desde que proporcionem o mesmo grau de proteção e não aumentem a zona de perigo comparada aos desenhos convencionais, podem ser certificados pela IAAF.

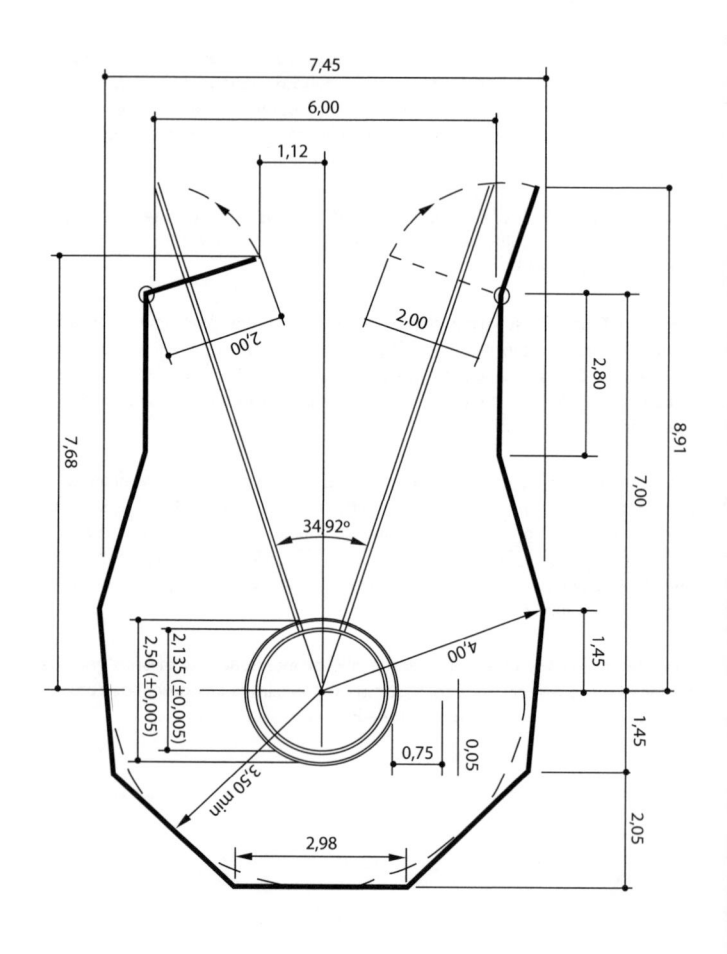

FIGURA 5.22 – Gaiola para martelo e disco com círculos concêntricos.

5. A rede para a gaiola pode ser confeccionada com corda de fibra natural ou sintética, ou, alternativamente, arame de aço de alta ou média tensão. As malhas da rede devem ter no máximo 50 mm quando for usado o arame, e 44 mm para a corda.

Nota: Maiores especificações sobre a rede e procedimentos de inspeção de segurança estão disponíveis no Manual de Construção de Pista da IAAF.

6. Quando for utilizada a mesma gaiola para lançamento do disco, a instalação pode ser adaptada para duas alternativas. A mais simples é colocar um círculo concêntrico de raio 2,135/2,500 metros, mas isso leva ao uso do mesmo círculo para lançamentos do martelo e do disco. A gaiola para lançamento do martelo deve ser usada para o lançamento do disco, fixando-se claramente os painéis de redes móveis na abertura da gaiola.

Para círculos separados para o martelo e para o disco na mesma gaiola, os dois círculos devem ser colocados um atrás do outro, com os seus centros separados 2,37 m sobre a linha central do setor de lançamentos e com o círculo do disco na frente. Neste caso, os painéis de redes móveis deverão ser usados para o lançamento do disco.

Nota: A disposição dos painéis/redes de trás não é importante desde que a rede esteja no mínimo a 3,50 m do centro dos círculos concêntricos ou no mínimo de 3 m do centro do círculo do disco no caso de círculos separados (ver também Regra 192.4).

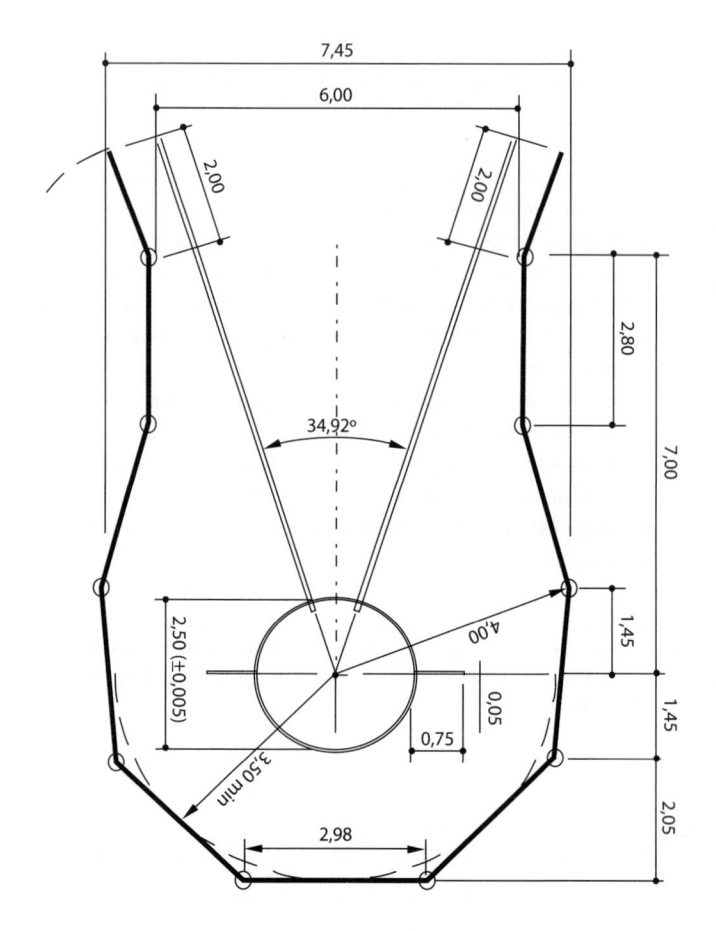

FIGURA 5.23 – Gaiola para martelo e disco configurada para disco.

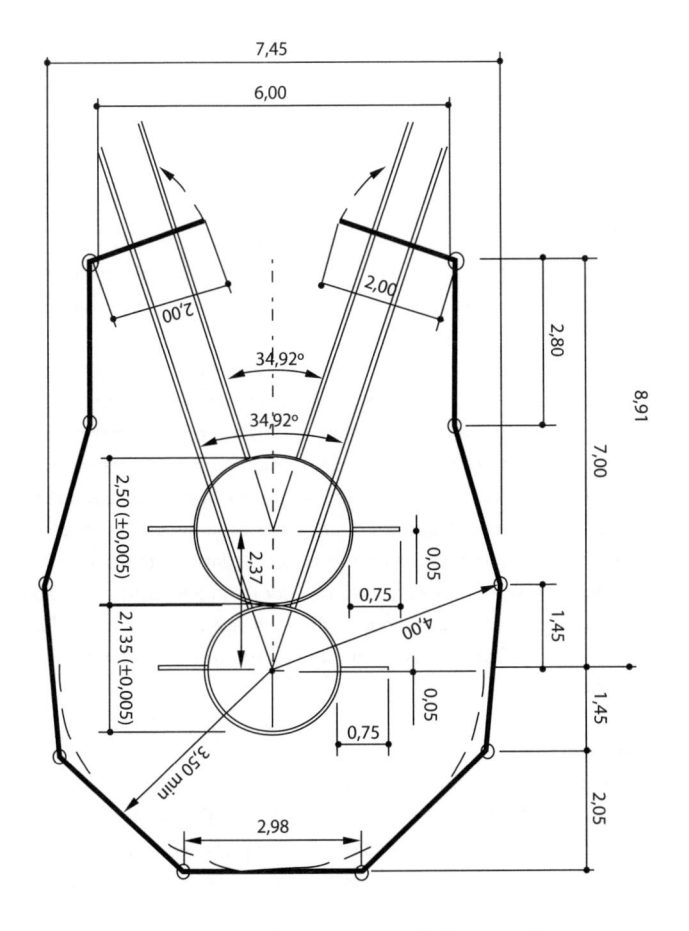

FIGURA 5.24 – Gaiola para martelo e disco com círculos separados.

7. O setor de maior perigo para o lançamento do martelo de uma gaiola é aproximadamente 53°, quando usada para lançadores destros e canhotos na mesma competição. O uso da gaiola com segurança está ligado à posição e ao alinhamento da mesma no campo.

REGRA 193
Lançamento do dardo

A Competição
1. (a) O dardo deve ser seguro na empunhadura. Será lançado por sobre o ombro ou acima da parte superior do braço de lançamento e não deve ser lançado com movimentos rotatórios. Estilos não ortodoxos não são permitidos.
    (b) Um lançamento é válido somente se a ponta da cabeça metálica do dardo tocar o solo antes que qualquer outra parte.
    (c) Em nenhum momento durante o lançamento, e até que o dardo tenha sido solto no ar, o atleta pode girar completamente de modo que suas costas fiquem na direção do arco de lançamento.
2. Se o dardo quebrar durante o lançamento ou enquanto no ar, não será considerado como falha, desde que a tentativa tenha sido feita de acordo com esta Regra. Isso não será contado como falha se o atleta, por isso, perde seu equilíbrio e infringe qualquer parte desta Regra. Em ambos os casos uma nova tentativa será concedida ao atleta.

O Dardo
3. Construção. O dardo consistirá de três partes: cabeça, corpo e uma empunhadura de corda. O corpo pode ser sólido ou oco e será construído de metal ou outro material similar adequado de maneira que se constitua fixado e integrado perfeitamente. O corpo terá fixada a ele uma cabeça metálica terminando em uma ponta aguda. A superfície do corpo não terá cavidades ou saliências, estrias côncavas ou convexas, buracos ou aspereza, e a cauda deve ser lisa (ver Regra 188.4) e completamente uniforme.

A cabeça será construída completamente de metal. Pode ter uma ponta reforçada por outra liga metálica na parte da frente do final da cabeça desde que a cabeça seja inteiramente lisa (ver Regra 188.4) e uniforme ao longo de toda a sua superfície.

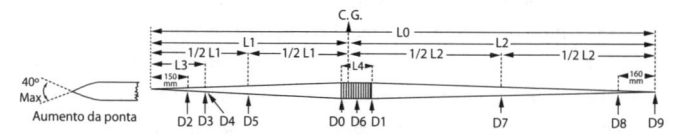

FIGURA 5.25 – Dardo internacional.

Tabela 5.18 – Comprimentos e diâmetros do dardo internacional

Dardo Internacional					
Comprimentos (todas as dimensões em mm)					
		Homens		Mulheres	
Série	Detalhe	Máx.	Mín.	Máx.	Mín.
L0	Total	2700	2600	2300	2200
L1	Ponta ao CG	1060	900	920	800
½ L1	Metade de L1	530	450	460	400
L2	Cauda ao CG	1800	1540	1500	1280
½ L2	Metade de L2	900	770	750	640
L3	Cabeça	330	250	330	250
L4	Empunhadura	160	150	150	140
Diâmetros (todas as dimensões em mm)					
		Homens		Mulheres	
Série	Detalhe	Máx.	Mín.	Máx.	Mín.
D0	Em frente à empunhadura	30	25	25	20
D1	Parte posterior à empunhadura	-	D0-0,25	-	D0-0,25
D2	A 150 mm da ponta	0,80 D0	-	0,8 D0	-
D3	Parte posterior a cabeça	-	-	-	-
D4	Imediatamente atrás da cabeça	-	D3-2.5	-	D3-2,5
D5	Metade da ponta ao CG	0,9 D0	-	0,9 D0	-
D6	Acima da empunhadura	D0 + 8	-	D0 + 8	-
D7	Metade da cauda ao CG	-	0,9 D0	-	0,9 D0
D8	150 mm da cauda	-	0,4 D0	-	0,4 D0
D9	Na cauda	-	3,5	-	3,5

4. A empunhadura, que cobrirá o centro de gravidade, não excederá o diâmetro do eixo em mais de 8 mm. Ela pode ter uma superfície regular não escorregadia, mas sem reentrâncias, saliências ou denteados de qualquer tipo. A empunhadura será de espessura uniforme.
5. O corte transversal será regularmente circular em toda a extensão [ver Nota (i)]. O diâmetro máximo do corpo será imediatamente em frente à empunhadura. A parte central do corpo, incluindo a parte sob a empunhadura, pode ser cilíndrica ou ligeiramente côncava em direção à parte traseira, mas, em nenhum caso, a redução do diâmetro logo imediatamente na frente e atrás da empunhadura, pode exceder 0,25 mm. A partir da empunhadura, o dardo se afilará regularmente para a ponta na frente e para a cauda na parte traseira. O perfil longitudinal a partir da empunhadura na frente da ponta e para a cauda será reto ou ligeiramente convexo [ver Nota (ii)], e não deverá ter alteração brusca no diâmetro total, exceto imediatamente atrás da cabeça e à frente e atrás da empunhadura, por todo o comprimento do dardo. Na parte posterior da cabeça, a redução no diâmetro não pode exceder 2,5 mm e essa partida da exigência do perfil longitudinal não pode estender-se por mais de 300 mm atrás da cabeça.

Nota (i): Desde que a seção transversal seja circular, uma diferença de 2% entre o diâmetro máximo e o mínimo é permitida. O valor desses dois diâmetros deve corresponder às especificações de um dardo circular.

Nota (ii): A forma do perfil longitudinal pode ser rápida e facilmente verificada usando-se uma lâmina de metal com pelo menos 500 mm de comprimento e dois gabaritos de 0,20 mm e 1,25 mm de espessura. Para seções do perfil ligeiramente convexas, a lâmina deslizará enquanto estiver em firme contato com uma pequena seção do dardo. Para seções retas, com a lâmina firmemente segura contra ela, será impossível inserir o gabarito de 0,20 mm entre o dardo e a lâmina em qualquer parte ao longo do comprimento de contato. Isso não se aplicará imediatamente atrás da junção entre a cabeça e o corpo. Neste ponto deverá ser impossível inserir o gabarito de 1,25 mm.

6. O dardo deverá enquadrar-se nas seguintes especificações:

Tabela 5.19 – Especificações do dardo

Dardo	Menores Feminino	Feminino	Menores Masculino	Juvenil/ Adulto Masculino
Peso mínimo para ser admitido em competição e homologação de um recorde (inclusive a empunhadura da corda)	500 g	600 g	700 g	800 g
Informação para fabricantes: variação para suprir equipamento de competição				
Mínimo	500 g	605 g	705 g	805 g
Máximo	525 g	625 g	725 g	825 g
Comprimento total				
Mínimo	2,00 m	2,20 m	2,30 m	2,60 m
Máximo	2,10 m	2,30 m	2,40 m	2,70 m
Distância da ponta da cabeça metálica ao centro de gravidade (L1)				
Mínimo	0,78 m	0,80 m	0,86 m	0,90 m
Máximo	0,88 m	0,92 m	1,00 m	1,06 m
Distância da cauda ao centro de gravidade (L2)				
Mínimo	1,12 m	1,28 m	1,30 m	1,54 m
Máximo	1,32 m	1,50 m	1,54 m	1,80 m
Comprimento da cabeça metálica				
Mínimo	220 mm	250 mm	250 mm	250 mm
Máximo	270 mm	330 mm	330 mm	330 mm
Largura da empunhadura de corda				
Mínima	135 mm	140 mm	150 mm	150 mm
Máxima	145 mm	150 mm	160 mm	160 mm
Diâmetro do corpo no ponto de maior espessura				
Mínimo	20 mm	20 mm	23 mm	25 mm
Máximo	24 mm	25 mm	28 mm	30 mm

7. O dardo não deverá ter partes móveis ou outro dispositivo que durante o lançamento possa variar o centro de gravidade ou as características de lançamento.
8. O afilamento da ponta da cabeça metálica do dardo será tal que o ângulo da ponta não excederá de 40°. O diâmetro em um ponto

a 150 mm da ponta não excederá 80% do diâmetro máximo do corpo. Em um ponto intermediário entre o centro de gravidade e a ponta da cabeça metálica, o diâmetro não excederá 90% do diâmetro máximo do corpo.

9. O afilamento do corpo para a parte traseira da cauda será tal que o diâmetro, no ponto intermediário entre o centro de gravidade e a ponta da cauda, não será menos que 90% do diâmetro máximo do corpo. Em um ponto a 150 mm da cauda o diâmetro não será menor que 40% do diâmetro máximo do corpo. O diâmetro do corpo no final da cauda não será menor que 3,5 mm.

Seção V – Provas Combinadas

REGRA 200
Competições de provas combinadas

Masculino Juvenil e Adulto (Pentatlo e Decatlo)
1. O Pentatlo compreende cinco provas a serem realizadas em um dia na seguinte ordem: Salto em Distância, Lançamento do Dardo, 200 m rasos, Lançamento do Disco e 1.500 m rasos.
2. O Decatlo Masculino compreende dez provas a serem realizadas em dois dias consecutivos, na seguinte ordem:
    - Primeiro Dia: 100 m rasos, Salto em Distância, Arremesso do Peso, Salto em Altura e 400 m rasos.
    - Segundo Dia: 110 metros com Barreiras, Lançamento do Disco, Salto com Vara, Lançamento do Dardo e 1.500 m Rasos.

Feminino Juvenil e Adulto (Heptatlo e Decatlo)
3. O Heptatlo compreende sete provas a serem realizadas em dois dias consecutivos na seguinte ordem:
    - Primeiro Dia: 00 m com barreiras, Salto em Altura, Arremesso do Peso e 200 m Rasos.

- Segundo Dia: Salto em Distância, Lançamento do Dardo e 800m Rasos.
4. O Decatlo feminino compreende dez provas a serem realizadas em dois dias consecutivos na seguinte ordem:
   - Primeiro Dia: 100 m Rasos, Lançamento do Disco, Salto com Vara, Lançamento do Dardo e 400 m Rasos.
   - Segundo Dia: 100 m com Barreiras, Salto em Distância, Arremesso do Peso, Salto em Altura e 1500 m Rasos.

Masculino Menor (Octatlo)

5. O Octatlo compreende oito provas a serem realizadas em dois dias consecutivos na seguinte ordem:
   - Primeiro Dia: 100 m Rasos, Salto em Distância, Arremesso do Peso e 400 m rasos.
   - Segundo Dia: 110 m com Barreiras, Salto em Altura, Lançamento do Dardo e 1.000 m Rasos.

Feminino Menor (Heptatlo)

6. O Heptatlo compreende sete provas a serem realizadas em dois dias consecutivos na seguinte ordem:
   - Primeiro Dia: 100 m com Barreiras, Salto em Altura, Arremesso do Peso e 200 m Rasos.
   - Segundo Dia: Salto em Distância, Lançamento do Dardo e 800 m Rasos.

Normas Gerais

7. A critério do Árbitro-geral de Provas Combinadas, haverá, sempre que possível, um intervalo de pelo menos 30 minutos do término de uma prova para o início da próxima para qualquer atleta. Se possível, o tempo entre o fim da última prova do primeiro dia e o início da primeira do segundo dia, deverá ser de pelo menos 10 horas.
8. Em cada prova separadamente, exceto a última, de uma competição de Provas Combinadas, as séries e os grupos devem ser arranjados pelo(s) Delegado(s) Técnico(s) ou o Árbitro-geral de Provas Combinadas, quando aplicável, de maneira que os atletas com resultados similares em cada

prova individual durante um período predeterminado, sejam colocados na mesma série ou grupo. Preferencialmente, cinco ou mais, e nunca menos de três atletas devem ser colocados em cada série ou grupo.

Quando isto não for possível devido ao programa das provas, as séries ou grupos para as provas seguintes, devem ser confeccionados levando em consideração a disponibilidade dos atletas depois da prova precedente. Na última prova de uma competição de prova combinada, as séries serão organizadas de modo que a última contenha os atletas que estejam liderando após a penúltima prova.

O(s) Delegado(s) Técnico(s) ou o Árbitro-geral de Provas Combinadas tem autoridade para remanejar qualquer grupo se, em sua opinião, for conveniente.

9. As Regras para cada prova constituindo a competição serão aplicadas, com as seguintes exceções:
   (a) No salto em distância e cada uma das provas de arremesso/lançamentos, serão permitidas somente 3 tentativas a cada atleta.
   (b) No caso de equipamento de cronometragem totalmente automática não estar disponível, o tempo de cada atleta será tomado por três cronometristas independentemente.
   (c) Em provas de pista, será permitida somente uma saída falsa sem a desclassificação do(s) atleta(s) responsável(eis) pela saída falsa. Qualquer atleta(s) responsável(eis) por saídas falsas subsequentes na corrida será(ão) desqualificado(s) (ver também Regra 162.7).
10. Somente um sistema de cronometragem poderá ser usado durante cada prova. Entretanto, para fins de recordes, tempos obtidos de um sistema de foto finish totalmente automático podem ser usados independentemente de se tais tempos estão disponíveis também para os outros atletas na prova.
11. Qualquer atleta que não tiver dado uma saída ou feito uma tentativa em uma das provas não poderá participar nas provas subsequentes, mas será considerado como abandono da competição. Portanto, ele não figurará na classificação final.

    Qualquer atleta que decida retirar-se de uma Competição de Provas Combinadas deverá informar imediatamente a sua decisão ao Árbitro-geral de Provas Combinadas.

12. A pontuação, de acordo com as Tabelas de Pontuação da IAAF, será anunciada a todos os atletas, separada por prova e o total cumulativo, após o término de cada prova.
O vencedor será o atleta que tiver obtido o maior número total de pontos.

13. Se dois ou mais atletas alcançarem um número igual de pontos para qualquer colocação na competição, o procedimento para determinar se houve um empate é o seguinte:
   (a) O atleta que, no maior número de provas, tenha recebido mais pontos dos que outro(s) atleta(s) concernente, será considerado o melhor colocado.
   (b) Se os atletas ainda permanecerem empatados após a aplicação da Regra 200.13(a) o atleta que receber o maior número de pontos em qualquer prova será considerado o melhor colocado.
   (c) Se os atletas ainda permanecerem empatados após a aplicação da Regra 200.13(b) o atleta que receber o maior número de pontos em uma segunda prova etc. será considerado o melhor colocado.
   (d) os atletas ainda permanecerem empatados após a aplicação da Regra 200.13(c), deverá ser determinado como um empate.

Seção VI – Competições Indoor

REGRA 210
Aplicabilidade das regras de competições abertas para competições indoor.

Com as exceções especificadas nas Regras seguintes desta Seção VI, as Regras das Seções de I a V para competições abertas também são aplicáveis a Competições Indoor.

REGRA 211
O estádio coberto

1. O estádio será completamente fechado e coberto. Deverá haver iluminação, aquecimento e ventilação para dar à competição condições satisfatórias.
2. O local de competição deve incluir uma pista oval, uma pista reta para provas de velocidade e barreiras; corredores e áreas de queda para as provas de salto. Além disso, um círculo e setor de queda para o arremesso do peso deverão ser providenciados permanente ou temporariamente. Todas as instalações devem estar de acordo com as especificações do Manual de Instalações de Pista e Campo da IAAF.
3. Todas as pistas, corredores ou áreas de impulsão deverão ser cobertos com material sintético que deve, preferivelmente, ser capaz de aceitar os pregos de 6mm nos sapatos de corrida.

   Espessuras alternativas podem ser providenciadas pelo administrador do estádio, que notificará aos atletas o tamanho permitido dos pregos. (Ver Regra 143.4).

   As competições de Pista e Campo Indoor segundo a Regra 1.1(a), (b), (c) e (f) deverão ser realizadas somente em instalações que tenham um Certificado de Homologação de Instalações Indoor da IAAF atual e válido.

   Recomenda-se que, quando tais instalações estejam disponíveis, as competições segundo a Regra 1.1. (d), (e), (g), (h), (i) e (j) devem também ser realizadas nestas instalações.
4. A base em que se apoia a superfície sintética das pistas, corredores e áreas de lançamentos deve ser sólida, por exemplo, concreto ou, se em uma construção suspensa (tal qual placas de madeira ou tablados montados ou unidos), sem qualquer seção de movimento especial e sempre que tecnicamente possível, cada corredor deverá ter uma elasticidade uniforme em todo o seu prolongamento. Isso deve ser verificado antes de cada competição, na área de impulsão para saltos.

Nota (i) Uma "seção de movimento" é qualquer equipamento ou seção construída deliberadamente para dar assistência extra a um competidor.

Nota (ii): O Manual de Instalações de Pista e Campo da IAAF, que está disponível no Escritório da IAAF, ou pode ser baixado do website da IAAF, contém especificações mais detalhadas e definidas para planejamento e construção de estádios indoor, incluindo diagramas para medição e marcação de pistas.

Nota (iii): Os formulários padrão de Relatório de Medições de Instalações de Pista e Campo está disponível no Escritório da IAAF ou em seu website.

REGRA 212
A pista reta

1. A inclinação lateral da pista não deverá exceder 1:100 e a inclinação em direção à corrida não excederá 1:250 em qualquer ponto e 1:1000 no total.

Raias
2. A pista deve ter um mínimo de seis e um máximo de oito raias, separadas e limitadas em ambos os lados por linhas brancas com 5cm de largura. As raias deverão ter todas 1,22 m ± 0,01 m de largura, incluindo a linha branca da direita.

Nota: Para todas as pistas construídas antes de 1° de janeiro de 2004, as raias devem ter uma largura máxima de 1,25 m.

Saída e Chegada
3. Deve haver um espaço de pelo menos 3 m atrás da linha de saída livre de qualquer obstrução. Deverá haver um espaço livre de pelo menos 10 m além da linha de chegada livre de qualquer obstrução com arranjo adequado para um atleta parar sem se machucar.

Nota: É fortemente recomendado que o espaço mínimo além da linha de chegada seja de 15 m.

REGRA 213
A pista oval e as raias

1. O comprimento nominal será preferivelmente de 200 m. Ela consistirá de duas retas paralelas horizontais e duas curvas, que podem ser inclinadas, e cujos raios devem ser iguais.

   A parte interna da pista será delimitada com uma mureta de material adequado, de aproximadamente 5 cm de altura e largura, ou com uma linha branca de 5 cm de largura. O limite externo da mureta ou a linha formam a parte interna da raia 1. O interior da linha ou mureta será horizontal em todo o prolongamento da pista com uma inclinação máxima de 1:1000.

Raias

2. A pista deve ter um mínimo de 4 e um máximo de 6 raias.

   As raias devem ter a mesma largura nominal entre 0,90 m e 1,10 m incluindo a linha à direita da raia. As raias serão da mesma largura nominal com uma tolerância de +/- 0,01m para a largura selecionada. As raias serão separadas por linhas brancas de 5 cm de largura.

Inclinação

3. O ângulo de inclinação em todas as raias na curva e separadamente na reta será o mesmo em qualquer seção transversal da pista. A reta deve ser plana ou ter um máximo de inclinação lateral de 1:100 em direção à raia interna.

   De modo a facilitar a passagem da reta plana para a curva inclinada, a passagem pode ser feita com uma suave transição gradual horizontal que pode estender-se à reta. Além disso, deverá haver uma transição vertical.

Marcação da Curva

4. Onde a parte interna da pista for marcada com uma linha branca, ela receberá uma marcação adicional com bandeirolas ou cones e opcionalmente nas retas. Os cones deverão ter, pelo menos, 20 cm de altura. As bandeirolas deverão ter um tamanho aproximado de

25x20 cm de tamanho e uma altura de pelo menos 45cm e fazendo um ângulo de 60° com a superfície externa da pista. Os cones ou bandeirolas deverão ser colocados na linha branca da pista de tal modo que a borda da base do cone ou suporte da bandeira coincida com a borda da linha branca mais próxima da pista. Os cones ou bandeirolas serão colocados em distâncias que não excedam 1,5 m nas curvas e 10 m nas retas.

Nota: Para todas as competições indoor diretamente sob a direção da IAAF, o uso de uma mureta é fortemente recomendado.

REGRA 214
Saída e chegada na pista oval

1. As informações técnicas sobre a construção e marcação de uma pista coberta inclinada de 200 m estão descritas detalhadamente no "IAAF Track and Field Facilities Manual". Os princípios básicos a serem adotados são descritos a seguir.

Exigências básicas
2. A saída e a chegada de uma corrida será marcada por linhas brancas de 5 cm de largura, formando ângulos retos com as linhas das raias para as partes retas da pista e ao longo de um raio para as partes curvas da pista.
3. As exigências para a linha de chegada são que, sempre que possível, deve haver uma única para todas as diferentes distâncias de corridas, quer seja na parte reta da pista e que a maior parte possível da reta seja antes da chegada.
4. A exigência essencial para todas as linhas de saída, retas, escalonadas ou curvas, é que a distância para cada atleta, ao tomar o percurso mais curto permitido, seja exatamente a mesma.
5. Sempre que possível, as linhas de saída (e linhas de demarcação de passagem para corridas de revezamento) não devem ser na parte mais inclinada da curva.

Condução das Corridas

6. Para corridas de 400 m ou menos, cada atleta deve ter uma raia separada na saída. Corridas de até e incluindo os 300 m, serão corridas inteiramente em raias. Corridas acima de 300 m e menos de 800 m iniciar-se-ão e continuarão em raias até o fim da segunda curva. Nas corridas de 800 m, cada atleta pode ser colocado em uma raia separada, ou até dois atletas ser colocados por raia, ou um grupo de largada, utilizando-se preferencialmente as raias 1 e 3.
Provas acima de 800 m devem ser corridas sem raias, usando uma linha de saída curva ou grupos de saída.

Nota (i): Em competições, exceto as realizadas sob a Regra 1.1 (a), (b), (c) e (f), as filiadas participantes podem fazer um acordo para não usar raias para a prova dos 800 m.

Nota (ii): Em pistas com menos de seis raias, a Regra 162.10, que prevê o grupo que corre primeiro, poderá ser utilizada para permitir que seis atletas compitam entre si.

As Linhas de Saída e Chegada para Pista de Comprimento Nominal de 200 m

7. A linha de saída na raia 1 deverá estar na reta principal. Sua posição será determinada de modo que a linha de saída escalonada mais avançada na raia externa (400 m, ver Regra 214.9) deve estar em uma posição onde o ângulo da curva não seja mais de 12 graus.
A linha de chegada para todas as provas na pista oval será uma extensão da linha de saída na raia 1, diretamente transversal à pista e em ângulos retos com as linhas das raias.

Linha de Saída Escalonada para Prova de 200 m

8. A posição da linha de saída na raia 1 e a posição da linha de chegada sendo determinadas, a posição das linhas de saída nas raias restantes deve ser determinada medindo-se em cada raia partindo-se da linha de chegada para trás. A medida em cada raia será feita exata-

mente do mesmo modo como para a raia 1, quando medindo-se o comprimento da pista (ver Regra 160.2).

Tendo-se estabelecido a posição da linha de saída onde ela faz interseção com a linha de medição de 20 cm da linha externa, a partir da parte interna da raia, a linha será estendida perpendicularmente à raia, em ângulos retos com as linhas das raias se em uma seção reta da pista. Se for em uma seção curva da pista, a linha da posição a ser medida deve ser desenhada no prolongamento do raio através do centro da curva e, se em uma das partes de transição (ver Regra 213.4), ao longo de um raio através do centro teórico da curvatura naquele ponto. A linha de saída pode então ser marcada com 5 cm de largura, no lado da posição medida mais próximo à chegada.

Linhas de Partidas Escalonadas para Corridas acima de 200m até e inclusive 800m.

9. Como os atletas podem deixar suas respectivas raias ao entrar na reta após correr uma ou duas curvas em raias, as posições de saída devem levar em conta dois fatores. Primeiro, o escalonamento normal permitido é similar ao da prova dos 200 m (ver Regra 214.8). Segundo, um ajuste no ponto de saída em cada raia para compensar a distância que os atletas das raias de fora terão que percorrer para alcançar a posição interna ao fim da reta após a linha de abandono de raia. Esses ajustes podem ser determinados ao marcar-se a linha de abandono, onde se permite aos atletas deixar suas raias. Infelizmente, já que as linhas de saída têm 5 cm de largura, é impossível marcar duas saídas diferentes, a não ser que a diferença de posição esteja em um excesso de aproximadamente 7 cm para permitir espaço de 2 cm entre as linhas de chegada. Onde surgir este problema a solução é usar a linha de saída mais afastada. O problema não surge na raia 1, já que, por definição, não há ajuste algum para a linha de abandono de raia. Ele surge nas raias mais interiores (2 e 3), mas não nas raias mais externas (5 e 6), onde o ajuste da linha de abandono de raia é maior do que 7 cm. Nas raias mais afastadas, onde a separação é suficiente, uma segunda linha de saída pode ser medida em frente à primeira a partir do "ajuste" exigido da disposição da linha de abandono da raia. A segunda linha de saída pode então ser

marcada do mesmo modo que aquela para a prova de 200 m. É a posição dessa linha de saída na raia externa que determina a posição de todas as linhas de saída e a linha de chegada na pista. De modo a evitar expor o atleta saindo da raia de fora a grande desvantagem de raias em uma pista bastante inclinada, todas as linhas de saída e, portanto, a de chegada devem ser movidas suficientemente para trás da primeira curva de modo a restringir a inclinação para um nível aceitável. É necessário, portanto, primeiro fixar a posição das linhas de saída dos 400 e 800 m na raia de fora e então trabalhar de volta em todas as linhas de chegada e finalmente chegando à linha de chegada. Para ajudar os atletas a identificar a linha de raia livre, pequenos cones ou prismas com base de 5x5 cm, com uma altura máxima de 15 cm, preferencialmente de cores diferentes das raias livres devem ser colocados nas interseções de cada raia com a linha de raia livre.

Rodadas e Séries

10. Em competições de pista coberta, na ausência de circunstâncias extraordinárias, as seguintes tabelas serão usadas para determinar o número de fases e o número de séries em cada fase a serem realizadas e o procedimento de qualificação, por exemplo, aquelas decididas por colocação (C) e tempo (T) para cada fase das provas de pista:

Tabela 5.20 – 60 m, 60 m com Barreiras

Participantes Inscritos	Primeira Rodada			Semifinais		
	Séries	C	T	Séries	C	T
9-16	2	3	2			
17-24	3	2	2			
25-32	4	3	4	2	4	
33-40	5	4	4	3	2	2
41-48	6	3	6	3	2	2
49-56	7	3	3	3	2	2
57-64	8	2	8	3	2	2
65-72	9	2	6	3	2	2
73-80	10	2	4	3	2	2

Tabela 5.21 – 200 m, 400 m, 800 m, 4x200 m, 4x400 m

Participantes Inscritos	Primeira Rodada			Segunda Rodada			Semifinais	
	Séries	C	T	Séries	C	T	Séries	C
7-12	2	2	2					
13-18	3	3	3				2	3
19-24	4	2	4				2	3
25-30	5	2	2				2	3
31-36	6	2	6				3	2
37-42	7	2	4				3	2
43-48	8	2	2				3	2
49-54	9	2	6	4	3		2	3
55-60	10	2	4	4	3		2	3

Tabela 5.22 – 1500 m

Participantes Inscritos	Primeira Rodada			Semifinais		
	Séries	C	T	Séries	C	T
12-18	2	3	3			
19-27	3	2	3			
28-36	4	2	1			
37-45	5	3	3	2	3	3
46-54	6	2	6	2	3	3
55-63	7	2	4	2	3	3

Tabela 5.23 – 3000 m

Participantes Inscritos	Primeira Rodada		
	Séries	C	T
16-24	2	4	4
25-36	3	3	3
37-48	4	2	4

Nota: Os procedimentos de qualificação acima são válidos para pistas ovais de 6 raias e/ou 8 raias de linha reta.

Sorteio para raias

11. Para todas as provas que não de 800 m, corridas inteiramente ou parcialmente por raias com curvas, onde houver eliminatórias sucessivas, as raias se sortearão como segue:

    (a) as duas raias exteriores entre os dois atletas mais bem classificados no ranking ou equipes;

    (b) as duas próximas raias entre o terceiro e o quarto atleta classificado no ranking ou equipes;

    (c) quaisquer raias internas remanescentes entre os outros atletas ou equipes.

    A referida classificação será determinada como se segue:

    (d) para as primeiras séries da lista correspondente às marcas válidas conseguidas durante um período pré-determinado;

    (e) para as fases subsequentes ou final de acordo com os procedimentos descritos na Regra 166.3 (a).

12. Para todas as outras corridas a ordem das raias será sorteada de acordo com a Regra 166.4 e 166.8.

REGRA 215
Uniformes, sapatos e números

Quando uma competição for conduzida em superfície sintética, a parte do prego que se projeta do solado ou calcanhar não deve exceder 6 mm (ou como exija o Comitê Organizador), sujeito sempre ao máximo previsto na Regra 143.4).

REGRA 216
Corridas com barreiras

1. As corridas com barreiras serão feitas nas distâncias de 50 ou 60 m na pista reta.
2. Especificações das barreiras para as provas:

Tabela 5.24 – Especificações das barreiras (corrida)

	Menor Masculino	Juvenil Masculino	Adulto Masculino	Menor Feminino	Juvenil/Adulto Feminino
Altura da barreira	0,914 m	0,991 m	1,067 m	0,762 m	0,838 m
Distância	50 m/60 m				
N° de barreiras	4/5				
Da saída à primeira barreira	13,72 m			13,00 m	
Entre barreiras	9,14 m			8,50 m	
Da última barreira à chegada	8,86 m/9.72 m			11,50 m/13.00 m	

REGRA 217
Revezamentos

Condução das Corridas

1. No revezamento 4x200 m toda a primeira parte e a primeira curva da segunda parte serão corridas em raias. No final dessa curva, haverá uma linha branca com 5 cm de largura (linha de abandono de raia) distintamente marcada cruzando as raias para indicar onde cada atleta pode abandonar sua raia. A Regra 170.7 não será aplicada.

2. No revezamento 4x400 m, as primeiras duas curvas serão corridas em raias. Assim, a mesma linha de abandono de raia, linhas de partida etc. serão usadas como para a prova de 400 m rasos.

3. Na prova de revezamento 4x800 m a primeira curva será corrida em raias. Assim, a mesma linha de abandono de raias, linhas de marcação etc. serão usadas como para a prova de 800 m rasos.

4 Nas corridas onde é permitido aos atletas deixarem suas respectivas raias entrando na reta após correr duas ou três curvas em raia, o esquema de escalonamento da saída está descrito na Regra 214.9.

5. Os atletas que aguardam na terceira e quarta pernas da corrida de revezamento 4x200 m, na segunda, terceira e quarta pernas das

corridas de revezamentos de 4x400 m e 4x800 m, sob a direção de um determinado árbitro, se colocarão em suas posições de espera na mesma ordem (de dentro para fora) de acordo com a ordem dos respectivos membros de suas equipes quando eles entram na última curva. Uma vez que os atletas que estão chegando tenham passado deste ponto, os atletas que aguardam devem manter suas ordens, e não mudarão suas posições no início da zona de passagem. Se um atleta não seguir esta Regra, sua equipe será desqualificada.

Nota: Devido às raias estreitas, corridas de revezamento em pista coberta são mais dadas à colisão e obstrução não intencional do que em revezamento em pista descoberta. Portanto, recomenda-se que, quando possível, seja deixada uma raia livre entre cada equipe.

REGRA 218
Salto em altura

O Corredor de Aproximação e Área de Impulsão
1. Se forem usadas placas removíveis, todas as referências nas Regras relativas ao nível da área de impulsão devem ser construídas baseadas na parte superior da superfície da placa.
2. O atleta pode iniciar sua aproximação na inclinação da pista oval, desde que os últimos 15 m de sua corrida sejam no corredor, cumprindo com as Regras 182.3, 182.4 e 182.5.

REGRA 219
Salto com vara

O Corredor
Um atleta pode iniciar sua corrida de aproximação na inclinação da pista oval, desde que os últimos 40 m sejam corridos no corredor em superfície nivelada, cumprindo com as Regras 183.6 e 183.7.

REGRA 220
Saltos horizontais

O Corredor

Um atleta pode iniciar sua corrida de aproximação na inclinação da pista oval, desde que os últimos 40 m sejam corridos no corredor em superfície nivelada, cumprindo com as Regras 184.2 e 184.3.

REGRA 221
Arremesso do peso

Setor de Queda do Peso

1. O setor de queda consistirá de qualquer material adequado sobre o qual o peso fará uma marca mas que minimizará qualquer salto.

2. Sempre que necessário, para assegurar a segurança dos espectadores, árbitros e atletas, o setor de queda será circundado em sua extremidade e em ambos os lados por uma barreira de proteção e/ou rede de proteção, colocada o mais próximo do círculo conforme requerido. A altura mínima recomendada da rede deve ser de 4 m e suficiente para deter o peso, tanto em sua trajetória ou saltando da área de queda.

3. Em vista do espaço limitado dentro de uma pista coberta, a área compreendida pela barreira de proteção não poderá ser bastante larga para incluir-se um setor de 34,92°. As seguintes condições aplicar-se-ão a qualquer restrição:

    (a) A barreira de proteção na extremidade mais distante será de pelo menos 50 cm além do recorde mundial vigente masculino e feminino.

    (b) As linhas do setor em cada lado devem ser simétricas em relação à linha central do setor de 34,92°.

    (c) As linhas do setor em cada lado onde não fazem parte do setor de 34,92°, podem correr radialmente partindo do centro do círculo do arremesso do mesmo modo que as linhas do setor de 34,92°, ou podem ser paralelas às outras e à do centro do círculo de 34,92°. Onde as linhas do setor forem paralelas, a separação mínima das duas linhas do setor será de 9 metros.

Construção do Peso

4. Dependendo do tipo de área de queda (ver Regra 221.1) o peso será de metal sólido ou oco, ou alternativamente plástico ou borracha ocos com enchimento adequado. Diferentes tipos de peso não poderão ser usados em uma mesma competição.

Peso de Metal Sólido ou Metal Oco

5. Devem estar exatamente de acordo com a Regra 188.4 e 188.5, para o arremesso do peso a céu aberto.

Peso de Plástico ou Borracha Oco

6. O peso terá uma caixa plástica ou de borracha com um enchimento adequado tal que nenhum estrago seja feito quando cair em um piso normal de esportes. Ele será esférico em forma e sua superfície não deverá ser áspera e seu acabamento será liso. Para ser lisa, a altura média da superfície deve ser inferior a 1,6 µm, por exemplo, uma aspereza número N7 ou menos.

O peso deverá estar conforme as seguintes especificações:

Tabela 5.25 – Especificações do peso (arremesso)

Peso		
Peso mínimo para ser admitido em competição e homologação de um recorde	4,000 kg	7,260 kg
Informação para fabricantes: Variação para fornecer implementos para competição	4,005 kg 4,025 kg	7,265 kg 7,285 kg
Diâmetro mínimo	95 mm	110 mm
Diâmetro máximo	130 mm	145 mm

REGRA 222
Competições de provas combinadas

Masculino (Pentatlo)

1. O Pentatlo consiste de cinco provas que serão realizadas em um só dia e na seguinte ordem:

   60 m com barreiras, Salto em Distância, Arremesso do Peso, Salto em Altura e 1.000 m.

Masculino (Heptatlo)

2. O Heptatlo consiste de sete provas que serão realizadas em dois dias consecutivos na seguinte ordem:
   - Primeiro Dia: 60 m, Salto em Distância, Arremesso do Peso, Salto em Altura.
   - Segundo Dia: 60 m com Barreiras, Salto com Vara e 1.000 m.

Feminino (Pentatlo)

3. O Pentatlo consiste de cinco provas que serão realizadas em um só dia e na seguinte ordem: 60 m com Barreiras, Salto em Altura, Arremesso do Peso, Salto em Distância e 800 m.

Séries e Grupos

4. Preferencialmente quatro ou mais, e nunca menos que três atletas devem ser colocados em cada série ou grupo.

Seção VII – Provas de marcha atlética

REGRA 230
Marcha Atlética

1. A marcha atlética é uma progressão de passos, executados de tal modo que o atleta mantenha um contato contínuo com o solo, não

podendo ocorrer (a olho nu) a perda do contato com o mesmo. A perna que avança deve estar reta (ou seja, não flexionada no joelho) desde o momento do primeiro contato com o solo, até a posição ereta vertical.

Árbitros

2. (a) Os árbitros indicados para a prova de marcha devem eleger um Árbitro-chefe, se um não tiver sido indicado previamente.

   (b) Todos os Árbitros devem agir individualmente e seus julgamentos devem ser baseados em observações feitas a olho nu.

   (c) Em competições realizadas sob a Regra 1.1 (a), todos os Árbitros devem ser Árbitros Internacionais de Marcha Atlética. Em competições realizadas sob a Regra 1.1 (b), (c), (e), (f), (g) e (j), todos os Árbitros devem ser Árbitros de Área ou Internacionais de Marcha Atlética.

   (d) Para provas de rua, deve haver normalmente um mínimo de seis e um máximo de nove árbitros incluindo o Árbitro-chefe.

   (e) Para provas de pista, deve haver normalmente seis Árbitros incluindo o Árbitro-chefe.

   (f) Em competições realizadas sob a Regra 1.1(a) não mais que um Árbitro de cada país pode atuar.

Árbitro-chefe

3. (a) Em competições realizadas sob as Regras 1.1(a), (b), (c), (d) e (f), o Árbitro-chefe tem o poder de desqualificar o atleta nos últimos 100 m quando seu modo de progressão, obviamente, infringir a Regra 230.1, qualquer que seja o número de cartões vermelhos que o Árbitro-chefe tenha recebido sobre aquele atleta. Um atleta que for desqualificado pelo Árbitro-chefe sob estas circunstâncias terá o direito a terminar a prova. Um atleta nessas circunstâncias terá o direito de terminar a prova. Ele será notificado desta desqualificação pelo Árbitro-chefe ou o Assistente do Árbitro-chefe através da exibição de uma placa vermelha o mais oportuno possível após o atleta ter concluído a prova.

(b) O Árbitro-chefe atuará como supervisor oficial da competição e somente atuará como Árbitro em circunstâncias especiais contidas na Regra 230.3(a) em competições organizadas segundo as Regras 1.1 (a), (b), (c), (d) e (f). Em competições organizadas segundo as Regras 1.1 (a), (b) ,(c) e (f), dois ou mais Assistentes do Árbitro-chefe deverão ser designados. Os Assistentes do Árbitro-chefe somente ajudarão nas notificações de desqualificação e não poderão atuar como árbitros de marcha.

(c) Em todas as competições realizadas sob a Regra 1.1 (a), (b), (c) e (f), um oficial encarregado do(s) Placar(es) de Advertências e um anotador do Árbitro-chefe devem ser indicados.

Placa Amarela

4. Quando um árbitro não estiver completamente satisfeito de que o atleta atendeu totalmente a Regra 230.1, ele deve, sempre que possível, mostrar ao atleta uma placa amarela indicando a infração. Um atleta não pode receber uma segunda placa amarela por um mesmo árbitro por uma mesma infração. Ao mostrar uma placa amarela a um atleta, o Árbitro informará o Árbitro-chefe de sua ação, após a competição.

Cartões Vermelhos

5. Quando um Árbitro observa um atleta cometendo falta segundo a Regra 230.1, por exibição visível da perda do contato com o solo ou a dobra do joelho durante qualquer parte da competição, o Árbitro então enviará um cartão vermelho ao Árbitro-chefe.

Desqualificação

6. (a) Quando três cartões vermelhos de três árbitros diferentes são enviados ao Árbitro-chefe, o atleta será desqualificado e informado de sua desqualificação pelo Árbitro-chefe ou seu assistente mostrando a plaqueta vermelha. A ausência da notificação não implicará a colocação do atleta desqualificado no resultado final.

(b) Em todas as competições segundo as Regras 1.1(a), (b), (c) ou (e), em nenhuma circunstância cartões vermelhos de dois Árbitros de mesma nacionalidade terão o poder de desqualificar um atleta.

(c) Em provas de pista, o atleta que for desqualificado deve deixar imediatamente a pista, e em provas de rua, ele deve, imediatamente após sua desqualificação, remover o número que o distingue e deixar o percurso. Qualquer atleta desqualificado que falhar em deixar o percurso ou pista pode estar passível de maiores ações disciplinares de conformidade com as Regras 60.4 (f) e 145.2.

(d) Um ou mais placares de advertências devem ser colocados no percurso e próximo à chegada para manter os atletas informados sobre o número de advertências que foram dadas a cada um. O símbolo de cada infração cometida deverá igualmente figurar no placar de advertências.

(e) Para todas as competições realizadas segundo a Regra 1.1(a), equipamentos computadorizados com capacidade de transmissão devem ser usados pelos Árbitros para comunicar todos os cartões vermelhos ao Anotador e ao(s) placar(es) de advertência. Em todas as outras competições, em que tal sistema não é usado, o Árbitro-chefe, imediatamente após o final do evento, reportará ao Arbitro-geral a identificação de todos os atletas desqualificados segundo a Regra 230.3(a) ou 230.6(a), através da indicação do número de identificação, a hora da notificação e da infração; o mesmo será feito para todos os atletas que tiverem recebido cartões vermelhos.

A Saída

7. As provas de marcha devem começar pelo disparo de um revólver. Os comandos para corridas acima de 400 m deverão ser usados [Regra 162.2(b)]. Em provas que possuam um grande número de atletas, devem ser dados avisos de cinco minutos, três minutos e um minuto antes de ser dada a largada da prova.

Ao comando "Às suas marcas", o árbitro de partida deverá assegurar que nenhum atleta tenha seu pé (ou qualquer parte de seu corpo) tocando a linha de largada ou o solo à frente da mesma, e então deverá dar largada à prova.

Segurança e Atendimento Médico

8. (a) O Comitê Organizador das provas de Marcha Atlética deve providenciar a segurança dos atletas e árbitros. Em competições realizadas sob a Regra 1.1(a), (b), (c) e (f), o Comitê Organizador deve assegurar que as ruas utilizadas para a competição estejam fechadas para tráfego motorizado em todas as direções.

(b) Em competições realizadas sob a Regra 1.1(a), (b) ,(c) e (f), as provas devem ser programadas para iniciarem e terminarem com a luz do dia.

(c) Um exame de pronto atendimento durante o decorrer de uma prova por uma equipe médica claramente identificada pelo Comitê Organizador não será considerado como assistência.

(d) Um atleta deve retirar-se da prova desde que ordenado pelo Delegado Médico ou por um membro da equipe médica.

Postos de Bebidas/Esponjas e Abastecimento em Provas de Rua

9. (a) Água e outras bebidas refrescantes adequadas devem estar disponíveis no início e no final de todas as provas.

(b) Para todas as provas de 5 km e acima até e incluindo 10 km , postos de bebidas/esponjas devem ser instalados em intervalos adequados, se as condições de tempo justificarem tal provisão.

Nota: Estações de "chuveiro" devem ser providenciadas, quando for considerado apropriado de acordo com certas condições organizacionais ou climáticas.

(c) Para todas as provas acima de 10 km, postos de abastecimento devem ser instalados em todas as voltas. Além disso, postos de abastecimento de água devem somente ser colocados aproximadamente entre os postos de abastecimento, ou mais frequentemente se as condições do tempo justificarem tal provisão.

(d) As bebidas, que podem ser oferecidas tanto pelo Comitê Organizador quanto pelo atleta, devem ser colocadas nos postos de maneira que fiquem facilmente acessíveis, ou podem ser colocadas por pessoas autorizadas nas mãos dos atletas.

(e) Tais pessoas autorizadas não devem entrar no percurso nem obstruir qualquer atleta. Elas podem distribuir bebidas ao atleta tanto atrás, ou a partir de uma posição não superior a um metro ao lado da mesa, mas não em frente à mesma.

(f) Em competições realizadas segundo as Regras 1.1(a), (b), (c) e (f), um máximo de dois oficiais por país pode, a qualquer tempo, ficar parado atrás da mesa de bebidas. Nenhum oficial poderá, em quaisquer circunstâncias, correr ao lado do atleta enquanto ele estiver tomando uma bebida (g). Um atleta que retire bebidas ou água de outro lugar além dos postos oficiais torna-se passível de desqualificação pelo Árbitro.

(g) Em competições realizadas sob a Regra 1.1 (a), (b), (c) e (f), um máximo de dois oficiais por país podem ficar parados atrás da mesa de abastecimento em qualquer tempo. Sob nenhuma circunstância um oficial pode correr ao lado do atleta enquanto este está tomando uma bebida.

Circuitos em Ruas

10. (a) Para competições realizadas sob a Regra 1.1 (a), o circuito não deve ser maior que 2,5 km e não menor que 2 km. Para todas as outras competições, o circuito não deve ser maior que 2,5 km e não menor que 1 km. Para provas em que a saída e a chegada sejam em estádio, o circuito deve estar localizado o mais próximo possível do estádio.

(b) Circuitos em Rua devem ser medidos de conformidade com a Regra 240.3.

Condução da prova

11. Em provas de 20 km ou mais, um atleta pode deixar a rua ou pista com permissão e sob a supervisão de um Oficial, desde que, saindo do percurso, ele não diminua a distância a ser percorrida.

12. Se o Árbitro-geral acatar um Boletim de Ocorrência de um Árbitro ou Inspetor, ou por outra forma se convencer de que um atleta saiu do percurso marcado e desse modo encurtou a distância a ser coberta, ele será desqualificado.

Seção VIII – Corridas de rua

REGRA 240
Corridas de rua

1. As distâncias padrão para homens e mulheres serão de 10 km, 15 km, 20 km, Meia-maratona, 25 km, 30 km, Maratona (42.195m), 100 km e Revezamento em Rua.

Nota (i): Recomenda-se que a corrida de revezamento em rua seja corrida em distância igual à da Maratona, idealmente com percurso em circuito de 5 km, com estágios de 5 km, 10 km, 5 km, 10 km, 5 km e 7.195 m. Para uma corrida de revezamento juvenil, a distância recomendada é a de Meia-maratona, com estágios de 5 km, 5 km, 5 km e 6.098 m.

Nota (ii): Recomenda-se que as corridas de rua sejam realizadas durante os meses de abril ou maio, ou setembro a dezembro inclusive.

O Percurso
2. As corridas serão realizadas em ruas pavimentadas. Entretanto, quando o tráfego ou circunstância similar tornarem impraticáveis, o percurso, devidamente marcado, pode ser feito em pista de bicicleta ou de pedestre, ao longo da rua, mas não sobre terreno macio como gramado ou similar. A saída e a chegada podem ser no estádio.

Nota (i): Recomenda-se que para as corridas de rua realizadas em distâncias padrão, os pontos de saída e chegada, medidos por linha reta entre eles não devam estar separados um do outro em mais que 50% da distância da prova.

Nota (ii) É aceitável, para a largada e/ou chegada de uma corrida, que seja realizada em grama ou outro terreno macio.

3. Em provas de rua o percurso será medido ao longo da rota mais curta possível que um atleta possa seguir dentro do espaço permitido para uso na corrida.

   Em todas as competições sobre a Regra 1.1(a) e, onde possível, (b), (c) e (f), a linha de medição deve ser marcada ao longo do percurso em uma cor distinta que não possa ser confundida com outras marcações. O comprimento do percurso não deve ser menor que a distância oficial para a prova. Em competições sob a Regra 1.1(a), (b), (c) e (f), a variação da medição não pode exceder 0,1% (ou seja, 42 m para a Maratona) e a distância do percurso deverá ser certificada, em antecipado, por um medidor oficial aprovado pela IAAF.

Nota (i): Para medida, recomenda-se o "Método de Bicicleta Calibrada".

Nota (ii): Para evitar que um percurso venha a ficar curto em futuras medições, recomenda-se que seja estabelecido um "fator de prevenção para encurtamento de percurso". Para medidas com bicicletas este fator deverá ser de 0,1%, significando que cada quilômetro no percurso terá uma medida de comprimento de 1001 metros.

Nota (iii): Pretende-se que partes do percurso no dia da prova sejam definidas pelo uso de equipamentos não permanentes como cones, barricadas etc. Seu posicionamento deve ser decidido antes da medição e a documentação sobre tais decisões deve ser incluída no relatório de medição.

Nota (iv): Recomenda-se que, para corridas realizadas nas distâncias padrões, o declive entre a saída e a chegada não deverá exceder de um em mil, por exemplo, 1m por quilômetro.

Nota (v): Um certificado de medição de percurso é válido por cinco anos, após o qual o percurso será remedido mesmo quando não houver mudanças óbvias no mesmo.

4. A distância em quilômetros, no percurso, será mostrada ao todos os atletas.

5. Para corridas de Revezamento em Rua, linhas de 5 cm de largura deverão ser colocadas cruzando o percurso para marcar as distâncias de cada estágio e determinar a linha de saída. Linhas similares deverão ser feitas 10 m antes e 10 m após a linha de saída para designar a zona de passagem. Todos os procedimentos de passagem devem ser efetuados dentro desta zona.

A Saída

6. As corridas devem ser iniciadas pelo disparo de um revólver, canhão, buzina de ar ou similares. Os comandos para as provas acima de 400 m devem ser utilizados [Regra 162.2(b)]. Em provas que incluam grande número de atletas, avisos de cinco minutos, três minutos e um minuto devem ser dados antes do início da corrida. Ao comando "Às suas marcas", o árbitro de partida deverá assegurar que nenhum atleta tenha seu pé (ou qualquer parte de seu corpo) tocando a linha de largada ou o solo à frente da mesma, e então deverá dar a largada da prova.

Segurança e Atendimento Médico

7. (a) Os Comitês Organizadores de corridas de rua devem garantir a segurança de todos os atletas e oficiais. Nas competições realizadas sob a Regra 1.1(a), (b) ,(c) e (f), o Comitê Organizador deve assegurar que as ruas usadas para a competição estejam fechadas para tráfego motorizado em todas as direções.

    (b) Um exame médico dentro do percurso, durante o desenrolar de uma prova, realizado por equipe médica designada, e claramente identificada pelo Comitê Organizador não será considerado como ajuda.

    (c) Um atleta deve retirar-se imediatamente da corrida se assim for determinado por um membro da equipe médica oficial indicada pelo Comitê Organizador ou pelo Delegado Médico.

Postos de esponjas/refrescos e água

8. (a) Na saída e chegada de todas as corridas haverá água e outros refrescos apropriados.

(b) Para todas as provas até e incluindo 10 km, serão colocadas esponjas/bebidas com intervalos apropriados de aproximadamente 2 a 3 km, se as condições climáticas assim exigirem.

Nota: Estações de chuveiros podem também ser providenciadas quando for considerado apropriado sob certas condições organizacionais e/ou climáticas.

(c) Para todas as corridas acima de 10 km, serão colocados postos de abastecimento aproximadamente em cada 5 km. Além disso, serão instalados postos somente de bebidas/esponjas e água, onde serão fornecidas aproximadamente na metade do caminho entre os postos de abastecimento ou com mais frequência se as condições climáticas assim exigirem.

(d) Os refrescos, que devem ser providenciados pelo Comitê Organizador ou pelos atletas, deverão estar disponíveis nos postos indicados pelo atleta. Serão colocados de tal maneira que estejam facilmente acessíveis ou possam ser entregues nas mãos dos atletas por pessoas autorizadas. Os refrescos fornecidos pelos atletas serão mantidos sob a supervisão dos árbitros designados pelo Comitê Organizador a partir do momento em que os refrescos forem entregues pelos atletas ou seus representantes.

(e) Tais pessoas autorizadas não podem entrar no percurso nem obstruir qualquer atleta. Elas podem entregar os refrescos ao atleta tanto por trás, ou a partir de uma posição não mais do que um metro em frente ou ao lado da mesa.

(f) Em competições realizadas segundo as Regras 1.1(a), (b), (c) e (f), um máximo de dois oficiais por país podem se posicionar atrás da mesa de refrescos, a qualquer tempo. Nenhum oficial pode, sob quaisquer circunstâncias, correr ao lado de um atleta enquanto ele estiver tomando refresco ou água.

(g) Um atleta que tome refrescos em outro lugar qualquer senão nos postos de abastecimento está passível de desqualificação.

Condução na Corrida

9. Em Corridas de Rua, um atleta pode deixar a pista ou a rua com permissão e sob supervisão de um Árbitro, desde que ele não diminua o percurso a ser corrido.
10. Se o Árbitro-geral acatar o Relatório do Árbitro-chefe ou Inspetor ou outra pessoa de que um atleta tenha deixado o percurso e em função disso encurtou a distância a ser percorrida, ele será desqualificado.

Seção IX – Cross-country

REGRA 250
Cross-country (corrida através do campo)

Regras Gerais

1. Existem variações extremas nas condições em que cross-country é praticado em todo o mundo e as dificuldades para legislar a padronização internacional deste esporte. Deve ser aceito que a diferença entre provas muito bem sucedidas e mal-sucedidas geralmente recaem nas características naturais e capacidades do projetista do percurso. As Regras seguintes, têm a intenção de ser um guia e incentivo para auxiliar os países a desenvolverem corridas de cross-country. Ver também "Manual para Corridas de Longa Distância da IAAF" para informações detalhadas sobre organização.

Temporada

2. A temporada de cross-country deve estender-se, normalmente, pelos meses de inverno, depois de encerrada a temporada de Atletismo.

O Percurso

3. (a) o percurso deve ser designado em uma área aberta ou bosque coberto tão longo quanto possível por grama, com obstáculos

naturais, que possam ser usados por um projetista para construir um percurso desafiante e interessante;

(b) a área deve ser larga o suficiente para acomodar não somente o percurso, mas todas as estruturas necessárias.

4. Para Campeonatos e provas internacionais e, onde possível, para outras competições:

(a) Um percurso em voltas deve ser designado, com a volta medindo entre 1,750 m e 2,000 m. Se necessário, uma volta pequena pode ser adicionada de maneira que ajuste as distâncias para todas as solicitadas das várias provas, em que no caso da volta menor deve ser corrida no estágio inicial da prova. É recomendado que cada volta longa deva ter uma subida total de no mínimo 10 m.

(b) Obstáculos naturais existentes devem ser utilizados, se possível. Entretanto, obstáculos muito altos devem ser evitados, tais como fossos profundos, subidas/descidas perigosas, vegetação densa e, em geral, qualquer obstáculo que constitua uma dificuldade além do verdadeiro objetivo da competição. É preferível que obstáculos artificiais não sejam utilizados, mas, se for inevitável, eles devem ser feitos para simular obstáculos naturais encontrados dentro de campo aberto. Em corridas onde houver um grande número de atletas, passagens muito estreitas ou outras obstruções que negariam aos atletas uma corrida sem impedimento devem ser evitadas nos primeiros 1500 m.

(c) O cruzamento de ruas ou qualquer tipo de superfície macadamizada deve ser evitado ou pelo menos mantidos em um mínimo. Quando for impossível evitar tais condições em uma ou duas áreas do percurso, as áreas devem ser cobertas por grama, terra ou mato.

(d) Fora as áreas de saída e chegada, o percurso não deve conter qualquer outra reta longa. Um percurso ondulado "natural" com curvas planas e retas curtas é o mais adequado.

5. (a) O percurso deve ser marcado claramente com fita em ambos os lados. É recomendado que ao longo de um lado do percurso um corredor de 1 m de largura cercado da parte externa do

percurso deve ser instalado, para uso dos oficiais da organização e imprensa somente (obrigatório para provas de Campeonatos). Áreas cruciais devem ser cercadas; em particular a área de saída (incluindo a área de aquecimento e a câmara de chamada) e área de chegada (incluindo qualquer zona mista). Somente a pessoas autorizadas será permitido acessar estas áreas.

(b) Ao público geral deve ser autorizado somente atravessar o percurso em horário mais cedo da corrida em pontos de passagem, bem-organizados, enfileirados por acompanhantes.

(c) É recomendado que, separado da área de saída e chegada, o percurso tenha uma largura de 5 m, incluindo as áreas de obstáculos.

Distâncias

6. As distâncias nos Campeonatos Mundiais de Cross-country da IAAF devem ser aproximadamente:

Masculino Adulto	12 km	Feminino Adulto	8 km
Masculino Juvenil	8 km	Feminino Juvenil	6 km

As distâncias recomendadas para competições de menores devem ser aproximadamente:

Masculino – 6 km   Feminino – 4 km

Recomenda-se que essas distâncias sejam usadas para outras competições internacionais e nacionais.

A Saída

7. As corridas serão iniciadas pelo disparo de uma pistola. Os comandos e procedimentos para corridas acima de 400 m serão utilizados [Regra 162.2(b)]. Em corridas internacionais, avisos de cinco minutos, três minutos e um minuto devem ser dados.

Postos de partida serão providenciados, e os membros de cada equipe serão alinhados um atrás do outro na largada da prova.

Ao comando "Às suas marcas", o árbitro de partida deverá assegurar que nenhum atleta tenha seu pé (ou qualquer parte de seu corpo) tocando a linha de largada ou o solo à frente da mesma, e então deverá dar largada à prova.

Postos de Bebidas/Esponjas e Estações de Abastecimento
8. Água e outras bebidas adequadas devem estar disponíveis na saída e na chegada de todas as corridas. Para todas as provas, uma estação de abastecimento deve ser oferecida em todas as voltas, se as condições do tempo justificarem tal provisão.

Conduta na Corrida
9. Se o Árbitro-geral acatar o relatório do Árbitro-chefe ou Inspetor ou de outro modo que um atleta tenha deixado o percurso marcado e em função disto encurtou a distância a ser coberta, ele será desqualificado.

Corridas em Montanha
10. Corridas em montanha são realizadas pelo campo e principalmente fora de rua e envolvem um número considerável de subidas (principalmente para corridas em subidas de montanha) ou subidas/descidas (para corridas que começam e terminam no mesmo nível).
    As distâncias aproximadas recomendadas e o número total de subidas para corridas internacionais são:

Tabela 5.26 – Distâncias e subidas para corridas internacionais

Corridas em Subida de Montanha		Saída e Chegada no Mesmo Nível	
Distância	Subida	Distância	Subida
Adulto Masculino	12 km	1.200 m	12 km	750 m
Adulto Feminino	8 km	800 m	8 km	500 m
Juvenil Masculino	8 km	800 m	8 km	500 m
Juvenil Feminino	4 km	400 m	4 km	250 m

Não mais que 20% da distância deve ser em superfícies macadamizadas. Os percursos devem ser em volta marcada.

Seção X – Recordes Mundiais

REGRA 260
Recordes mundiais

Condições Gerais

1. O recorde deve ser estabelecido em uma prova oficial que tenha sido prévia e devidamente marcada, anunciada e autorizada antes do dia da prova pela Filiada da IAAF em cujo país ou território a competição é conduzida sob as Regras da IAAF.
2. Cada atleta que consiga um Recorde deve estar elegível para competir sob as Regras da IAAF e estar sob a Jurisdição de uma Filiada da IAAF.
3. Quando um Recorde Mundial for estabelecido por um atleta ou uma equipe, a Filiada da IAAF no país onde o Recorde foi logrado deverá reunir, sem demora, todas as informações requeridas para a homologação do recorde pela IAAF. Nenhum resultado será considerado como um Recorde Mundial até que tenha sido homologado pela IAAF.

    A Filiada deve informar imediatamente a IAAF de sua intenção de apresentar o resultado para homologação.
4. O formulário oficial de solicitação da IAAF deverá ser preenchido e enviado ao escritório da IAAF dentro de 30 dias. Os formulários estão disponíveis, a pedido, no escritório da IAAF, ou podem ser baixados do site da IAAF. Se a solicitação for referente a um atleta estrangeiro ou uma equipe estrangeira, uma duplicata do formulário será enviada dentro do mesmo período à Entidade dirigente Nacional do atleta (ou equipe).
5. A Filiada do país onde o recorde foi estabelecido enviará, juntamente com o formulário oficial de solicitação:
    - O programa impresso da competição;
    - Os resultados completos da prova;
    - A fotografia de foto finish (ver Regra 260.22(c)).

6. Cada atleta que consiga um Recorde Mundial deve submeter-se a um controle de doping, ao fim da prova, a ser conduzido de acordo com as Regras e Normas de Procedimento da IAAF atualmente em vigor. No caso de um recorde de revezamento, todos os membros da equipe devem ser testados. As amostras coletadas deverão ser enviadas para análise a um laboratório credenciado da WADA e o(s) resultado(s) enviado(s) à IAAF para serem juntados a outras informações requeridas pela IAAF para a homologação do recorde. Se tais testes resultarem em uma infração por doping, ou se tais testes não forem realizados, a IAAF não homologará o recorde.

7. Se um atleta reconhece que algum tempo antes de conseguir um recorde mundial utilizou ou se aproveitou de uma substância proibida ou de uma técnica proibida naquela época, então, com o parecer da Comissão Médica e Anti-Doping, tal recorde não continuará a ser reconhecido pela IAAF como um Recorde Mundial.

8. As seguintes categorias de Recordes Mundiais são aceitas pela IAAF:
   (a) Recordes Mundiais;
   (b) Recordes Mundiais Juvenis;
   (c) Recordes Mundiais Indoor;
   (d) Recordes Mundiais Indoor de Juvenis.

9. Para provas individuais, pelo menos três atletas e para provas de revezamento, pelo menos duas equipes, devem ser competidores de boa-fé.

10. O recorde deve ser melhor ou igual ao atual recorde mundial da prova, como aceito pela IAAF. Se um recorde for igualado ele deverá ter o mesmo status como o recorde original.

11. Os recordes obtidos em eliminatórias ou competições de qualificação, em decisão de empates, em qualquer prova que seja subsequentemente anulada segundo o previsto na Regra 125.6 e 146.4 (a) e (b), ou em provas individuais de Provas Combinadas, sem levar em conta se o atleta terminou ou não todas as provas da competição de Provas Combinadas, podem ser apresentadas para homologação.

12. O Presidente e o Secretário-geral da IAAF, juntos, estão autorizados a reconhecer recordes mundiais. Se eles tiverem qualquer

dúvida quanto à validade do recorde, o caso deve ser levado ao Conselho para decisão.

13. Quando um Recorde Mundial tiver sido homologado, a IAAF então informará à Federação Filiada do atleta, à Federação que solicitou o Recorde e à Associação de Área em questão.
14. A IAAF fornecerá Placas de Recorde Mundiais oficiais, para serem dadas aos recordistas.
15. Se o recorde não for homologado a IAAF prestará os esclarecimentos necessários.
16. A IAAF atualizará a Lista de Recordes Mundiais oficiais toda vez que um novo Recorde Mundial for homologado. Esta lista conterá os resultados considerados pela IAAF como sendo, a partir da data da lista, os melhores resultados obtidos por um atleta ou equipe de atletas em cada uma das provas reconhecidas constantes das Regras 261, 262 e 263.
17. A IAAF publicará esta lista em 1° de janeiro de cada ano.

Condições específicas
18. Exceto para as Provas de Rua:
    (a) O Recorde deverá ser obtido em uma instalação de atletismo certificada ou local da prova que estejam em conformidade com a Regra 140 com ou sem cobertura. A construção da pista, corredores, áreas de quedas e/ou círculos de arremessos devem observar as especificações do Manual de Construção da Pistas da IAAF. Para recordes indoor ver também a Regra 260.21.
    (b) Para qualquer recorde, em qualquer distância de 200 m ou mais, ser reconhecido, a pista onde o mesmo foi estabelecido não deve exceder 402,3 m (440 jardas) e a prova deve ser iniciada em algum ponto do perímetro. Essa limitação não se aplica às provas com obstáculos, onde o fosso fica colocado fora de uma pista normal de 400 metros.
    (c) O Recorde para uma prova em pista oval deverá ser obtido em uma raia onde o raio da linha de corrida não exceda 50 m, exceto onde a curva é formada por dois diferentes raios, em cujo

caso o arco mais longo dos dois não vá além de 60° dos 180° da curva.

(d) Exceto para Provas de Campo realizadas de acordo com a Regra 147, nenhum resultado obtido por um atleta será reconhecido se tiver sido feito em competições mistas.

19. Recordes em pistas ao ar livre só poderão ser obtidos em pistas que estejam de conformidade com a Regra 160.

20. Para Recordes Mundiais Juvenis, a menos que a data de nascimento do atleta tenha sido confirmada previamente pela IAAF, a primeira solicitação em nome daquele atleta deve ser acompanhada por uma cópia de seu passaporte, certidão de nascimento ou documento oficial similar que confirme sua data de nascimento.

21. Para os Recordes Mundiais em pista coberta:

    (a) O recorde deve ter sido obtido em uma instalação certificada ou local da prova que cumpram com as Regras 211 e 213.

    (b) Para que qualquer recorde de distância igual ou superior a 200 metros possa ser reconhecido, a pista oval na qual ele foi realizado não poderá exceder 201,2 metros (220 jardas).

    (c) O Recorde deve ser obtido em uma pista oval com uma distância nominal inferior a 200 m, desde que a distância corrida esteja dentro da tolerância permitida para a distância.

    (d) qualquer pista reta deve cumprir com a Regra 213.

22. Para os Recordes Mundiais de Corridas e Provas de Marcha, as seguintes condições de cronometragem devem ser respeitadas:

    (a) Os recordes terão de ser cronometrados por cronometristas oficiais, ou por aparelho aprovado de cronometragem totalmente automática ou sistema de chips (ver Regra 165).

    (b) Para corridas até e inclusive 800 m (incluindo 4x200 m e 4x400 m), somente serão válidos resultados cronometrados por um dispositivo totalmente automático, previamente aprovado, de acordo com a Regra 165.

    (c) No caso de um Recorde de Pista quando estava em operação uma cronometragem totalmente automática, a imagem do foto finish e o teste de controle zero devem ser anexados à documentação enviada à IAAF.

(d) Para todos os recordes até e incluindo os 200 m, deve ser apresentada informação referente à velocidade do vento, medida de acordo com a Regra 163.8 a 163.11 inclusive. Se a velocidade do vento medida na direção da corrida, a favor do competidor, tiver média acima de 2 m/s, o recorde não será aceito.

(e) Em uma prova corrida em raias, nenhum recorde será aceito quando o atleta tiver corrido sobre ou por dentro do limite da borda interna da curva de sua raia.

(f) Para todos os Recordes até e inclusive 400 m (incluindo 4x200 m e 4x400 m) segundo as Regras 261 e 263, os blocos de partida conectados a um equipamento de detecção de saída falsa, aprovado pela IAAF, segundo a Regra 161.2 tenha sido usado e tenha funcionado corretamente de forma que os tempos de reação foram obtidos.

23. Para Corridas de múltiplas distâncias:

(a) Uma corrida deve ser prevista para uma única distância e todos os competidores devem competir naquela distância.

(b) Entretanto, uma corrida baseada em uma distância a ser coberta em um determinado tempo pode ser combinada com uma corrida com distância fixa (por exemplo, 1 hora e 20.000m – ver Regra 164.3).

(c) É permitido ao mesmo atleta estabelecer, na mesma prova, qualquer número de recordes.

(d) É permitido a diversos atletas estabelecerem diferentes recordes na mesma prova.

(e) Entretanto, não é permitido a um atleta ser creditado com o recorde de uma distância mais curta se ele não completou a distância estabelecida para a prova.

24. Para Recordes do Mundo de Provas de Revezamento:

(a) Um recorde de revezamento pode ser feito somente por uma equipe onde todos os componentes sejam cidadãos de um único país filiado. A cidadania pode ser obtida por qualquer dos meios citados na Regra 5.

(b) Uma colônia ainda não filiada separadamente na IAAF será considerada, para o fim desta Regra, como sendo parte do país-mãe.

(c) O tempo obtido pelo primeiro corredor em uma equipe de revezamento não pode ser apresentado como recorde.

25. Nos Recordes Mundiais de Provas de Marcha:

Pelo menos três Árbitros do Painel Internacional de Árbitros de Marcha da IAAF ou do Painel de Árbitros de Marcha de Área deverão ter atuado durante a competição e terão de assinar o formulário de pedido de homologação.

26. Para os Recordes Mundiais em Provas de Campo:
    (a) Os recordes em Provas de Campo têm que ser medidos por três Árbitros de campo com uma trena ou barra de medição de aço ou por um aparelho científico de medição aprovado cuja exatidão tenha sido confirmada por um Árbitro de Medição qualificado.
    (b) No Salto em Distância e Salto Triplo, a informação relativa à velocidade do vento, medida conforme indicado na Regra 184.4, 184.5 e 184.6, deve ser apresentada. Se a velocidade do vento medida na direção do salto, a favor do competidor, tiver média acima de 2m/s, o recorde não será aceito.
    (c) Nas provas de campo, pode-se admitir como recordes mundiais mais de um resultado na mesma competição, sempre que cada recorde reconhecido no momento de estabelecer-se seja igual ou superior ao melhor resultado anterior.
    (d) Em Provas de Lançamento, o implemento usado deve ser conferido logo que seja possível, de acordo com as Regras.

27. Para Recordes do Mundo de Provas Combinadas:

As condições impostas para reconhecimento de recordes em Provas Combinadas devem aceder aquelas das provas individuais, exceto que, nas que a velocidade do vento é medida, a média da velocidade (baseada na soma algébrica da velocidade do vento, conforme medido para cada evento individual, dividido pelo número de tais eventos) não excederá 2 metros por segundo.

28. Para Recordes Mundiais em Provas de Corrida de Rua:
    (a) O percurso deve ser medido por um ou mais medidores IAAF/AIMS grau "A" ou "B" aprovados.

(b) Os pontos de partida e de chegada no percurso, medidos em linha reta, entre si, não poderão estar distantes mais do que 50% da distância corrida.

(c) A diminuição da altitude do nível entre a partida e a chegada não poderá exceder uma média de 1:1000, *i.e*, 1 m por km.

(d) Qualquer medidor de percurso que originalmente mediu o percurso ou outro medidor grau "A" ou "B" de posse dos dados de medição e o mapa devem validar que o percurso medido foi o percurso corrido, normalmente montado no carro madrinha.

(e) O percurso deve ser verificado (por exemplo, remedido) o mais tarde possível antes da corrida, no dia da corrida ou o mais rápido quanto prático após a corrida, preferivelmente por um diferente medidor grau "A" ou "B", de qualquer daqueles que mediram originalmente.

Nota: Se o percurso foi originalmente medido por pelo menos dois medidores grau "A" ou "B" e pelo menos um deles estiver presente na corrida para validar o percurso de acordo com a Regra 260.28(d), nenhuma verificação segundo esta Regra 260.28(e) será requerida.

(f) O percurso deve ser validado no local (*i.e.*, nas duas semanas anteriores à prova, no dia da prova ou logo que seja possível, após a prova), de preferência por um medidor Grau "A" ou "B" diferente daquele que realizou a medição original.

(g) Os recordes mundiais de provas de rua estabelecidos para distâncias intermediárias devem obedecer à Regra 260 e ser cronometrados de acordo com as regras da IAAF. As distâncias intermediárias devem ter sido medidas e marcadas durante a medição oficial e devem ser verificadas de acordo com a Regra 260.28(e).

(h) A prova de Maratona em Revezamento, será corrida em estágios de 5 km, 10 km, 5 km, 10 km, 5 km e 7.195 km. Os trechos devem ser medidos e marcados durante a medição do percurso com uma tolerância de ± 1% da distância do trecho e deve ter sido verificado de acordo com a Regra 260.28 (e).

29. Para Recordes Mundiais de Marcha Atlética na Rua:
    (a) O percurso deverá ser medido por um ou mais medidores Grau "A" ou "B", aprovados pela IAAF/AIMS.
    (b) O circuito terá uma distância não menos que 1 km e não superior a 2,5 km, podendo começar e terminar no estádio.
    (c) Qualquer medidor de percurso que originalmente mediu o percurso ou outro medidor grau "A"ou "B" de posse dos dados de medição e do mapa devem validar que o percurso medido foi o percurso corrido.
    (d) O percurso deve ser verificado (por exemplo, remedido) o mais tarde possível antes da corrida, no dia da corrida ou o mais rápido quanto prático após a corrida, preferivelmente por um diferente medidor grau "A"ou "B", de qualquer daqueles que mediram originalmente.

Nota: Se o percurso foi originalmente medido por pelo menos dois medidores grau "A"ou "B"e pelo menos um deles estiver presente na corrida para validar o percurso de acordo com a Regra 260.29(c), nenhuma verificação segundo esta Regra 260.29(d) será requerida.

(e) Recordes Mundiais em Provas de Marcha Atlética de Rua estabelecidos em distâncias intermediárias de uma corrida devem cumprir com as condições estabelecidas na Regra 260. As distâncias intermediárias devem ter sido medidas e marcadas durante a medição do percurso e devem ter sido verificadas de acordo com a Regra 260.29(d).

Nota: Recomenda-se que as Federações Nacionais e as Associações de Área adotem as regras similares às anteriores para o reconhecimento dos seus próprios recordes.

REGRA 261
Provas para as quais são reconhecidos recordes mundiais

C.E. – Cronometragem totalmente automática
C.M. – Cronometragem manual

Homens
Somente C.E.
100 m, 200 m, 400 m e 800 m.
110 m e 400 m com Barreiras.
Revezamento 4x100 m, 4x200 m e 4x400 m.
Decatlo.

C.E. ou C.M.
1.000 m, 1.500 m, 1 milha, 2.000 m, 3.000 m, 5.000 m, 10.000 m, 20.000 m, 1 hora, 25.000 m, 30.000 m e 3.000 m com obstáculos.
Revezamentos: 4x800 m, 4x1.500 m.
Provas de Rua: 10 km, 15 km, 20 km, Meia-maratona, 25km, 30 km, Maratona, 100 km, Revezamento (somente na distância da Maratona).
Marcha (pista): 20.000m, 30.000m e 50.000m.
Marcha (rua): 20 km e 50 km.
Saltos: Altura, Vara, Distância e Triplo.
Lançamentos/Arremesso: Peso, Disco, Martelo e Dardo.

Mulheres
Somente C.E.
100 m, 200 m e 400 m, 800 m.
100 m e 400 m com Barreiras.
Revezamento 4x100 m, 4x200 m e 4x400 m.
Heptatlo, Decatlo.

C.E. ou C.M.
1.000 m, 1.500 m, 1 milha, 2.000 m, 3.000 m, 5.000 m, 10.000 m, 20.000 m, 1hora, 25.000 m, 30.000 m, 3.000 m com obstáculos.
Revezamento: 4x800 m.
Provas de Rua: 10 km, 15 km, 20 km, Meia-maratona, 25 km, 30 km, Maratona, 100 km, Revezamento (somente na distância da Maratona).
Marcha (pista): 10.000 m e 20.000 m.
Marcha (rua): 20 km.
Nota: recordes mundiais em corridas de rua para mulheres serão reconhecidos somente em provas femininas. A IAAF deve manter uma lista separada das "melhores performances mundiais" alcançadas em corridas de rua mistas.

Saltos: Altura, Vara, Distância e Triplo.
Lançamentos/Arremesso: Peso, Disco, Martelo e Dardo.

REGRA 262
Provas para as quais são reconhecidos recordes mundiais juvenis

C.E. – Cronometragem totalmente automática
C.M. – Cronometragem manual

Juvenil Masculino
Somente C.E.
100 m, 200 m, 400 m e 800 m.
110 m e 400 m com Barreiras.
Revezamento 4x100 m e Revezamento 4x400 m.
Decatlo.

C.E. ou C.M.
1.000 m, 1.500 m, 1 Milha, 3.000, 5.000 m e 10.000 m e 3.000 m com obstáculos.
Marcha (pista): 10.000 m.
Marcha (rua): 10 km
Saltos: Altura, Vara, Distância e Triplo.
Lançamentos/Arremesso: Peso, Disco, Martelo e Dardo.

Juvenil Feminino
Somente C.E.
100 m, 200 m, 400 m e 800 m,
100 m e 400 m sobre Barreiras.
Revezamento 4x100 m, 4x400 m
Heptatlo, Decatlo. *

C.E. ou C.M.
1.000 m, 1.500 m, 3.000 m, 5.000 m 10.000 m, 1 Milha e 3.000 m com obstáculos.
Marcha (pista): 10.000 m.
Marcha (rua): 10 km.
Saltos: Altura, Vara, Distância e Triplo.
Lançamentos/Arremesso: Peso, Disco, Martelo e Dardo.

(*) Somente ratificada se acima de 7300 pontos.

REGRA 263
Provas para as quais são reconhecidos recordes mundiais indoor

C.E. – Cronometragem totalmente automática
C.M. – Cronometragem manual

Homens
Somente C.E.
50 m, 60 m, 200m, 400m, 800m
50 m e 60 m com Barreiras.
Revezamento 4x200 m e 4x400 m.
Heptatlo.

C.E. ou C.M.
1.000 m, 1.500 m, 1 milha, 3.000 m, 5.000 m,
Revezamento 4x800 m.
Marcha: 5.000 m.
Saltos: Altura, Vara, Distância e Triplo.
Arremesso: Peso.

Mulheres
Somente C.E.
50 m, 60 m, 200 m, 400 m, 800 m
50 m e 60 m com Barreiras.

Revezamento 4x200 m e 4x400 m.
Pentatlo.

C.E. ou C.M.
1.000 m, 1.500 m, 1 milha, 3.000 m, 5.000 m.
Revezamento 4x800 m.
Marcha: 3.000 m.
Saltos: Altura, Vara, Distância e Triplo.
Arremesso: Peso.

REGRA 264
Provas para as quais são reconhecidos recordes mundiais juvenis indoor

Homens
Somente C.E.
60 m, 200 m, 400 m, 800 m.
60 m com barreiras.
Heptatlo.

C.E. ou C.M.
1000 m, 1500 m, Milha, 3000 m, 5000 m.
Saltos: Altura, Vara, Distância, Triplo.
Arremessos: Peso.

Mulheres
Somente C.E.
60 m; 200 m, 400 m, 800 m.
60 m com Barreiras.
Pentatlo.

C.E. ou C.M.
1000 m, 1500 m, Milha, 3000 m, 5000 m.
Saltos: Altura, Vara, Distância, Triplo,
Arremessos: Peso.

SOBRE O LIVRO
Formato: 11,5 x 17,5 cm
Mancha: 5,5 x 9 cm
Papel: Offset 75 g
n° páginas: 304
1ª edição brasileira: 2012

EQUIPE DE REALIZAÇÃO
Assistência Editorial
Cyntia Vasconcellos

Assessoria Editorial
Maria Apparecida F. M. Bussolotti

Edição de texto
Juliana Maria Mendes (Revisão)

Editoração eletrônica
Renata Tavares (Diagramação)
Denise Tadei (Capa)

IMPRESSÃO
Cromosete Gráfica e Editora